충청도 영동

동학농민혁명

동학총서
010

충청도 영동 동학농민혁명

이이화 채길순 임형진 신영우 박걸순 조극훈 김춘옥

동학학회 엮음

모시는사람들

머리말

1998년 창립 이래 동학학회는 동학에 대한 학제적 연구를 통하여 한국사상의 정체성을 확립하는 데 기여해 왔습니다. 동학 연구의 범위도 협의의 동학에만 국한시키지 않고 근대사와 근대사상을 포괄하는 것은 물론 동서고금의 사상 및 현대 과학의 사상과도 비교하는 광의의 동학으로 그 외연을 확대하였습니다. 그동안 동학학회는 서울과 지역을 순회하며 42차에 걸친 학술회의를 개최함으로써 동학의 글로컬리제이션(Glocalization)에 총력을 기울여 왔습니다. 지역 순회 학술대회는 2011년 경주 추계학술대회를 시작으로 2012년 정읍 춘계학술대회와 고창 추계학술대회, 2013년 보은 춘계학술대회와 예산 추계학술대회, 2014년 영해 춘계학술대회와 남원 추계학술대회, 2015년 대구 춘계학술대회와 홍천 추계학술대회, 2016년 구미 춘계학술대회와 김천 추계학술대회, 2017년 청주 춘계학술대회와 수원 추계학술대회를 개최하였습니다. 그리고 2018년 상반기에 영동 춘계학술대회를 개최하였으며, 원주 추계학술대회를 개최할 예정입니다. 또한 연2회 단행본 발간과 더불어 등재학술지인 동학학보를 연4회 발간함으로써 학회지의 질 제고와 양적 성장의 기틀을 마련하였으며, 홈페이지 개편 및 온라인 논문투고 시스템도 구축함에 따라 동학학보가 명실공히 권위 있는 학술지로 발돋움하게 되었습니다.

2018년 6월 22일 동학농민혁명 제124주년을 맞이하여 동학농민혁명의 전개과정에서 매우 중요한 위치를 차지하는 영동에서 '동학의 글로컬리제

이선: 1894년 동학농민혁명과 충청도 영동'을 대주제로 춘계학술대회가 개최되었습니다. 학술대회에서 발표된 6편의 논문과 기조강연 및 유관 자료들을 부록으로 정리하고 별도의 논문 한 편을 추가하여 단행본으로 발간하게 된 것을 매우 뜻깊고 또한 기쁘게 생각합니다. 영동군 주최, 동학학회 주관, 그리고 동학농민혁명기념재단과 동학학회후원회가 후원한 영동 춘계학술대회는 영동 일대를 중심으로 활동한 영동 동학농민군의 활약상을 밝히고 그 역사적 문화적 의의를 성찰하며 그 성과를 학술대회를 통해 공론화함으로써 영동 지역의 진취적인 정체성 확립과 문화적 역량 제고의 계기를 마련하였습니다. 특히 동학농민혁명사에서 영동이 차지하는 역사적 위상을 사료 연구를 통해 실증적으로 규명함으로써 한국 근대사의 전환기에 영동 일대의 주민들이 기여한 실상을 밝히고, 영동 동학농민혁명의 의의와 가치를 21세기 글로컬 시대의 시각으로 재조명함으로써, 영동 지역 문화의 세계화에 기여함과 동시에 발전적 과제에 대한 통찰을 통해 미래적 전망을 할 수 있게 하는 뜻깊은 학술대회였습니다.

경기도와 강원도, 경상도와 충청도에서 봉기한 동학농민군의 대규모 집결지였던 영동 일대는 우리나라가 근대사회로 전환하는 과정에서 변혁 운동의 중심지로서 역할을 했던 지역입니다. 특히 한국 근현대사의 가장 커다란 사건 중 하나인 공주 우금치전투는, 영동과 황간에서 통령 손병희의 지휘 하에 출진한 대규모 동학농민군이 전라도 삼례 집결지에서 전봉준 장군의 지휘 하에 집결한 뒤 북상한 동학농민군과 논산에서 합류해서 전개된 것입니다. 영동과 황간은 동학의 주요 근거지로서 교세가 크게 증대된 지역인데다가, 충청 경상 전라 3도를 접경한 지리적 이점을 활용하여 동학이 탄압을 받았던 시기에도 기찰포교(譏察捕校)의 추적을 피해서 세력을 키울 수 있었고, 또 보은의 동학 대도소와 청산의 해월 최시형 거주지에 인접한 지역이었기 때문에 대규모 동학농민군이 집결할 수 있는 요건을 갖춘 지역이었습니다.

우금치전투 이후 벌어진 용산전투는 영동과 황간에서 전개된 가장 큰 전투입니다. 하지만 영동 일대에서 동학이 발전하고 세력을 확대해 온 실상에 대해서는 지금까지 체계적인 연구가 수행되지 못했습니다. 따라서 이번 학술대회에서는 영동 일대에서 동학이 전파된 실상과 그 의미를 밝히고 영동 동학의 포 조직 및 주요 지도자들과 그 활동상을 종합적으로 검토함으로써 영동의 실상에 대한 새로운 연구 성과를 학계에 제공하는 계기를 마련하였습니다. 역사학, 정치학, 철학, 종교학, 국문학 등 다양한 분야의 동학 전문가들이 모여 개최한 영동 춘계학술대회는 경주, 정읍, 고창, 보은, 예산, 영덕, 남원, 대구, 홍천, 구미, 김천, 청주, 수원에 이어 열네 번째로, 충청도 영동에서 지역민들과 전문 연구자 및 대학생들의 참여를 통해 학문적 교류와 소통의 장을 마련하고 후속 연구를 촉발시키며, 지역적 정체성과 애향심을 고취시켜 애국·애족·애민의 정신을 함양하고, 동학정신과 동학혁명의 가치를 후속세대에 전승하며, 아울러 국내외 전문가를 포함한 인적 인프라 구축을 통해 동학의 글로컬리제이션에 기여할 수 있었다는 점에서 그 의의가 크다 하겠습니다.

동학은 진정한 의미에서의 인간학이고, 동학학회는 이러한 진정한 인간학을 연구하고 그것을 삶 속에 투영시키는 학회입니다. 동학은 상고시대 이래 면면히 이어져 온 민족정신의 맥을 살려 주체적으로 개조·통합·완성하여 토착화시킨 것으로 전통과 근대 그리고 탈근대를 관통하는 '아주 오래된 새것'입니다. 동학의 즉자대자적(卽自對自的) 사유체계는 홍익인간·광명

이세의 이념을 현대적으로 구현하는 원리를 제공하고 나아가 평등하고 평화로운 세계를 창조하는 토대가 될 수 있게 한다는 점에서, 백가쟁명의 사상적 혼란을 겪고 있는 오늘의 우리에게 그 시사하는 바가 실로 크다 하겠습니다. 문명의 대전환이라는 맥락에서 볼 때 동학은 새로운 문명의 패러다임, 즉 전일적인 새로운 실재관을 제시함으로써 데카르트-뉴턴의 기계론적 세계관의 근저에 있는 가치체계의 한계성을 극복할 수 있게 한다는 점에서 서구적 근대를 초극하는 의미가 있다 하겠습니다. 특수성과 보편성, 지역화와 세계화, 국민국가와 세계시민사회의 유기적 통일성을 핵심 과제로 안고 있는 오늘의 우리에게 이번에 발간하는 단행본이 해결의 단서를 제공해 주기를 기대해 봅니다.

끝으로, 영동 춘계학술대회 개최와 이번 단행본 발간을 위해 지원과 배려를 아끼지 않으신 영동군 군수님께 충심으로 감사드립니다. 그리고 이 책을 발간해 주신 '도서출판 모시는사람들'에도 감사의 마음을 전합니다.

2018년 9월

동학학회 회장 최민자

충청도 동남부의
동학농민혁명과 영동의 위치

이이화
역사학자

보은과 청주를 중심으로 한 충청도 동부지역은 동학농민혁명의 발상지로 어느 지역보다 주목을 받았다. 특히 경기도, 경상도, 전라도 3도의 접경지역이어서 소통을 원활히 할 수 있는 입지 조건을 갖추었다. 하지만 근래에 들어 이 지역에서는 동학농민혁명에 대한 주민의 인식도가 낮았으며, 선양사업도 상대적으로 소홀하게 이루어져 왔다.

2004년 국회에서 '동학농민혁명 참여자 등의 명예회복에 관한 특별법'이 통과된 뒤 이 지역의 활동이 새롭게 조명되었고 선양사업도 부분적으로 이루어졌다. 이번에 충북지역 중심지의 하나인 영동에서 새롭게 역사인식을 다지는 학술발표회를 계획하였다. 그리고 동학농민혁명에 대한 정당한 평가를 내리고 여러 선양사업을 펼칠 계획을 수립하고 있다. 이에 이 지역의 동학농민혁명 전개과정과 선양사업에 관해 의견을 밝히려 한다.

1. 기포령과 충북지역의 전개과정

충청도 내륙 지역은 최시형이 1870년대와 80년대부터 정부의 탄압을 피해 잠행(潛行)하면서 동학을 전파한 곳이다. 최시형은 1880(庚辰)년 『동경대전(東經大全)』을 인제 갑둔리에서 간행하고, 이어 다음해(1881, 辛巳) 『용담유사(龍潭遺詞)』를 단양 천동에서 간행하고 난 뒤, 충청도 내륙과 경상도 북부지역에서 활발하게 포덕 활동을 전개했다. 이 무렵 손천민, 손병희, 김연국 등이 입도해 활력을 불어 넣었으며 연달아 호남과 경기도로 지역을 넓혀 포덕하였다.

최시형이 1884년 이후에 본제(本第)를 보은 장내리에 두고 포덕하는 중심지역으로 삼았다. 그러자 보은 장내리에는 보은, 영동, 옥천 등 인근지역과 경상도에서 오는 교도들로 들끓었다. 더욱이 최시형이 장내리에 도소를 정한 뒤 황해도를 위시해 전국의 많은 동학교도들은 이곳으로 몰려왔다. 1890년대 첫 무렵 전라도 일대에서 동학이 대대적으로 전파되자 전라도에서 대거 도소를 찾아왔다. 충청도 동남부는 동학의 중심지로 자리를 잡았다.

장내리는 정부에서 동학을 좌도난정(左道亂正)이란 이름으로 계속 탄압을 자행할 때에 이에 항의하여 1892년 광화문복합상소를 준비한 곳이다. 1893년에는 보은집회를 대대적으로 벌인 역사적 현장이었다. 광화문복합상소를 통해서는 동학의 정당성을 천명하였으며, 보은집회에서는 동학교도의 탄압을 중지할 것과 함께 보국안민(輔國安民), 광제창생(廣濟蒼生), 제폭구민(除暴救民), 척양척왜(斥洋斥倭)를 처음으로 내걸었다. 그리고 외국산 물품 특히 포목[木棉]의 불매운동을 벌이는 등 반외세운동을 벌였다. 비록 전면적 봉기는 뒤로 미루었으나 반외세의 지향을 분명하게 표방했던 것이다.

다음 충청도 동남부 지역 전면적 항전과 봉기의 개략은 이러하다.

충청도 일대는 전라도에서 전개된 1차 농민봉기와 거의 동시에 일어나 그 세력이 크게 떨쳤다. 2차 봉기가 일어나자, 이곳 세력은 호남의 농민군과 연계를 모색하여 그 기세를 더욱 올렸다.

9월 그믐께 최시형은 "8도의 우리 교도가 죄가 있고 없고 간에 이 세상에서는 생활하기 어려운지라. 약차하면 각지 두령은 낱낱이 모두 죽을 지경을 당할 테니 글이 도착한 즉시, 속속 기포하여 곳곳에서 자기가 속한 대수포(大首包, 단위 조직)에 모여 스스로 살길을 찾아라(『창산후인조석헌역사(昌山后人

曺錫憲歷史)』."라는 기포령을 보냈다. 이를 받은 이 일대 동학교도들은 일제히 봉기하였다.

중도에 접전을 벌이고 때로는 승리를 이룩하기도 하고 때로는 패전을 거듭하다가 끝내 공주 논산의 패전소식을 접했다. 그 이후에도 각 지역에서 읍성을 함락하기도 하고 공주 · 논산에 참전했던 농민군 세력이 재결집 또는 퇴로에서 접전이 벌어지기도 했다.

2. 대전평과 세성산과 청주병영의 전투 그리고 공주대회전

2차 봉기 과정에서 대전평 사건과 세성산전투가 일어났다. 공수복 소산인 대전평(大田坪, 한밭, 현재 대전직할시)에 이해 봄부터 많은 동학도들이 모여 있었다. 이에 청주 진남영의 영관 염도희가 군졸을 이끌고 출동하였다가 10월 3일 몰살을 당하는 사건이 일어났다. 이들 군졸들은 농민군이 주는 술을 받아 마시고 취해 있다가 염도희 이하 73명이 집단 희생을 당하였다. 관군이 일시에 몰살한 최초의 사건이었다.

또 10월 21일에는 목천 세성산전투가 전개되었다. 뒤에 좌선봉이 되는 이두황은 세성산에 비적 수천 명이 몰려있다는 청주 병영의 연락을 받고 이를 토벌하러 나섰다. 이두황은 "목천의 비도는 공주감영과 청주병영의 중간에 있어 장차 큰 걱정거리가 생길 것이요, 또 서울 길을 가로막아 선봉진의 앞길에 장애가 될 것이니 먼저 서울에 가까운 이들 적을 격파하여 우리 군사의 승리를 드날리고 승리의 군사로 남쪽으로 의기당당하게 내려가야 한다"(이두황의 『양호우선봉일기』)고 생각했다.

그리하여 이두황이 지휘하는 장위영 군대는 세성산의 토성을 포위 공격해서 조총 · 양곡 등을 빼앗고, 북접두령 김복용(金福用), 이희인(李熙人) 등

17명을 사로잡아 죽였다. 나머지 농민군의 주력은 대부분 서쪽으로 달아났다. 실제로는 이때 죽은 농민군이 수백 명이라 한다. 여기에 모인 농민군은 대부분 천안 목천 사람들이었다.

1894년 10월 이후 전개된 2차 봉기 당시 공주대회전의 과정을 요약해 알아보기로 한다. 먼저 보은 중심의 동원 과정은 이러하였다.

"손천민이 서우순 김상일 한창덕 윤행현 장영환과 강주영과 모재곤으로 하여금 기포하고 이병수로 하여금 청안군에 기포하여 청주군 북면 쌍교시로 회합하니 도중이 만여 인이라. … 박석규 유병주는 옥천군에서 기포하여 청주병사 이장회와 교전 대패하고 강건회 오일상은 대전에서 기포하니 청주진위대 초관 염아무개(일명)가 병정 70여 명을 솔하고 대전에 출장하여 강건회와 교전하여 병정 70여 명이 몰살하였더라. 권병덕은 기포하여 청주군 동면 미원에 집합하고 임정준은 문의군에 기포하여 미원에 회합하니 도중이 수만이라. 보은 장내로 합하였더라."

(『천도교회사초고』, 10월조)

이 기록은 북접 농민군이 공주대회전에 참여한 실상을 전한 것이다. 다음 북접의 공주 대회전의 과정은 위 『천도교회사초고』에 따르면 이러했다.

최시형의 대동원령에 따라 경기, 충청, 경상, 강원 네 도의 도중(道衆)은 보은 장내로 집합하였다. 이에 최시형은 손병희에게 대통령기를 내려주고 총지휘를 맡게 하자, 손병희는 먼저 전봉준을 제압하기 위해 벌남기(伐南旗)를 내걸고 갑대는 영동 옥천을 거쳐 공주에, 을대는 회덕을 거쳐 논산에 이르렀다. 논산에서 손병희와 전봉준이 만나 연합전신선을 형성하기로 합의하고 벌남기를 찢고 척왜양창의기(斥倭洋倡義旗)를 내걸었다.

한편 일본군은 동학농민혁명에 개입하면서 충주의 가흥에 일본군 병참부와 군용전신소를 두고 수비대를 주둔시켰다. 괴산의 수안보에도 병참부를 두고 새재 통로를 통제하였으며 선산의 해평에도 병참부를 두었다. 부산과 서울로 이어지는 요충지에 설치된 병참부에 주둔하던 일본군은 주변에서 농민군이 활동하는 것을 차단하고 토벌작전을 전개하였다.

그러면 공주대회전에 참여한 농민군은 어느 지역 출신이 중심세력이 되었던가? 일본군과 관군의 작전에 따라 강원도, 황해도에서는 접근이 완전 차단되었고, 경기도와 경상도에서도 부분적으로 접근이 막혔으며, 충청 서부지역에서도 공주 합류에 지장을 받았다. 따라서 첫째, 전봉준이 이끄는 호남 농민군이 주력부대를 형성하였고, 다음으로 손병희가 이끄는 호서 농민군도 참여하였다.

한편 김개남은 전봉준이 논산에 와서 북접농민군과 만나 대도소를 설치할 무렵인 10월 14일에 뒤늦게 남원에서 전주로 나왔다. 김개남은 곧바로 금산으로 쳐 올라갔다. 김개남은 막강한 지리산 중심의 농민군 8천 명을 거느리고 있었다. 남원에 웅거해 있던 김개남은 전봉준과 길을 달리해 북접의 강경파와 연계하여 남접의 농민군을 이끌고 금산 회덕을 거쳐 청주병영 공격에 나섰다.

김개남은 진잠 등 거치는 고을의 관아 건물을 파괴하고 문서들을 불태우면서 청주로 나갔다. 농민군 1만여 명을 이끌고 11월 13일 청주로 밀어닥친 김개남은 청주병영을 공격했으나 일본군에게 여지없이 깨졌다. 청주병영의 병사가 미리 대비하고 있었고 일본군이 기습해서 김개남의 농민군을 격파하고 군기를 빼앗았다. 김개남은 청주에서 패전하고 전주성으로 다시 돌아왔다. 이들이 비록 청주의 충청 병영 공격은 실패하였으나 이곳은 내륙에서 서울로 진격할 수 있는 군사적 요충지라고 판단해 진로를 설정한 것으로 보인다.

다음 2차 봉기 시기, 황하일 등 북접 강경파는 남접의 전봉준과 연계하여 무주 일대에서 대대적인 집회를 가진 적이 있다. 또 경기도 농민군과 충청도 내륙지방의 농민군들은 장호원 무극 등지에서 수만 명이 둔취한 적이 있었다. 이들 두 지역의 농민군은 논산에서 합류하여 공주전투에 참여하였다.

3. 영동 지역에서 벌인 항전

공수전투 이후 손병희는 잔여 북접농민군을 이끌고 전봉준과 함께 몇 차례 전투를 치르면서 원평과 태인까지 후퇴한 뒤, 원평전투와 태인전투에서 패전하고 나서 전봉준과 헤어졌다. 최시형은 이해 11월부터 호남 임실에서 은신하고 있었다. 손병희는 임실 조항리에서 최시형을 만나고, 잔여 농민군을 규합해서 장수와 무주를 거쳐 영동 일대로 진출했다.(『천도교회사초고』11월조 참고)

손병희는 공주전투를 겪고 난 뒤, 이해 10월 15일 일본군 후비보병 독립 제19대대가 편성되어 서울 용산에서 출발해 3로로 남쪽으로 진격하는 사실을 알고 있었을 것이다. 그리하여 태인전투에서 패전한 뒤 남쪽에는 근거지를 마련할 수 없다고 판단했을 것이다. 그리하여 전봉준과 헤어져 최시형을 옹위하고 옛 본거지로 올라와 재기를 도모했던 것이다.

이 대목에서 영남 민보군이 이곳 농민군을 토벌한 기록을 중심으로 그 과정을 추적해 보기로 한다.

조정에서는 1894년 10월에 전국에 걸쳐 주요 지역에 소모영을 두고 소모사를 임명해 지역 농민군 토벌의 임무를 맡겼다. 상주 소모영에는 정의묵을 소모사로 임명하고 현장 지휘관인 유격장은 김석중이 임명되었다. 김석중

은 상주에서 보은과 청산(현재 옥천군), 영동 등지를 넘나들면서 토벌을 자행
했다. 김석중은『토비대략(討匪大略)』을 지어 그 과정을 상세하게 기록했다.

이해 11월에 들어 최시형과 손병희는 직속의 북접 농민군과 호남의 농민
군 등 수만 명을 이끌고 영동 용산장터에 진출했다. 이럴 때 김석중이 지휘
하는 상주 소모영의 민보군과 청주병영의 군사들이 몰려들었고, 호남의 관
군들도 추격하고 있었다.

상주 민보군과 청주병영의 군사들이 용산 일대에서 농민군을 토벌하고
있을 때 일본군이 합류했다. 11월 15일 황간에 주둔하고 있던 구와하라 에
이지로(桑原榮次郎) 소위는 김석중의 "그대가 만약 나의 지휘를 받고자 한다
면 용산으로 방향을 잡지 말고 율계에서 회합해 함께 삭전을 도모하는 게 상
책이 될 것이다"라는 글을 받았다. 구와하라 소위가 군사 16명을 이끌고 오
자 김석중은 "구와하라 씨의 나이가 27세인데 근실하고 엄중했으며 상세하
고 주밀해서 일견 옛 친구를 만난 것 같아 함께 죽기로 허여했다. 그의 강개
한 의리가 사람으로 하여금 아끼게 했다"(『토비대략』 12월 15일조)라고 했다.

이어 태봉에 주둔하던 일본군 등 21명이 후속으로 합류했다. 또 김석중은
일본군 대위 미야케 타케요시(三宅武義)를 만나서는 "위인이 통이 커서 작은
예절에 매이지 않았으며 술을 잘 마시고 우스개를 즐겨했다. 그러나 군사를
지휘할 적에는 정연하고 의연해 범할 수 없는 기운이 있었다."(위 책, 12월 16
일자)라고 기록했다. 이게 유림 의병장의 의식수준이었으니 원조 친일파라
고 볼 수도 있을 것이다.

어쨌든 농민군은 영동에 속하는 용산 일대에서 올라가 북쪽의 청산현(현
재 옥천군 소속)의 관아를 점령하고 전패(殿牌)를 내팽개치는 등 위세를 떨치
기도 했다. 농민군은 청산 관아에 방문을 붙여 상주로 진격한다고 알리면서
사기를 돋았다. 하지만 일본 군사들마저 몰려 왔으니 근거지를 옮길 수밖에

없었다.

　12월 16일 농민군 8만여 명은 청산에서 물러나 보은 관아를 공격해 차지했고, 보은군수 이규백은 청주로 달아나 구원을 요청했다. 농민군들은 다음 날 보은의 깊은 산골인 종곡(북실)으로 진지를 옮겼다. 김석중의 민보군과 일본군이 연합해 한밤을 틈타 종곡의 농민군 습격에 나섰다. 김석중은 파수꾼을 잡아와 신문을 하였는데 그 파수꾼은 다음과 같이 대답했다 한다.

　　호남으로부터 열일곱 번째 전장을 겪었는데 지금 삼남이 모두 일어났다. 한 길로는 무주 영동 청산 보은 상주 선산 그리고 일본 병참과 영남 감영과 동래부를 함락하고, 한 길로는 청주 공주를 향해 곧바로 한강을 건너 서울에 가서 큰일을 도모할 것이며, 또 다른 한 길로는 청국이 후원이 될 걸 약속해서 서북의 여러 지방이 모조리 향응하기로 약속해 지금 종곡에 머물고 있는데 모두 삼남 대장이 거느린 병사가 10만 명이다.(위의 책, 17일조)

　선비 김석중은 이 말이 과장되었다고만 생각했겠지만 정세 파악에는 어리둥절했을 것이다. 이런 말을 누구에게 들을 수 있었겠는가? 그래도 이 말을 기록으로 옮겨놓는 게 가상하다 할 것이다. 하지만 전봉준과 손병희는 이런 원대한 계획 아래에서 봉기했던 것이요 이런 계획은 하부 농민군 정서에 짙게 깔려 있었던 것이다.

4. 보은 북실의 마지막 항전

　아무튼 최시형과 손병희는 농민군을 이끌고 근거지인 보은으로 진출했다. 이들 농민군은 보은 장내가 쑥대밭이 되었고 또 관군에 노출되자 산골

깊숙한 북실로 들어와 산봉우리에 진지를 구축하고 곳곳에 파수병을 두었다. 일본군을 이끌고 온 김석중은 북실마을을 완전 포위하고 싹쓸이 토벌전에 나섰다.

12월 18일 저녁에 산상에 집결해 있는 농민군에게 총공세를 퍼부었는데 이때의 정경을 두고 이렇게 기록하고 있다.

> 도둑의 담기가 솟아나 함성을 지르고 충돌함이 조수가 바다로 들어가는 것 같았지만 우리 군사들은 밤부터 낮까지 물 한 모금도 마시지 못해 기력이 소진되었다.(위의 책, 12월 18일자)

하지만 관군과 일본군은 포를 일제히 놓으면서 총공격을 퍼부어 승기를 잡았다. 그리하여 위 기록에는 포에 맞아죽은 자가 2천 2백여 인, 야간 전투에서 죽인 자가 393인, 빼앗은 마소가 60여 두, 깃발과 북이 수십 개라고 했다. 과장된 숫자일 것이지만 엄청난 희생을 치른 것은 엄연한 사실이다.

보은 북실에서는 이처럼 처절한 전투를 벌였던 것이다. 북실전투는 남쪽에서 일어난 장흥전투와 함께 동학농민혁명 최후의 전투로 기록되고 있다. 중앙군인 장위영의 우선봉진과 좌선봉진의 군사들은 남쪽으로 진출해 장흥-강진 전투를 치르느라 이곳에는 오지 못했던 것이다. 그리하여 일본군과 상주 주변의 고을에서 모은 상주 소모영 군사들이 이 전투에 참여하였고, 청주에 있는 충청 병영의 군사들이 지원을 했던 것이다.

위의 이런 일련의 전투에 참여한 농민군은 손병희가 논산과 공주에서 이끌었거나 북상하면서 합류한 충청도의 농민군으로 편성되었다. 북실전투도 손병희가 직접 지휘한 것으로 보인다. 손병희는 북실에서 일단 군사를 지휘했다가 더 버틸 수가 없음을 간파하고서 최시형을 모시고 탈출했다. 그리하여 살아남아서 다시 동학 재건에 나섰던 것이다. 이 전투에서 죽은 대접주는 이원팔, 김군오, 정대춘 등이라고 기록했다.

또 다음과 같은 기록이 있다.

> 도중이 드디어 보은군 북실리에 이르러 밤에 청주병의 습격함을 만나서 사상이 매우 많았고, 청주군 화양동을 경유해 충주군 외서촌 도잔리에 이르러 관군이 또 급박하게 공격함을 받았고, 충주 무극장터에서 또 공격을 받았다. 도중이 대오를 잃어서 각기 흩어져 도주하니 12월 24일이러라.(『천도교회사초고』 갑오년 12월조)

최시형은 이런 과정을 거쳐 천신만고를 겪으면서 손병희, 김연국, 손천민, 손병흠 등을 데리고 더욱 북쪽 지역인 강원도 홍천으로 잠행했다. 갑오년 12월에 벌어졌던 용산전투와 북실전투는 동학농민혁명사에서 장흥 석대들전투와 함께 마지막을 장식했던 것이다.

5. 오늘날 가로놓인 과제

오늘날 충청북도 지역은 동학의 전도 시기에서 시작하여 동학농민혁명의 초기단계와 마지막 단계에 이르기까지 때로는 근거지, 때로는 중심지, 때로는 방조지의 역할을 했다. 그만큼 지역주민의 피해도 막대하였다.

그러므로 충북 동남부 지역은 동학농민혁명에 국한해서 말하더라도 많은 사료를 남기고 있으며, 곳곳에 그 유적이 널려 있다. 그 중심지인 보은지역에는 동학농민혁명공원을 조성해 학습장으로 활용하고 있다. 공주 청주 등지에도 유적 유물을 보존하거나 관리하거나 기념조형물을 설치한 적이 있었다.

그러나 영동과 옥천 지역에서는 그 같은 선양사업이 거의 없었다. 내팽개쳐 두었다고 해야 옳을 것이다. 이는 그만큼 주민이나 당국자들이 반성해야 하는 문제이다. 적어도 동학의 인권사상을 높이거나 또는 사회를 바로잡고 외세로부터 나라를 지키려는 의미를 소홀하게 다루었다고 볼 수 있다.

2017년에는 촛불시민혁명이 광화문을 중심으로 거세게 일어났고, 그 결과로 새로운 민주정부가 들어서서 온갖 적폐를 청산하고 민족통일의 기운을 일으키고 있다. 이 근원은 역사적 의의를 따져 1894년의 동학농민혁명을 시발로 하여 3.1혁명과 4.19혁명과 5.18과 6월 민주항쟁에 두고 있다. 이런 역사적 변혁운동은 진정한 민주가치의 실현과 민족통일의 완성으로 그 민족사적 소임을 마칠 수 있을 것이다.

2018년 4월 24일에는 전봉준 동상을, 그가 순국한 전옥서 터인 서울 종로 1가에 세웠다. 순수한 국민모금으로 건립된 동상이다. 제막식에는 국회의장과 국회의원, 서울시장, 서울시교육감, 그리고 역사문제연구소, 민족문제연구소, 민주화운동기념사업회, 삼일운동기념사업회 등 여러 단체와 많은 시민들이 참석해 그 의의를 되새겼다. 수많은 동학농민혁명 지도자들이 일본군에 의해 서울로 끌려와 신문을 받고 사형을 당하거나 유배를 받았다. 그런데도 그동안 서울에 이를 상징하는 동상을 하나도 건립하지 않았으며 기념조형물도 조성하지 않았다. 2018년 서울 중심부에 세운 전봉준 동상은 통일의 시대에 새로운 역사적 의미를 던질 것이다.

앞으로 통일의 시대가 전개될 것이다. 이런 시대에는 동학의 인시천(人是天)을 기본으로 한 인간중심주의, 동학농민혁명의 지향인 평등, 자주, 인권의 정신은 민족통일의 이념적 동력이 될 수 있다. 이런 바탕에서 미래 한국은 동학농민혁명을 계승하는 사명을 지니고 있을 것이다.

충청북도 동학농민혁명사의 전개과정

채 길 순
명지전문대학교 교수

1. 들어가며

충청북도는 동학 2세 교주 최시형에 의해 영남 · 영동 지방에 이어 소백산맥에 의지하여 단양, 괴산, 보은, 청산, 영동, 황간 지역으로 동학을 포덕한 곳이다. 동학은 강원도로부터 충청북도로 빠르게 전파되어 나갔으며, 충청북도는 동학을 경기도와 충청 내포 지역으로 유출시키는 교두보 역할을 했다. 따라서 보은취회와 광화문복합상소 등으로 도인들의 활동이 어떤 고을보다 활발했다. 동학혁명 시기에는 경기, 강원, 충청, 경상 지역의 북접 동학농민군이 보은 대도소에 집결하여 공주로 이동했으며, 전라도까지 피신했다가 올라온 동학농민군이 북실에서 집단학살 당한, 역사 현장의 중심지였다. 그럼에도 현재까지 지역 동학사 연구가 미흡할 뿐만 아니라 기념사업도 미미한 수준이다.

이 글은 충청북도 지역 동학농민혁명의 흐름을 이해하기 위한 기초 연구의 성격을 지닌다. 이를 위해 충북 지역 동학혁명의 사적 흐름과 특징을 지역별로 나누어 고찰하고자 한다.

2. 충청북도 지역 동학혁명의 전개 과정과 특징

1864년 3월, 최제우가 혹세무민의 죄로 대구 장대(將臺)에서 처형되자 최

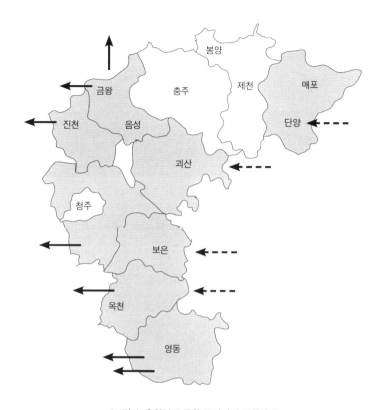

〈그림1〉 충청북도 동학 포덕기의 영향관계

시형은 관에 쫓겨 강원도를 거쳐 충북 단양으로 들어온다. 최시형은 한동안 소백산맥을 넘나들며 '잠행 포덕'으로 강원 충청 지역에 교세를 확장시켜나 간다. 충청북도에 교세가 빠르게 확장되어 가던 1871년, 이필제에 의해 주 도된 경상도 영해에서 일어난 신미사변으로 최시형은 다시 관아에 쫓기는 처지가 되고, 이필제는 이해 8월 다시 정기현 등과 거사를 모의하여 문경 관 아를 습격하려다 관군에 붙잡혀 서울에서 참형을 당했다. '문경 거사에 괴 산의 동학도들이 호응했다'는 기록으로 보아 이미 이 시기에 괴산 지방에 동 학이 유입된 사실과 교세를 짐작케 한다.

〈그림2〉 충청북도 동학혁명 초기와 후기 봉기 및 전투지역

　최시형은 충북 지역을 교두보로 경기, 충남, 전라 지역 경계를 넘어 활발
한 포교 활동을 벌이게 된다. 충북 지방은 동학이 유입되고 유출하는 중심
통로가 되었던 것이다.(〈그림1〉 참조) 이렇게 충북이 동학 포교의 중심지로
부각되면서 동학 지도부는 '공주집회', '삼례집회'(이상 1892), 광화문복합상
소', '보은취회'(이상 1893)를 차례로 전개하였고 그러는 사이 운동은 교조신
원운동 차원을 넘어 사회 운동으로 확장되어 갔다.
　1894년 3월 전라도에서 동학혁명이 일어나자 충북 지역에 주 근거지를
두었던 동학교단 지도부는 전라도 지방 동학농민군의 움직임을 주시하면서
긴박하게 대응했는데, 이미 이 시기에 금산, 진산, 회덕, 청산 지역에서, 그
리고 제천 신당리에서도 봉기하게 된다.(〈그림2〉 참조) 그러나 청일전쟁으로
인해 초기 봉기는 전주화약과 함께 잦아들었다.
　그러나 청일전쟁에서 승리한 일본군은 본격적인 조선 침략에 나서면서

'경복궁 침탈 사건'을 벌이는 동시에, 곳곳에서 동학교도 참살에 나선다.

급기야 최시형은 9월 18일 총기포령을 내려 적극적인 공세로 나서게 된다. 2차 기포 시기에는 손병희가 이끄는 호서 동학농민군과 전봉준이 이끄는 호남 동학농민군이 논산에서 연합하여 공주성 공략에 나섰다. 그러나 호서, 호남 연합 동학농민군은 우금치에서 일본군의 신무기에 눌려 참패를 당하고 후퇴의 길에 접어들었다. 호서 동학농민군은 호남 동학군과 함께 남원 새목터까지 후퇴했다가 헤어져, 소백산맥을 따라 올라오면서 18차례의 크고 작은 전투를 치른 뒤, 보은 북실에서 대학살의 참극을 만나게 된다. 이렇게, 충청북도는 동학혁명의 시작과 끝이 있는 중심지였던 것이다.

충청북도 지역 동학혁명기 활동을 연원 조직이나 활동의 특징으로 보아 다음과 같이 4개 권역으로 구분할 수 있다.

1. 제천·단양 충주 지역 2. 음성 진천 괴산 지역 3. 청주 청원, 회인·문의 지역 4. 보은 옥천 영동 지역으로 나누어 고찰하기로 한다.

3. 지역별 고찰

1) 제천·단양 충주 지역

(1) 제천·단양

단양은 최시형이 태백산맥을 넘나들며 잠행 포덕하여 동학이 일찍이 유입되어 교도 활동이 활발했고, 『용담유사』의 간행지(단양 샘골)이기도 하다. 청풍은 강경파에 속하는 성두한(成斗漢) 대두령을 중심으로 교도들의 활동이 성한 지역이어서 갑오년 봄에도 신당리 장터에서 동학 취회가 있었고, 9월에는 6천여 동학농민군이 북산(北山·장자봉)에 진을 치고 본격적인 투쟁

활동을 벌였다.

임진년(1892)에 충청도에는 청풍, 황간 두 지역에서 민란이 일어나 조정에서 안핵사가 파견된다. 두 고을 모두 현감의 탐학 사실이 밝혀져 파직으로 마무리된다. 이는 조선 말기에 전국적으로 일어났던 민란이 동학혁명과 결코 무관하지 않다는 사실을 보여준다. 청풍 지역 동학교도의 활동은 어느 고을보다 성했는데, 성두한을 비롯하여 김용렴(金用濂), 황거복(黃巨卜), 김영진(金榮鎭)과 같은 이들이 을미년(1895)에 재판을 받았다. 이 중에는 이방과 사령 신분도 있었다. 그렇지만 이 지역의 동학 사적은 고을 전체가 청풍호에 수장되면서 함께 사라지고 말았다.

1864년 3월, 최제우가 혹세무민의 죄로 대구에서 처형되자, 동학 존립의 운명을 짊어진 최시형은 탄압을 피해 소백산맥을 넘나들며 교세를 확장시켜 나간다. 그렇지만 최시형은 1871년 이필제가 주도한 신미사변으로 인하여 다시 관아에 지목을 받아 쫓기게 된다. 그해 8월 이필제는 다시 거사를 모의하고 문경읍을 습격하려다 사전에 비밀이 유출되어 관군에 잡혀 처형을 당하게 된다. 최시형은 또다시 관의 지목을 받아 충청도로 피신하여 단양 남면 가산리 정석현의 집에서 머슴살이를 한다. 다시 일신에 위험을 느끼고 영월 정진일의 집으로 옮겨 숨어 있다가 소백산으로 들어간다. 이런 도피 중에도 단양 남면 사동(寺洞) 송두둑(葛川) 등지에서 홍순일, 김연국 등과 49일 수련을 하고, 설법제(說法祭)를 창설하여 도주인(道主人) 최시형, 차도주(次道主) 강시원(강수), 도접주(道接主) 유시헌(유인상) 등과 함께 개명하면서 동학의 지도 체제를 정비한다. 이 시기에는 "各處道儒之來謁者 不計其數(각처에서 수많은 교도들이 찾아오고)"라 한 것처럼 서인주, 황하일, 손천민, 손병희, 박인호, 안교선, 김영식, 김상호, 김은경, 윤상오, 어규덕, 어규신 등 충청도 동학 중심인물들이 최시형을 찾아온다. 말하자면 단양은 1870년대 중반 이후 충청도 동학 포교의 원천지였던 셈이다. 이런 포교 덕분으로 막 강해진 교세를 바탕으로 해서 최시형은 1881년에 단양 샘골 여규덕(呂圭德)가에서 『용담유사』를 간행한다. '수운가사(水雲歌詞)'라고도 불리는 『용담유사』는 또 다른 동학 경전인 『동경대전』이 한문의 논설로 된 반면 민중들이 쉽게 접할 수 있도록 가사로 쉽게 풀어 쓴 글들을 모은 책이다.

1894년에 "단양 접주 민사엽이 이끄는 동학농민군이 단양 군아로 쳐들어 갔다. 군수 정의동을 축출할 계획이 있었으나 이미 알고 도망을 쳐서 관아의 아리 관속의 집을 파양했다"는 기록으로 보아 활발했던 동학교도의 움직임을 엿볼 수 있다.

1895년 3월 29일, 성두한은 전봉준, 손화중, 최경선, 김덕명과 함께 처형됨으로써 동학혁명의 막이 내린다. 성두한이 유일하게 충청도 청풍사람으로 기록되어 있어서 많은 학자들이 그의 행적에 지대한 관심을 보였지만 구체적인 행적을 알 길이 없었다. 1994년 필자가 동학혁명 1백주년 기념 기획 취재 중에 수몰 지역인 월악산 아래 북노리 출신 유생 이면재의 『일기』를 발굴하여 성두한의 동학 활동이 어느 정도 밝혀졌다. 『일기』의 주요 동학혁명 사적으로는 ① 월악산 아래에 이 지역 수탈로 이루어진 민비의 피난 궁터 공사 기록 ② 1894년 봄 신당장터 집회 ③ 청일전쟁에서 패한 청군의 퇴각 행로와 수탈 만행 ④ 갑오년 9월, 성두한이 동학교도들을 모아 장자봉(북산=北山)에 민간 보루를 쌓고 일본군에 저항했다는 기록이 보인다.

특히 월악산 아래에 민비의 지시로 행궁 조성이 대대적인 토목 공사로 진행되었는데, 월악산 아래 송계 골짜기에 공사 인부들을 대상으로 엄청나게 큰 장터가 생겼을 정도였다고 한다. 그리고 남한강을 통해서 들어오는 각종 목재나 석재는 그야말로 '돈덩어리'였다는 것이다. 그 공사가 어느 규모로 벌어졌으며, 얼마만큼 공사가 진척되다가 중단되었는지 알 길이 없다. 그나마 송계 초·중학교 건물을 지을 때 월악궁의 사적을 모두 운동장에 매몰해 버렸다. 현재 운동장 가에 몇 개의 궁터 주춧돌만이 놓여 있는데, 이를 발굴 복원하는 것도 고려해 볼 만하다.

그리고 『일기』에, 갑오년 봄에는 신당(열두 신당리라 할 만큼 광범위한 자연부락) 장터에 동학교도들의 집회가 있었던 사실이며, 청일전쟁에서 패한 청나라 군사들이 청주 가도를 거쳐 충주로 들어와 강원도로 이동하면서 저지른 패악(悖惡) 사실이 생생하게 기록되어 있다. 또 "이때 시골에 사는 백성은 거의 모두가 동학에 들어가 원수도 갚고 돈도 징발하는 등 마음대로 하는데, 어리석은 백성을 선동하여…"라는 기록으로 당시의 민심을 엿볼 수 있다.

비록 『일기』가 보수적인 유생의 편향적인 시각이긴 하지만 성두한의 행적이 잘 나타나 있는데, "…(성두한이) 어리석은 백성들을 선동하여 산내 산외(청풍 단양 제천 영춘)에 무릇 6천 군사가 모였다"는 기록과 "동학 접주 두한은 한 사람의 어리석은 백성에 지나지 않으나 모든 백성이 다 존경하니 이 역시 천운인지 알 수가 없다."는 기록으로 성두한이 이끄는 동학농민군의 규모와 세력, 그리고 그의 사람됨을 짐작해 볼 수 있다.

특히, 일본군이 한반도에 진출하면서 부산 - 낙동 - 안동 - 문경 - 가흥 - 이천 - 송파로 이어지는 전신선을 가설했는데, 성두한이 이끄는 동학교도들이 수안보 부근에서 전신선을 절단하기도 했다는 기록은 주목할 만하다.

성두한은 강원도 정선 지방에서 일본군에게 체포되어 서울로 압송되었다가 1895년 3월 29일 전봉준, 손화중, 김덕명, 최경선과 함께 처형되었다. 그렇지만 성두한의 활동 기록은 아직 정리되지 않았다.

(2) 충주

『천도교사』에 의하면, 1878년 충주에 교단을 총괄하는 법소를 두었는데,

이는 동학교세가 전라, 경상, 강원, 경기도로 빠르게 확산되어 가던 시기에 해당한다. 이에 일본은 남한강의 중요 요충지인 가흥 충주 수안보에 군대를 주둔시켜 이에 대응하게 된다. 이는 충주가 동학 포덕의 중추 지역임을 뜻한다. 당시 충주 관할은 서쪽으로 음성 되자니까지여서 동학 교세가 자못 컸고, 충주를 중심으로 동쪽으로는 청풍 지역에 성두한이 이끄는 강경파 동학농민군이 버티고 있었고, 서쪽으로는 서장옥, 신재련, 손병희가 교세를 장악하고 있었다. 따라서 9월 재기포 시기에는 동학농민군이 용수포에 집결함으로써 북접 동학농민군의 군사 행동의 시발점이 되었다.

최시형은 단양을 교두보로 남한강의 요지 충주를 빈번하게 드나들며 포덕에 힘썼다. 최시형은 1891년 12월 충주 외서촌(外西村) 신재련의 집으로 이주했다가 이듬해 1월 진천 부창리로 이주하여 동학의 중심 세력이 청주 내륙으로 이동하게 된다. 뿐만 아니라 최시형은 1892년 8월 21일 신재련에게 착실한 인재 40명을 골라 명부를 작성하여 9월 10일까지 도소로 보내도록 편지를 보낸다. 이는 교조 신원운동을 위한 준비로 보이며, 이 지역 교도들을 중심으로 교조신원운동을 전개해 나갔음을 알 수 있다.

일본군은 청일전쟁이 일어나자 병참 보급로 확보와 병참 조달을 위해 후비보병 제6연대와 제10연대 및 후비보병 제18대대를 한반도에 주둔시킴으로써 본격적인 대륙 침략 단계로 들어선다. 부산 - 낙동 - 수안보 - 가흥 - 서울을 잇는 전신선 가설은 8월에 이미 끝나 있었으며, 그 선로 보호를 명분으로 경부 통로에 21개의 병참부를 설치하였다. 충주 지역에는 가흥 - 하담 - 충주 - 수안보 지역에 병참부를 두어 행군하는 일본군대의 사영지, 조선 인마의 고용, 식량 창고 설치 및 조선 돈의 매수 등의 임무를 수행하다가 동학농민군의 활동이 시작되자 바로 진압에 투입된다. 9월 21일에는 가흥 병참부에서 조선인 인부를 모집했으나 충청도 하담, 가흥 지방의 동학교도가

"일본 군대의 짐을 운반해 주는 놈은 모두 죽어야 한다."고 협박하자 충주 목사 민영기가 나서서 백성들을 효유하기에 이른다.

동학농민군 세력은 일본군의 경복궁 점령 소식과 병참부 건설, 그리고 군용 전신선 건설로 일본의 침략 야욕을 깨달아가면서 일본 병참부를 공격하고 전신선을 파괴한다. 이에 대응하여 일본군은 병참부에 병력을 증강한다. 그러나 이에 굴하지 않고 동학농민군의 활동은 계속된다. 일본군은 가흥에 압력을 넣던 동학농민군이 북창나루에 주둔하고 있다는 첩보를 받고 충주 병참사령부의 사카이(酒井曹長)를 파견했으며, 북창나루의 동학농민군을 공격하고 계속해서 본거지라 할 천등산 다릿재 진터의 동학농민군 진지를 공격한다. 일본공사 이노우에 가오로(井上馨)가 동학당 소탕을 위해 본국의 대본영에 전보로 병력을 요청한 때가 9월 28일(음)이다. 10월 21일에 후비보병 독립 제 19대대가 출동하여 인천으로 들어와, 그중 일부 병력은 전부터 충주 가흥에 주둔하고 있던 병력과 합류하여 이 지역의 동학농민군 섬멸작전에 돌입한다.

10월 14일, 이 지역 동학농민군의 공격을 받아 오던 충주 병참부의 일본군은 동학농민군을 공격하기 시작한다. 단월에서 동학농민군 수령 3명을 체포했고, 15일 밤에는 청풍 부근의 동학농민군을 공격하여 4명을 체포하고 30여 명을 살해했다. 이에 대응하는 성두한은 청풍 서창에 동학농민군을 주둔시키고 있었으며, 가흥 병참부 남쪽의 남소에도 동학농민군이 대거 집결하여 충주와 가흥 병참부의 공격에 대비하고 있었다. 동학농민군은 먼저 전신선을 절단하여 충주 가흥 문경과의 연락을 두절시킨 다음 안보 병참부를 공격하여 소실시켰다. 가흥 병참부에서 급히 요청한 증원군이 이천을 거쳐 27일에 도착하여 동학농민군의 공격을 막아내는 한편 전신선을 복구했고, 가흥과 안보 병참부를 공격한 서창의 동학농민군을 보복 공격하여 큰 피해를 입힌다. 이런 참혹한 피해는 결국 동학지도부의 9월 재기포를 결정하는 결과를 낳았다.

9월 18일, 동학교단의 재기포 선언에 따라 이 지역의 동학농민군도 움직임이 활발해진다. 이때 용수포에서는 허문숙, 서장옥이 이끄는 강경파와 온건파에 속하는 신재련의 동학농민군이 대치했다고 하나 이는 실증적으로 규명된 사실이 아니다. 이 같은 견해는 교단의 지시에 충실했던 신재련이 교단의 금단 지시를 어기고 기포한 허문숙과 서장옥이 이끄는 동학농민군이 일시에 대립했던 사실을 뜻한다. 한편 서장옥은 북접 동학농민군 세력 중에서 강경파로 알려졌는데, 전라도 전봉준, 손화중, 최경선 등의 정신적 스승으로 알려져 있다. 서장옥은 청주 사람으로, 행적이 잘 알려지지 않은 신비의 인물이며, 1900년에 체포되어 교수형에 처해진다.

용수포에 모인 북접 동학농민군은 노은 신의실을 거쳐 용원리(미륵댕이)로 이동해 갔다. 여기서 경기도 동학농민군과 합진하고 북접 주력의 전략에 따라 진천, 괴산, 청주, 보은 등지로 이동한다. 사정이 이렇게 되자 충주에 주둔한 일본군은 다급해졌다. 11월 2일 괴산 관아가 공격을 당하자 하라다(原田) 소위가 이끄는 2개 분대 병력을 이끌고 괴산으로 출동하여 전투를 치러 일본군 1명이 즉사하고 3명이 부상을 입는다.(괴산 편 참조)

가흥 병참 사령부에서는 야마무라(山村忠正) 중대장으로 지휘관을 교체하고, 이이모리(飯森) 소좌의 지휘를 받도록 했다.

11월 10일 밤, 일본군은 충주에서 괴산으로 통하는 가도상의 남창과 월두동 부근에 동학농민군이 있다는 급보를 받고 출동하여 12일 오리동에서 동학농민군 10여 명을 체포하여 6명을 타살한다. 14일에도 몇 명의 동학농민군을 체포했으나 괴산 군수 박용석이 동학농민군 2명을 괴산 장날 타살하도록 일본군에 요청하여 타살된다.

11월 중순에 이르자 일본군은 괴산, 충주, 청주 부근의 동학농민군을 공격하기 위해 작전을 세운다. 일본군은 신무기를 앞세워 무난하게 동학농민군을 진압했지만 충청도 동북부 지역인 제천, 영월로 들어간 제2중대는 산악에 의지한 동학농민군의 저항에 밀려 고전하게 된다. 이들은 성두한이 이끄는 동학농민군 세력이었고, 일본군은 혹한기에 접어들면서 급격히 전투력이 상실된 동학농민군의 지도자들을 체포하거나 학살하면서 투쟁이 막을 내리게 된다.

1894년 12월말 북실에서 패한 북접 동학농민군은 충주 외서촌 되자니에서 패한 뒤 뿔뿔이 흩어지게 된다. 그래도 살아남은 동학농민군의 삶은 여전히 고단했다. '십가통규(十家統規)'라 하여 양반 사대부를 중심으로 감시를 받게 되자 살길을 찾아 귀화하거나 동학을 배반하고 동지를 팔거나 숨어 지내게 된다. 그런 중에 지방 민보군에게 가혹하게 도륙 당하는 경우도 있었다. 당시 신니면 원평리 내포에 사는 한 할머니의 증언에 따르면 "동학에 가담했던 수많은 동학농민군이 가섭산 도둑골로 피했다가 민보군의 습격을 받아 비참하게 도륙을 당했다"고 증언했다. 동학혁명이 막을 내리고 나서 본격적으로 전개된 일본 침략에 저항하여 일어난 의병은 지각 의병인 셈이다. 당시 일본 신문 기사에 "충청도의 적(의병)은 동학당이 섞여 있고 군세가 성하여 충주를 함락하고 군수는 도망했다"는 보도로 보아 일부 동학농민군이 의병으로 전환했다는 것을 알 수 있다.

2) 음성 · 진천 · 괴산 지역

(1) 음성
음성은 지리적인 여건으로 보면 서울 · 경기와 인접하고 길이 사통팔달로 통해 있어서 동학 전파와 투쟁의 거점이었다. 따라서 동학농민혁명 시기의 동학교도의 활동이나 역할이 각별했다. 소백산맥을 넘어온 동학을 전수받아 경기·충청 지역으로 전파하고, 보은취회와 9월 재기포 때는 경기와 충청 동북부 지방의 동학교도들이 모이는 거점이었다. 이들은 보은으로 이동하여 공주전투에 참가했다가 패퇴하고 돌아오는 길에 보은 북실에서 참패하고 음성 되자니(道晴里)에서 다시 공격을 받아 흩어진다.

일찍이 교단이나 관 기록에 충주 신재련 접(忠州 米山居 東學大接主 辛在蓮)의 활약상이 나타나는데, 현재 음성군 대소면 내산리 미산마을이다. 음성 지방의 동학 활동은 주로 '충주 외서촌(外西村) 지역'으로 기록되었다. 외서촌은 음성 지역을 이르는 말로, 오늘날 행정구역으로 금왕읍 삼성면·대소면·맹동면·감곡면·생극면 일대를 가리킨다. 1893년 교단의 조직 개편 당시에 "충주 외서촌 황산에 손병희와 이용구의 포소가 설치되고, 청풍에는 성두한 포소가 설치되어 교도를 관할했다"는 기록으로 보아, 음성은 충주·청풍·괴산 지역과 함께 1880년대부터 동학 교세가 왕성했음을 알 수 있다. 동학농민혁명 시기에 음성 지방에는 손병희(청주 금암리), 신재련(음성 대소), 이종석(진천 부창리) 세 사람이 모여 도탄에 빠진 나라를 구하기 위해 의형제의 결의를 다져서 일찍부터 혁명 기운이 감돌았다. 9월 18일 교단의 재기포 선언이 있기 전부터 경기도 지방과 음성에 동학농민군이 집결하여 죽산의 관군과 대치하면서 세력을 키워 가고 있었다. 재기포 선언이 있자 음성 지역에는 경기·강원과 충청도 북부 지역의 동학교도가 모여들기 시작한다.

1894년 9월 9일, 동학농민군이 경기도 죽산과 안성에서 봉기하여 관아를 점거하자, 다급해진 조정에서는 동비(東匪) 토벌을 위해 9월 10일 죽산부사에 장위영 영관 이두황을 임명하고, 안성 군수 성하영을 경리청 영관으로 임명하여 군사를 급파한다. 이는 교단의 9월 18일 재기포령 이전 상황이다. 이두황은 9월 20일 장위영병을 이끌고 서울을 출발한다. 당시 관군은 일본군의 경복궁 침탈 이후 경군으로부터 압수했던 모젤총 400정과 탄약 4만 발로 중무장하고 있었다. 이두황이 용인 양지를 거쳐 22일 죽산 백암장터에 도착, 다음날 죽산 관아에 도착하자 곧바로 비봉산에 진을 치고 광혜원과 음성 지역에 주둔한 동학농민군의 공격에 대비한다. 충주 용수포에는 5~6만을 거느린 서장옥이 웅거하고, 진천 광혜원에는 신재련이 4~5만을 거느리고 진을 쳐서 접전 일보 직전에 있었다. 당시 황산에는 이종훈 이용구와 같은 이 지역 지도자를 비롯하여 충주, 안성, 양지, 여주, 이천, 지평, 광주, 원주, 횡성, 홍천 등 여러 지방의 교도들이 모여 들어 대규모의 동학농민군이 편성되어 있었다. 그 위세는 비봉산에 주둔한 관군을 압도하였다. 관군이 사창리로 들어와 황산의 동학농민군과 대치한다. 당시 선유사 정경원이 동학농민군과 담판을 벌였지만 별 성과 없이 사창리에서 10리 밖 성산으로 물러난다.

9월 26일에 음성읍이 동학농민군에 의해 함락되자 음죽 가도 상에 있던 황산 동학농민군은 허문숙의 민보군과 진천을 공격하기 위해 이동을 시작하여 도청리·유포리를 지나 덕산 구만리 장터에 주둔한다. 동학농민군은 29일 진천 관아를 점령한다. 10월 초 광혜원의 동학농민군은 일본군의 공격을 받아 삼호리에서 전투를 치르고 무극으로 이동했고, 진천 관아를 공격한 뒤 구만리 장터에 주둔하고 있던 동학농민군도 일본군의 추격을 받아 무극으로 이동한다. 일본군이 계속 압박해 오자 동학농민군은 무극을 떠나 감우재를 넘어 괴산 당동으로 이동하여 일본군과 전투를 치른 뒤에 보은으로 들어간다.

한편, 10월 24일에 무극 노백룡, 정택진, 전만철 등이 목천 세성산 전투 뒤에 붙잡혀 포살 당한 기록이 보이는데, 이는 진천, 음성, 괴산 등지의 주력

동학농민군이 보은으로 이동하고, 일부 세력이 목천 세성산 전투에 진출했음을 뒷받침해 주고 있다.

보은으로 이동한 동학농민군은 공주전투에서 일본군의 신식 무기 앞에 원통하게 패퇴하여 남원 새목터까지 후퇴했다가 소백산맥을 타고 북상, 보은 북실에서 관·군과 맞붙었으나 신무기 앞에 대학살을 당한다. 살아남은 동학농민군은 지칠 대로 지친 채 화양동을 거쳐 음성 되자니(道晴里)로 들어온다.

되자니는 최시형이 1878년 육임소 박해 때 은거했던 곳으로, 이곳에서 12월 24일 북접 동학농민군들은 관군의 공격을 받아 뿔뿔이 흩어지게 된다. 최시형은 마르택 이상옥 집으로 피신하고, 손병희, 홍병기, 이승우, 최영구, 임학선 등은 죽산 칠장사로 들어갔다가 여기서 다시 추격해 온 관병의 공격을 받는다. 당시 일본 측 기록이 참혹한 정황을 보여준다. "13일 가흥으로부터 파견된 정찰대는 17일 장호원과 음성 사이에서 제16대 이시모리(石森) 중위의 지대와 만났으며, 때마침 적도 수백 명이 내습해 오므로 같이 협력해서 이를 맞받아 싸워 수십 명을 죽이고 우리 병사는 1명이 부상했으며, 적도는 사방으로 흩어져 달아났다."

동학혁명의 전화가 휩쓸고 지나간 뒤 관 민보군이 음성지역 동학농민군에 가한 행위는 자못 처절하다. 가까스로 살아남은 자들마저 관군과 민보군의 추적 대상이 되었다. 신니면 원평리 가섭산 도둑골은 "해골이 발에 채일 정도"로 많은 동학농민군이 관군 민보군에게 도륙을 당한 곳이다.

수백 명의 동학농민군을 모아 보냈던 이헌표 접주는 그들이 돌아오지 못하자 가족들의 원성을 피해 마을을 떠나게 되었고, 그가 남긴『이곽포원록(李郭抱寃錄)』은 동학농민혁명 이후 향반 사회의 동학교도와 비교도, 그리고 관아와 민중이 겪는 갈등을 보여주는 중요한 문헌이다.

(2) 진천

진천의 주요 동학 사적은 최시형의 도피처인 금성동과 부창리, 충청 서북부 지역과 경기 지역 동학농민군의 최대 집결지였던 진천 구만리 장터, 9월 동학농민군의 진천관아 점령과 토벌전을 들 수 있다.

대략 진천을 중심으로 하는 충주·음성 지역에는 세 계통의 동학 조직이 포교 활동을 벌였다. 신재련은 충주와 인근 군현에 큰 세력을 가지고 있으면서, 최시형의 지침을 따르고 있었다. 허문숙은 진천에 세력의 거점을 두었으나 교단의 온건 방침을 따르지 않고 강건한 활동을 펴나갔던 서장옥과 가까운 인물이었다. 손병희는 청주 출신으로 한동안 동학 내에서는 별스러운 세력이 없다가 진천 부창리 이종석(李鍾奭)과 충주 이용구(李容九)를 예하로 맞아들이면서 대접주 반열에 오르게 된다.

『천도교서』에 따르면 최시형은 1891년 2월 이후 청주 금성동(金城洞·현 진천군 초평면 용산리 금성마을)과 충주 외서촌(현 음성군 대소면 내산리) 신재련의 집에 수차례 머물렀다. 최시형은 이 지역의 대표적인 동학 지도자인 미산 대접주 신재련, 진천 부창리(현 초평면 용정리 부창목 마을)의 이종석, 청주 금암리(현 청원군 북이면 대주리)의 손병희 등과 긴밀하게 교유하면서 포교 활동을 전개하고 동학교도에게 통유문을 보냈으며, 여러 가지 교훈을 남겼다. 첫째, 꿈 이야기를 통한 교훈인데, 꿈에 대신사(창도주 최제우)께서 계란 500개를 주시므로 두 손으로 공손히 받아 그 계란을 깨어 보니 모두 부화하여 일제히 울었으나 오직 두 알이 썩어서 부화 하지 못했는데, "후일 도를 이루게 될 사람은 마땅히 이 계란과 같으리라"하여 여러 교도 중에 도를 이루지 못하는 교도를 경계했다는 것이다. 둘째, 통유문 10개 조항을 발표하여 교도로서 나태해지기 쉬운 윤리 교육을 강화했다. 셋째, 수도(修道)에 대한 교훈으로 "도를 알고 닦으라. 도는 오직 성(誠) 경(敬) 신(信) 3자에 있으며 한울님을 받들어 섬겨야 한다"는 교훈으로, 수도의 중요성을 가르쳤던 곳이다. 금성동은 동학교도의 정신적인 터전이었던 셈이다.

9월 18일, 최시형이 기포령을 내리자 각지의 동학조직은 즉각 행동에 들어갔다. 9월 25일 음죽 관아를,[1] 29일에는 진천 관아[2]를 쳐서 무기를 확보한다. 이와 동시에 진천의 동학 지도자 허문숙은 일본 병참선의 요지였던 충주 용수포에, 충주 대접주 신재련은 진천 광혜원 장터에 각각 '일 만'에 달하는 동학농민군을 집결시킨다. 안성과 이천 등지에서 넘어와 끊임없이 합류하는 동학농민군의 군세는 점차 늘어나 10월 초까지 무극 장터와 광혜원 장터에는 '수 만의 군세'를 형성하고 있었다.

죽산부사 겸 장위영 부영관 이두황이 입수한 24일 첩정에 따르면 "허문숙과 서장옥은 '5만 내지 6만'을 거느리고 용수포에 집결해 있고, 신재련은 그보다 조금 못한 '4내지 5만'을 거느리고 진천 광혜원에 주둔해 있다"고 보고한 것으로 그 군세를 짐작할 수 있다.

무극 장터와 광혜원 장터에 집결해 있던 '수 만'의 동학농민군은 괴산을 거쳐 보은으로 향하려다 발길을 진천으로 돌린다. 9월 29일 오전 10시경, 동학농민군은 진천 관아를 여러 겹으로 둘러싸고 동헌에 들이닥쳐 현감을 비롯하여 공형과 여러 관속들을 결박한 다음 관아의 무기고를 부수고 병기를 모조리 탈취했다. 진천 현감 안정수(安鼎壽)는 동학농민군이 물러간 뒤 한연수(韓延洙)·조학희(趙學熙) 두 가담자를 붙잡아 놓고 일본군에게 읍내를 보호해 달라는 급전을 보낸다. 이미 관속들에게는 도움을 요청할 곳이 일본군밖에 없었던 것이다.

1894년 10월 6일자 『양호선봉일지』에 "동학농민군 수만 명이 충주 무극 장터와 진천 구만리 장터 두 곳에 모여 있으므로 이를 토벌하기 위해 대관 방영호 김진풍, 별군관 이겸래 윤지영, 교장 오순영 등이 2대의 병력을 이끌고 진천 광혜원, 구만리 등지로 떠났다"라고 기록하는 것으로 보아 이 지역의 동학 토벌은 비교적 빠르게 진행되었다. 진천 이곡면 노원리 출신 신정희는 일찍부터 동학의 고위 지도자를 지목해서 체포하는 데 공을 세워왔고, 1983년 보은집회를 진압하는 과정에서 동학 지도자들의 동향을 누구보다 상세하게 꿰뚫고 있었다. 그리고 종사관 정인표(鄭寅杓)도 초평면 영구리 출신이어서 어느 지역보다 이 지역의 토벌전은 빠르게 진행되었다.

1894년 11월 25일조 정토 기록에 "관별군 최일환이 진천으로 들어와 동학 접주 박명숙 외 1인을 지석부락 천변 숲속에서 총살했다"고 적었다. 그러나 답사 현장에서는 김수진이란 동학 두령과 접주 박관희와 박주형 같은 인물이 새로이 확인되었다. 관의 토벌 기록에 언급된 박명숙이란 인물은 여러 정황으로 미루어 박주형과 동일인이다.

관의 토벌 기록에 "안성으로 넘어가는 신계리에서 당시 접주 서상종, 이태홍, 정운화·정운목 두 형제가 동학 때 희생되었다"는 사실도 확인된다.

진천 지역에는 동학교도가 많았던 만큼 최근까지 천도교의 맥을 잇고 있는 것으로 알려졌다. 특히 성석리에는 최종록 씨가 6대째 천도교를 숭상하는 교도이고, 합목리(목골)에 사는 염상철 씨도 선조 때부터 천도교인이었다. 그리고 1900년, 서장옥과 함께 피신 다니던 동학 지도자 손천민이 체포되어 교수형에 처해진 뒤 초평면 어댕이 골짜기에 묻혔다는 증언을 확보했으나 나무가 우거져 무덤을 확인할 길이 없었다.

(3) 괴산

괴산의 동학 사적은 세 가지 사건으로 요약된다. 첫째, 충청도 동학의 관문으로 일찌감치 동학이 유입되었고, 둘째, 육임소 박해 때 신양동(新陽洞)에 은거하던 최시형이 쫓기고 수많은 동학 두목들이 잡혀서 박해를 받은 사건,

셋째, 갑오년 9월의 괴산 전투 등이다.

괴산에는 일찍이 양반 신분으로 이헌표(李憲表) 접주가 활동했는데, 특이하게 동학 기록은 물론 관이나 일본 기록에도 언급되지 않은 인물이다. 그는 신니면 선당리와 음성읍 용산리로 거주지를 이동하면서 최시형의 은거를 주선했다. 일본공사관 기록에서는 이 지역의 주요 인물로 "괴산 근동에는 외서촌에 신재련(辛在蓮), 청풍의 성두한(成斗漢), 괴산의 홍재길(洪在吉)이 활약한다"고 보고한다. 물론 이 기록에도 이헌표는 등장하지 않는다.

괴산 땅에 동학이 유입된 시기는 충청도 어느 고을보다 빠른 것으로 보인다. 동학교도 박남(朴南)의 『일기』에 "신미년(1871)에 영해 접주 이필제가 영해현으로 쳐들어갔다가 실패하고 문경 천마산성에서 재기를 모색할 때 괴산에서 12명의 교도들이 군량을 거두어 호응했다"는 기록으로 미루어 1870년대 초기에 동학이 유입되었을 것으로 보이며, 최근까지 칠성면 일대에 동학교도들의 후손이 확인되기도 했다. 기록을 종합하면 괴산 단양 지방은 1970년대 산악지대에 의존한 비밀 포교로 일찍이 동학이 유입되었고, 1880년대가 되면서 동학의 세력이 평야지대로 확장된다.

1885년에 충청 관찰사 심상훈과 단양 군수 최희진이 동학의 조직 확장을 알아차렸다. 곧 동학 지도자 체포령을 내렸다. 1889년 7월에 다시 탄압이 가중되자 최시형은 보은 장내리에 설치했던 육임소를 폐지하고 괴산 신양동에 은거한다. 관원이 들이닥쳐 동학의 거두 강무경(姜武卿)·방병구(方秉九)·정영섭(丁永燮)·조상갑(趙尙甲) 등이 잡히고, 10월에는 서인주(徐仁周·일명 서장옥)·강한형(姜漢馨)·신정엽(申正燁) 등이 체포된다. 특히 서인주는 최시형이 아끼는 인물이며, 호남 지방에 크게 영향을 끼친 강경파다. 실제로 서장옥은 청주성 전투와 금산·진산 전투를 주도했고, 신정엽은 서울 거주자로 1895년에 재판을 받은 인물이다. 신양동은 괴산 이헌표 접주가 살았던 선당리일 가능성이 크다. 이와 비슷한 시기에 선당리와 가까운 거리에 있는 음성 되자니에 최시형이 은거했다는 기록이 보이기 때문이다. 특히 '1894년 4월 18일에 괴산·연풍 등지에서 봉기하여 토호들의 재산을 빼앗고 구타했다[3]는 기록'도 주의 깊게 볼 만하다. 괴산 읍에는 지금도 오래된 건물이 별로 없다. 괴강 건너 서부리에 홍범식 생가와 향교가 있을 뿐이고, 읍내 동부리에는 옛 괴산 동헌 건물이 전부다. 이는 1894년 동학혁명 시기에 두 차례 전화(戰禍)로 읍내 집들이 모조리 불타 버렸기 때문이다.

　괴산읍 전투 상황은 당시 일본군 측 기록으로 만날 수 있다. "10월 15일 하라다(原田) 소위가 이끄는 일본군 27명이 괴산 관아에 도착하여 급히 출동했다. 괴산에서 음성 방면으로 약 6Km 쯤 떨어진 당동(唐洞, 음성군 원남면 상당 하당리)에 집결해 있는 적군(동학농민군)과 접전을 벌였다. 약 3만 명을 헤아리는 적군을 감당할 수가 없어서 괴산읍으로 후퇴하려 했지만 이미 읍이 동학농민군에 점령되어 오후 4시 30분까지 접전을 벌인 끝에 간신히 포위망을 뚫고 굴현(屈峴, 문광면과 청천면 경계인 지경고개) 오리동(五里洞)을 거쳐 다음날 새벽에야 충주 본대(가흥리)로 돌아왔다"라고 기록하고 있다. 일본군 개입은 괴산 군수 이용석이 이충주 가흥리에 주둔해 있는 일본군 사령부에 동학농민군 토벌 요청으로 이루어졌다. 동학교단 기록에도 "이날(10월 6일) 음성 방면에서 2만 명, 보은 쪽에서 3만 명이 습격했다"고 적어 당시 동학농민군의 위세를 알 수 있다. 이 전투로 동학농민군 쪽 사상자는 200여 명이고, 일본군은 1명이 즉사하고 4명이 부상을 입었다.[4]

　가흥 병참 사령부에서는 야마무라(山村忠正) 중대장으로 교체하고, 먼저 도착해 있던 이이모리(飯森) 소좌의 지휘를 받게 했다. 이이모리 소좌는 10일 밤 동학농민군이 충주와 괴산 사이에 위치한 남창과 월두동에 주둔하고 있다는 정탐 보고를 받고 출동하여 그날 동학농민군 1명을 붙잡아 사살하고, 다음날은 10명을 붙잡아 6명을 타살했다는 참혹한 기록이 보인다.

괴산 싸움은 최시형의 9월 기포령이 내려진 뒤 북접 연합군의 최초의 대규모 전투인 셈이다. 이 전투 뒤에 북접 동학농민군은 보은으로 이동, 논산으로 진출하여 호남 동학농민군과 대연합군을 형성한다.

읍내 전투 상황은 관 기록에서 만날 수 있다. 괴산 군수 이용석의 첩정에 "대원군의 방시문(榜示文)을 국문과 한문으로 두 번 내붙여 백성들을 효유했으며, 8월 이후 동학도들에게 위압과 형벌을 가한 일이 있었지만 모두 귀화했더니, 갑자기 금월 26일에 타 처의 동도 수천 명이 괴산읍에 처들어 왔다"고 기록했다. 당동 전투에서 승리한 동학농민군이 물밀듯이 들이닥친 것으로 보인다. 이런 중에 괴산 읍내는 다시 한번 전화에 휩싸이게 되는데, 첩정에 "10월 6일에는 동학도인으로 처형된 서(徐) 접주의 13세 아들이 보복 방화했다"며, "괴산읍은 동학농민군에게 두 차례 습격을 받아 읍내 5동이 초토화되었고, 동학농민군 희생도 컸다"고 적었다.

동학농민군 본진이 보은으로 옮겨간 뒤에는 관군의 참혹한 보복 학살이 자행된다. 관 정토 기록에 "26일 괴산 싸움을 주도한 두령 우현관(禹顯寬), 백창수(白昌洙)를 잡아 처형하고, 10월 11일에는 청안 난매리(蘭梅里)에서 음성 접주 송병권(宋秉權)과 도인 곽영식(郭永植) 부자를 포살하고, 10월 26일에는 보은, 청안 등지를 순회하다가 접사 안무현(安武玄) 등 4명을 붙잡아 사살했다"고 기록했다.

3) 청주 청원, 회인·문의 지역

(1) 청주 청원
청주 청원 지역은 일찍부터 손병희, 서장옥, 손천민 등 많은 동학 지도자들을 배출했으며, 광화문복합상소의 총본부였던 솔뫼 마을,[5] 강외면 병마산 전투, 두 차례에 걸쳐 전개된 청주성 전투 등 많은 사적이 있다. 특히 손병희 생가가 있는 금암 대주리를 중심으로 많은 동학 지도자들이 배출되었다. 이곳에는 최시형이 관아의 감시를 피해 '잠행 포교'할 때 수시로 머물렀으며, 거물급 동학 지도자들이 드나들었다. 이 지역의 대표적인 12인의 동학 지도자 중 서우순·서장옥이 먼저 입도하고 손천민·손병희가 입도한다. 서장옥은 남접 동학 지도자의 스승이었으며, 강경파에 속한 인물이면서도 최시형의 절대 신임을 받았고, 9월 이후 동학혁명의 폭풍 때 홀연 자취를 감췄다가, 1900년에 체포되어 교수형에 처해진다. 손병희는 최시형으로부터 도통을 이어받아 3대 교주가 되어 동학의 후신인 천도교를 재건하고, 3.1운동을 이끈다. 이 밖에 손천민, 서우순, 최동석, 정필수, 음선장, 정석복, 이종묵, 김자선, 권병덕, 강영휴 등 동학 지도자들은 동학혁명 시기를 전후하여 공주집회, 삼례집회, 광화문복합상소, 보은집회 등 교단의 집회와 전투를 이끈 핵심 인물들이다.

솔뫼(신송리)에 조상 대대로 터 잡고 살아온 동학 후손 강순원 씨에 의하면 당시 진주 강씨들은 동학 가계를 이루고 있었다. 동학교도가 가난하고 천한 핍박받는 신분이라는 인식과 달리 강씨의 고조할아버지는 오위장 벼슬을 지낸 양반 출신이었다. 강씨 집안은 가산을 털어 무기를 대었고, 세 형제가 죽음을 당하는 참화를 입었다.

1893년 광화문복합상소의 총본부격인 동학대도소는 현재 신송교회 자리인데, 손천민·서병학 등 지도자들이 모여 상소문을 짓고 참가자들을 선발하는 등 복합상소 활동의 중심지가 되었다. 강씨 집안은 복합상소와 두 차례의 청주성 전투에 주도적인 역할을 했다. 당시 동학농민군들은 솔뫼 마을 뒷산 새터(新垈)에서 무기를 제작하고 군사훈련을 했다.

강외면 병마산(兵馬山) 전투는 청주성 전투가 끝나고 나서 10월 1일 동학 두령 세 사람이 무심천변에서 효수된 이틀 뒤인 10월 3일에 치러졌다. 청주 영관 염도희와 대관 이종구, 교장 박춘빈 등 69명의 청주영 장졸군사는 대전 방면에 집결해 있던 동학농민군을 진압할 목적으로 대전지방을 순찰하고 돌아오던 중 강외면 병마산에서 동학농민군과 맞닥뜨렸다. 영관 염도희는 윤음(綸音, 임금의 편지)을 가지고 동학농민군을 달래려고 접근했다가 전투가 벌어져 69명의 장졸 전원이 몰살한다. 그러나 이런 기록과 달리 야사(野史)에는 관군들이 술에 취해 곯아떨어진 상태에서 동학농민군의 공격을 받았다고 전한다. 사실을 규명하기 어렵지만 무심천변에서 두령들이 효수당한 데 따른 동학농민군의 보복일 가능성이 크다. 그러나 어느 지역의 동학농민군 세력인지는 알 길이 없다. 다만 영병군사의 장례에 부조(扶助)한 청주 청안 문의 등 근동의 양반 사대부 이름과 물목(物目)이 전해지고 있어서 정황으로 미루어 이 근동의 동학 세력이 분명하다. 강외면 병마산 전투에서 희생된 장졸에 대해 일제는 모충사를 지어 위무했지만, 이곳저곳으로 전전하다가 오늘날 모충동 고개에 쇠락한 시설로 밀려나 있다.

　청주성 전투는 두 차례에 걸쳐 일어났는데, 9월 24일 이 지역 동학농민군이 공격하였고, 11월 23일 호남의 김개남 장군이 이끄는 5천여 명의 호남 동학농민군이 공격했다. 동학농민군 쪽에서는 서울을 공략할 교두보를 확보한다는 점에서 청주성은 중요한 의미를 지니고 있었다.

　첫 번째 청주성 전투는 9월 24일 쌍다리 장터(현 북일면 세교리) 싸움과 청주성 공격이 거의 동시에 일어난 것 같다. 9월 28일 관보에 "청주 읍성(현 도청 부근)을 닷새 동안이나 연일 공격했으나 28일 패퇴했다." "충청도 관찰사의 장계에 의하면 9월 24일 동학교도 수만이 청주를 습격하여 병마절도사 이장회가 친히 전투하여 수십 명을 살해했다." "9월 30일 동학농민군이 청주성을 습격했으나 성공치 못했다." "10월 1일 병마절도사 이장회 군관 이용정 등이 동학두령 이종묵 정필수 정석복을 체포하여 무심천 변에서 군중 앞에 효수하여 경계했다." 등의 기록이 이를 뒷받침한다. 전투를 이끈 주체도 서로 다른 동학농민군 세력으로 보인다. 뒷날 상주 화령에서 체포된 김자선 두령이 쌍다리 전투에 대해서 자백하고 있고, 대주리 출신 최동석 장군도 쌍다리 장터 싸움에서 활약했다는 증언이 이를 뒷받침한다. 앞으로 연구 보완할 부분이지만, 청주성 전투는 이 지역 동학 지도자들의 치밀한 계획에 의해 치러졌을 가능성이 크다.

김개남 장군이 이끄는 동학농민군은 금산을 우회하여 공주성으로 들어가려다 진잠에서 남북접 연합군이 공주 우금치에서 패했나는 선보를 접하고 청주성 공격으로 목표를 바꾼 것으로 보인다. 11월 13일 기록에 "김개남이 이끄는 5천여 호남 동학농민군이 성 밖 3리 지경까지 진격해 와서 청주 영병과 왜군이 출동하여 1백 명을 살상하는 전과를 올리면서 물리쳤다"와 "김개남의 주력은 전부 흩어지고 김개남은 홀몸으로 물러났다"는 기록으로 미루어 청주성에서 완전히 전투력을 상실한 것으로 보인다. 이는 충주(가흥)와 수안보에 주둔해 있던 신식 무기로 무장한 일본군이 청주성에 집중 투입되었기 때문이다.

청주에서 증평 가는 큰 도로 가에 손병희 기념관을 안내하는 작은 안내판이 눈에 들어온다. 넓은 터에 손병희의 생가를 복원하고 기념관과 동상을 세웠지만 공허하기 짝이 없다. 필자의 견해로는 기념관에, 최시형의 "며느리가 베를 짜는 것이 아니라 한울님이 베를 짠다하라"는 직포설법(織布說法)과 같은 정신적 유산도 함께 담아야 한다. 뿐만 아니라 근동 동학 지도자들의 행적을 연계시켜 풍부한 역사적 의미를 전할 수 있어야 한다.

(2) 회인 · 문의

회인과 문의는 동학의 본부인 대도소가 있었던 보은 청산의 이웃 고을이어서 동학교도의 활동이 초기부터 치열했다. 청주에서 가파른 피반령을 넘으면 바로 회인이다. 깊은 골짜기 아래 평평한 들이 넓고 기름져서 옛적부터 양반 토호들이 터 잡고 살면서 민중과의 충돌이 잦았다. 예컨대, 회인은 갑오년보다 한 해 전인 계사년(1893)에 '회인 민란'이 일어나 백성들이 관아를 점령했고, 조정에서 안핵사를 파견하여 주동자를 색출하여 처형했던 고을이다. 우리의 역사에서 아직 조선후기의 민란과 동학혁명의 연결고리를 규명하지 못하고 있지만, 회인 민란과 동학혁명은 그 연결 고리가 뚜렷하다. 강병뢰(姜炳雷, 73세) 노인의 증언에 따르면 "계사(1893)년 민란 때 탐학했던 원님을 묶어서 여러 마을로 끌고 다니다가 신궁리에서 풀어줬다"고 한다. 이어 "우리 증조부가 회북면 용곡리 사람인데, 갑오년 동학 때 싸움을 했다는데 늘 늘씬한 말을 타고 댕겼다는 말을 들었다"고 증언한다. 이 밖에도 "회인에 동학 접주는 박만갑 장군이었다" 등의 증언으로 조선후기의 민란과 동학혁명의 연결고리를 엿볼 수 있다.

문의 지방에 동학교도의 활동 기록은 보은취회 뒤인 1893년 10월경에 교단 조직을 대대적으로 개편하는 시기에 "문의에 임정재(任貞宰, 任貞準) 포"가 나온다. 이는 충청 · 호남 · 강원 16개 지역 중 하나인데, 그만큼 문의 지역 동학 교세가 컸다는 사실을 보여준다. 이들은 보은취회에 주도적인 활동을 벌인 기록이 보이고, 『동비토록(東匪討錄)』과 『주한일본공사관 기록』에 "소사전(小巳田, 청산 작은뱀골)에 집결한 동학교도들이 4월 8일에는 회덕 관아를 공격하여 무기를 빼앗고, 4월 9일에는 진잠으로 향했다. 4월 10일 회덕 · 진잠 일대에 머물던 동학교도들은 청주 진남영병과 옥천 병정의 공격을 받고 격파당했다. 그러나 이들 동학교도들은 4월 13-15일경에도 옥천, 회덕, 진잠, 문의, 청산, 보은, 목천 일대에 무리를 지어 이동하고 있었다"는 기록으로 미루어 문의 지역 동학교도들은 이 일대의 동학교도들과 연계하여 활동했던 사실을 보여준다. 또, "옛적부터 문의는 양반 관료의 늑탈을 많이 받아 원한이 누적되어 왔던 고을이라 갑오년 4월 28일에 청산, 보은, 옥천, 회인, 진잠, 목천 지역의 관아와 양반 토호의 집을 습격하고, 혹은 전곡(錢穀)을 빼앗아 농민들에게 나누어 주었다"는 기록도 보인다. 이는 갑오년 봄부터 문의 동학교도들이 관아를 점령하고 양반 토호들을 공격하는 등 활동이 치열했음을 보여준다.

이 밖에 1894년 봄 초기의 구체적인 활동 기록도 보인다. 갑오년 4월에 작성한 문건에 "동학도들에게 습격을 받은 양반 토호들이 '동학 토벌대'를 조직하는 데 협력했다" 또, "문의 서면 등동(登洞) 신대(新垈) 검소(黔沼), 우모실(牛母實) 등지의 오씨, 최씨 등이 양곡을 조달했으며, 화산(花山)의 신참판댁이 협력했다"는 기록으로 당시 문의 지역의 양반 토호 세력과 동학교도의 극단적인 대결 국면을 엿볼 수 있다. 이 같은 갑오년 봄의 충청도 동학 활동은 학계에 잘 알려지지 않은 사실이다.[6]

두 지역의 동학교도 활동이 치열했던 만큼 관군의 토벌전도 참혹하게 자행된다. 이두황의 초토 기록에 따르면 10월 13일 회인에서 유홍구(柳鴻九)·윤경선(尹敬善)·이승일(李承一)·우범손(禹範孫) 접주를 포박했고, 다음날인 14일에는 보은 대령(大嶺)과 풍취점(風吹店)에서 포살한다. 15일에는 보은 동학도 최윤백(崔允伯) 최명백(崔明伯)을, 16일에 다시 회인으로 들어와 보은 신촌(新村) 방갑준(方甲俊) 권망아지(權亡兒之) 이광직(李光直), 이천 노곡(老谷)의 홍복용(洪卜用), 안성 기좌촌(基佐村) 신덕보(申悳甫), 충주 모두원(毛豆院) 안재용(安在用), 17일에는 용인 접주 이청학(李青學) 등 많은 동학 지도자들을 붙잡아 학살한다. 이 시기는 주력의 북접 동학농민군이 논산으로 이동하여 전라도에서 올라온 전봉준 군과 연합하여 공주 대접전을 벌이던 시기다. 이로 미루어 동학농민군의 또 다른 세력들은 지역에 남아 방어 임무를 수행했던 것 같다. 당시 이두황이 지휘하는 관군은 토벌전 초기인 한 달 동안은 꾸물거리다 일본군의 신병기 지원을 받은 뒤부터 민첩해지고 잔인한 학살을 자행한다.

문의 지역에서도 동학농민혁명 후기에 참혹한 토벌전이 벌어진다. 즉, "동학농민군 토벌 전에 나선 일본군은 11월 10일 청산에서 동학농민군과 전투를 벌였고, 12일에 문의로 들어왔다. 당시 문의 지방에는 수많은 동학농민군이 집결해 있었는데, 마침내 13일 아침에 전투가 벌어졌다."

당시 문의 전투의 구체적인 상황은 알 수 없지만, 일본군의 보고에 따르면 "20여 명의 동학농민군 전사자와 무수한 부상자를 냈으며 대포 2문, 화승총 40여 정, 그 밖에 화약과 창 등을 노획했다"는 기록으로 미루어 동학농민군은 관아에서 탈취한 군기로 무장하고 있었고, 전투가 어느 정도 치열했다는 사실을 짐작할 수 있다. 문의는 대청댐으로 삶의 터전이 물에 잠긴 고을이다. 당시의 관아와 향교가 산 아래 쪽으로 옮겨서 복원되어 있지만 동학혁명 사적은 아직 복원되지 못했다.

4) 보은 옥천 영동 지역

(1) 보은

보은은 동학 포교의 중심지였고 보은취회와 9월 재기포에서 북실 마지막 전투에 이르기까지 동학농민혁명사의 중심에 놓여 있었다.

1863년 최제우가 선전관 정운구에게 잡혀 서울로 압송되는 도중 호송 행렬이 상주·화령을 거쳐 보은 관아로 들어왔을 때 "동학교도 이방이 최제우에게 예물을 바쳤다"는 기록으로 보아 보은 지방에 동학이 유입된 시기는 창도 초기인 듯하다. 이는 경주에서 핍박을 받은 동학교도 상당수가 상주 왕실촌으로 피신을 했는데, 이들이 속리산을 넘어와 포교한 것으로 보인다. 당시 보은은 상주에서 팔음산을 넘어 청산으로 통하는 길이나 추풍령을 넘어 황간·청산으로 통하는 길, 영동·무주로 통하는 길 등이 교차하여 사통팔달의 지리적인 조건 때문에 동학이 활발하게 유통되었을 것으로 보인다. 장내리는 최시형의 도피처였고 동학교단의 중심지가 되었다. 1886년에 육임제를 두어 포 조직을 강화하면서 동학 교세가 확장되자 대도소가 있는 보은은 공주집회와 삼례집회, 광화문복합상소, 보은취회를 주도하는 교단의 중심지가 된다.

1893년 3월, 최시형은 창도주 최제우의 조난향례 날을 맞아 결단을 내려 보은취회 통유문을 낸다. 장내리에는 충청·전라·경상·경기·강원 등 전국 각지에서 수만 명의 교도가 운집했는데, 그 기세가 이웃 고을 청산 문바위까지 뻗쳤다. 교도들은 "반 장 높이의 돌 성을 쌓았고, 각 포에는 대접주가 있어서 질서정연하게 포를 통솔하여 동학 주문을 암송했다."

그러면 보은취회는 여태까지 있어왔던 삼례 공주집회와 어떻게 다른가? 먼저, 군수에게 보내는 통문과 충청감사에게 보낸 방문 내용이 지금까지의 교조신원운동과 달리 '보국안민' '척왜양창의'와 같은 민중들의 현실 문제를 다루고 있다는 점이다. 즉, 안으로는 부패한 탐관오리에 대한 저항과 외세 침략에 대한 경계를 내세운 사회운동으로 발전하면서 사회적인 명분까지 얻게 되었다. 이렇게 보은취회는 지배질서에 대한 민중의 불만을 총체적으로 결집하여 봉건지배 계층에 저항할 이념을 제공함으로써 민중운동의 전환기적 국면을 맞게 한 사건이었던 것이다.

집강소 통치에 전념하던 중 일본군이 경복궁을 침탈하여 청일전쟁을 일으키고 한편으로 동학농민군을 토벌할 움직임을 보이자 1894년 9월 18일, 최시형은 마침내 "지금은 앉아서 죽음을 당하기보다는 일어나 힘을 합하여 싸울 때"[7]라며 무력봉기를 선언하고 경기·충청·강원 지역에서 봉기한 동학농민군이 장내리에 집결한다. 1년 6개월 만에 다시 옥녀봉 아래 천변에 400여 개소의 초막을 짓고 유숙하게 된 것이다. 여기에 보은·문의·청주 동학농민군이 합류하여 2만여 명으로 늘었고, 영동·옥천·청산 지역에서 1만여 명이 청산 작은뱀골에 모였다. 최시형은 손병희를 통령(統領)으로 임명한다. 손병희는 1만 명의 동학농민군을 이끌고 논산을 향해 출발하여 호남의 전봉준 군과 합류한다.[8] 옥천·황간·영동의 동학농민군은 회덕 지명 장터에서 관군을 물리친 뒤, 공주 동북쪽 대교(大橋, 한다리)로 진출하여 공주성을 포위 공격할 태세를 갖춘다. 주력이 보은 장내리를 떠난 뒤, 11월 5일에는 청산 석성리에서, 11월 8일에는 양산 장터 싸움이 벌어지고, 관·유회군의 토벌전이 벌어져 보은 일대는 참혹한 전화(戰禍)에 휘말리게 된다.

한편, 공주에서 합류한 남북접 동학 연합군은 공주성을 눈앞에 둔 우금치에서 애석하게 패하고 만다. 남접군은 금구·원평 전투를 끝으로 뿔뿔이 흩어지고, 손병희가 이끄는 북접군은 임실 새목터까지 후퇴한다. 여기서 최시형과 합류하여 근거지인 충청도를 향해 소백산맥을 따라 북상한다. 12월 9일 장수·무주를 거쳐 영동까지 올라오는 동안 18차례 싸움을 벌여 지칠 대로 지쳐 있었다.

이들은 13일 청산으로 들어가 15일까지 머물다가 관·일본군이 추격해 온다는 소식을 접하고 17일 저녁에는 비운의 땅 북실로 들어온다. 추위와 굶주림에 지친 동학농민군은 관·일본군의 습격을 받아 비참한 살육을 당한다. 동학농민군은 다음날 아침까지 저항했으나 총탄이 떨어져 바로 전투력을 상실했다. 전투가 끝난 뒤 일본군의 눈에 비친 참상을 "시체는 눈 덮인 북실 곳곳에 서로 베개를 삼듯 겹쳐져서 골짜기를 가득 메워 몇 백 명인지 그 수를 헤아릴 수가 없었다"라고 적었다.

그러면 동학농민군 희생자는 얼마나 될까? 일본군 기록은 전투 중에 총을 맞고 죽은 수를 300명으로, 『소모사실』에는 395명, 『토비대략』[9]에 "爲亂砲所斃者 二千二百餘人 夜戰所殺 爲三百九十三人(난포에 죽임을 당한 수가 2,200여 인이고 야간 전투에서 살해된 수는 393인)"이라 밝히고 있다. 이들의 시신은 고향으로 돌아가지 못한 채 북실 곳곳에 집단 매장되었다.

(2) 옥천

옥천 지방 동학은 창도 시기에 유입되었고, 장내리 집회 때 청산 문바위골은 '작은 장안'이라고 불릴 만큼 동학교도들의 출입이 빈번했다. 문바위는 동학교단의 주요 문제를 결정하던 곳이며, 9월 재기포령을 내렸던 역사의 현장이다. 현재 동학혁명 사적으로는 청산문바위에 최시형이 은거했던 집터, 이 마을 저수지 위에 9월 재기포 시기에 동학농민군이 둔취하고 출정 준비를 했다는 훈련터, 최시형의 아들 '최봉주의 묘'가 전해지고 있다. 특히 9월 재기포 시기에 옥천 지역 곳곳에서는 관·일본군 혹은 유림 세력으로 구성된 민보군에 의해 많은 동학 지도자들이 참살되었다.

동학 창도 시기에 "최제우가 옥천 이웃 고을인 금산, 진산, 지례, 김산 등지에 직접 포교"했고, 창도기에 상주 왕실촌에 피신했던 동학교도들이 상주 모서(牟西) 팔음산(八音山)을 넘어 청산으로 넘나드는 통로 역할을 했기 때문에 옥천과 청산은 일찍이 동학교도들의 왕래가 빈번했다.

옥천은 황간 조재벽(趙在壁) 대접주의 관할 지역이었는데, 동학혁명 초기인 4월에는 황간·영동·옥천 지역의 동학농민군을 이끌고 금산으로 진출하여 금산장 진산 싸움을 벌이게 된다.

최시형이 청주 손병희와 황간 조재벽의 주선으로 문바위골 김성원(金聖元)의 집으로 들어온 시기는 1893년인데, "3월 최제우의 조난일을 맞아 청산군 포전리 김연국의 집에서 손병희, 이관영, 권재조, 권병덕, 임정준, 이원팔 등과 제례(祭禮)를 지냈다"는 기록으로 보아 이미 문바위는 보은 장내리와 함께 동학교단의 중심지였음을 보여준다.

장내리 집회 때에도 이곳 문바위 골짜기는 전국 동학교도들의 출입이 빈번하여 "물 가에 버드나무 숲은 당시 전국 각지에서 말을 끌고 온 동학교도들이 고삐를 맸던 버드나무 말뚝이 살아서 뒷날 버드나무 숲이 되었다"[10]고 전한다. 1894년 3월 무장 기포가 일어나자 충청도에서도 산발적으로 동학교도들의 활발한 움직임이 보였다. 이때, 문바위 작은뱀골 골짜기에도 동학교도들이 모여 소요를 벌였고,[11] 바위에 주동자인 박희근(朴晦根), 김정섭(金定燮), 박맹호(朴孟浩), 김영규(金永圭), 김재섭(金在燮), 박창근(朴昌根), 신필우(申弼雨) 7명이 이름을 음각하여 목숨을 건 투쟁을 결의한다. 이는 둥글게 돌아가며 이름을 적음으로써 주동자를 숨겼던 '사발통문'과는 비교도 되지 않을 만큼 '목숨을 건 매운 기개'를 보이고 있다.

1894년 9월 18일 최시형이 문바위골에 동학 지도자들을 모아놓고 마침내 전면적인 무력봉기를 선언하자, 전국의 동학농민군이 장내리와 청산 문바위로 모여든다. 특히 영동·옥천·청산 동학농민군 1만 명이 청산 일대 여러 마을에 포진하고 있었다.[12] 청산 문바위 저수지 위 갯밭에서 충청·경상·경기·강원 지역에서 온 동학농민군들이 전라도 동학농민군과 합류하러 논산으로 갈 때까지 훈련했다고 전한다.

동학농민군 주력이 공주 대회전 중이던 11월 8일에는 양산 장터 싸움이, 11월 5일에는 청산 석성리 싸움이 벌어져 이 일대는 전화(戰禍)에 휘말렸다. 당시 상주 소모영장 김석중은 정탐꾼으로부터 옥천 고관리 등지에 최시형이 은거해 있다는 보고가 들어오자 큰 공을 세우려고 이 일대에 대한 토벌전에 나선다. 이와 동시에 옥천 지역 유림으로 구성된 민보군 12명의 지도자(김재빈 박주양 김규항 김재소 김중현 송병기 전맹호 김영희 민치용 유형로 박성환 박정빈)가 토벌전에 나선다. 이런 사실(史實)은 옥천 고을 양반 지배 세력과 동학교도 간 갈등의 골이 깊었다는 사실을 보여준다.

다음은 경리청군, 김석중이 이끄는 상주 소모영군, 일본 후비보병 제19대대 병력, 민보군이 벌인 정토(征討) 기록이다.

① 1894.11.18: 화서 대골(垈谷)에서 청주 대접주 김자선(金子先, 청주성 전투 지도자), 접사 서치대(徐致大), 접주 정항여(鄭項汝)를 체포, 이튿날 화령에서 포살.

② 1894.11.19: 보은 장내리 뒷동네에서 거괴(巨魁) 김민이(金民伊), 원성팔(元性八)을 체포.

③ 1894.11.20: 광주원(廣周院) 장수리에서 김달문(金達文,) 김철명(金哲命) 포살. 봉암동 연기군 서면에서 김민이 포살.

④ 1894.11.23: 청산 박부만(朴富萬), 이치오(李致五), 김순천(金順天) 외 3인을 청산에서 포살.

⑤ 1894.11.24: 가항(駕項, 멍어목이)에서 김항우(金項羽), 박여창(朴始昌) 체포, 묘막(墓幕)에서 정한(鄭汗) 체포.

⑥ 1894.11.27: 와지(瓦池, 청산면 대성리)에서 접사 여성도(呂聖度) 체포.

⑦ 1894.11.28: 남진갑(南進甲)을 월남점(月南店)에서 포살.

⑧ 1894.11.30: 팔로도성찰 강경중(姜敬重) 부성찰 허용(許用)을 청산 동시(東市, 청산면 법화리)에서 포살.

⑨ 1894.12.2: 차남리(車南里, 청산면 삼남리)에서 대장 서오덕(徐五德)을 체포. 전날 생포한 김경연과 서오덕을 소사동(小巳洞, 작은 뱀티)에서 포살.

⑩ 1895.1.9: 옥천 이대철(李大哲, 利原驛 省察), 장명용(張命用,) 이오룡(李五龍), 고덕현(高德賢, 梧井洞 接司), 고원행(高遠行, 接司), 고경일(高敬一)을 무주에서 포살.

청산 근동에는 동학 후손들이 많다. 큰뱀티(삼남리)에서 서오덕 대장의 후손 서정희 씨를 만나 "큰할아버지(서오덕)가 동학농민군으로 총을 맞아 고생 끝에 돌아가셨다"는 증언을 들었다. 족보에서 확인한 서석규(徐錫奎, 元瑞, 1856-1894)의 사망 일자는 12월 1일로, 상주 소모영의 포살 기록과 일치한다. 아마 서오덕은 동학농민군 주력이 공주로 이동하고 나서 지역 방어 임무를 맡았던 것으로 보인다.

서제촌, 숯먹이(수묵이), 삼실(麻谷) 등지에도 배순안(裵順安) · 이판석(李判石) 접사를 처형했다는 관 기록과 일치하는 동학 유족들이 살고 있었지만 동학 후손이라고 나선 것은 최근의 일이다.

(3) 영동

영동 지역의 동학은 창도 초기에 유입되어 교도 활동이 왕성했다. 전라 · 경상 · 충청 3도를 접한 지역 특성을 반영하여 동학 지도자들이 타 지역으로 진출하여 활약하는 양상이 특징인데, 청산 · 옥천 · 금산 · 진산 지역을 중심으로 활동한 황간 조재벽(趙在壁) 대접주가 그 예다. 1895년에 있었던 '동학난 재판'에 송일회(宋一會), 손해창(孫海昌)이 두령급으로 재판을 받았고, 백학길(白鶴吉) 접주가 보은에서 효수되었다는 기록이 보이지만 이들이 영동 출신이라는 사실 외에 구체적인 활동은 알 길이 없다. 영동 지역 동학혁명 사적으로는 황간 지역 동학교도들이 추풍령을 넘어 김천 등지로 진출하여 맹렬한 활약을 보였다는 기록과, 2차 봉기 때 영동 황간 관아 점령이나, 용산장터 싸움을 들 수 있다.

최제우가 선전관 정운구에게 잡혀 서울로 압송될 때 추풍령 아래에 이르자 "(최제우의) 탄압에 불만을 품은 동학교도들이 모여 있다"는 말을 듣고 보은 쪽으로 방향을 바꾸었다는 기록이 말해주듯 초기부터 황간 지역에 교도의 활동이 유난했다. 뿐만 아니라 삼정 문란으로 민중 봉기가 끊임없이 이어지던 임진년 8월에 황간 원민들이 일어나 현아를 습격했다. 조정에서 안핵사를 파견하여 황간 현감 민영후의 탐학 사실이 밝혀져 파직된다. 민란이 동학혁명과 맥을 잇고 있다는 사실을 보여주는 예다. 일찍이 황간 지역은 조재벽 접주가 포교를 주도한 것으로 보이는데, 1894년 봄에는 옥천·금산·진산 등지에서 활약하고, 9월 기포 이후에는 황간 동학교도들이 김산·상주 등 경상도로 넘어가 활약했다는 기록이 보인다.

공주 전투에서 패한 뒤 남원까지 후퇴했던 북접 동학농민군이 남원 새목터에서 최시형과 합류, 관·일본군이 추격하는 평야지대를 피해 소백산맥 줄기를 타고 북상하면서 18차례에 걸쳐 크고 작은 전투를 치른다. 이들은 장수와 무주 관아를 점령하고, 영동의 관문인 달밭재(월전리)에서 관군과 전투를 벌인다. 이 시기에 상주 소모영장 김석중은 무주와 10여 리 떨어진 영동 고관리에서 동학 두령 정윤서를 체포하여 포살했는데, 7천여 동학농민군이 밀려온다는 급보를 받고 황급히 철군한다. 김석중은 당시 영동 땅으로 들어와 수많은 동학교도들을 색출하여 포살했는데, 이는 2세 교주 최시형이 이곳에 은둔해 있다는 밀고가 들어왔기 때문이었다. 당시 체포되어 포살당한 영동 지역 두령급 인물로는 이판석(李判石, 西濟村 接主), 김철중(金哲中, 接司), 김태평(金太平), 김고미(金古味), 배순안(裵順安, 三室村 接司), 이관봉(李寬奉), 박추호(朴秋浩) 등이다. 김석중은 뒷날 토벌의 공(功)을 인정받아 안동 군수로 부임하지만 이듬해(1895)에 의병 이강년에게 붙잡혀 농암장터 군중들 앞에서 효수된다. 김석중은 급히 상주로 철군하면서 수석리에서 동학 두령 정여진(鄭汝振)을 포살하고 세작을 보내 용산장터 싸움에 대비한다.

한편, 무주를 떠나 영동으로 들어온 동학농민군은 영동과 황간 관아를 점령한다. 동학농민군은 충청도와 경상도 두 진출 방향을 두고 갈등이 있었지만 고와하라(桑原榮次郎)가 지휘하는 낙동 병참부에서 일본군이 출동했다는 경상도 길을 포기하고 충청도 보은으로 방향을 잡는다. 북접 동학농민군은 수석리를 거쳐 용산장터로 들어가 전투를 치른다. 수석리는 보은과 상주로 들어가는 길목인데, 이곳에는 일찍이 경상감사를 지내다 탐학 사실이 밝혀져 유배를 당한 고종의 6촌 형 이용석(이용강)이 귀양을 내려와 살았다. 처음에 경상도 칠곡에서 유배를 살다가 영동 밀골로 거처를 옮겼다가 수석리로 들어왔다. 이용석은 어찌나 탐학이 심했던지 갑오년을 전후하여 이 지역 동학도들로부터 수차례 강탈을 당했다는 기록이 보인다. 그가 사망했을 때 고종이 왕족 상여를 하사했는데, 상여조차 원민의 공격을 받았다. 현재 당시의 왕족 상여가 용산면 신항리에 전해져 내려오고 있다.

현재 용산시장 입구에 오영근 군수의 '선정비'가 서 있는데, 이는 갑오년 이후 많은 동학교도를 회유하여 희생을 온몸으로 막은 공 때문이라 한다. 10년 전 답사 때 만난 정태선 옹(작고)의 말에 의하면 "보은 관아에 정부군이 내려와 있었는데 영동 오영근 군수가 밤낮으로 관아 마당에 엎드려 '끌려온 영동 고을 동학교도들을 살려 달라'고 턱수염에 흰서리가 맺히도록 간청해서 많은 인명을 살려냈다"고 증언했다. 그러나 어디까지 진실인지는 확인할 길이 없다.

용산장터 싸움이 벌어진 곳은 현재 용문중학교 자리인데, 병자년 장마 때 장터가 쓸려 내려가 현재 위치로 옮겼다. 당시 용산장터 싸움 상황은 상주 소모영장 김석중의 『소모일기(召募日記)』와 『토비대략(討匪大略)』에 비교적 상세하게 기록되었다. 1894년 12월 11일 아침, 청주영 군사와 용산장터에 진을 치고 있던 동학농민군이 먼저 치열한 전투를 벌인다. 상주 소모영 유격병대 소모장 김석중은 세작을 보내 전투 상황을 보고받고 용산 후곡(後谷)으로 들어가 협공했다. 산 위까지 진을 치고 있던 동학농민군은 상주 유격병이 사방이 산으로 둘러싸인 골짜기 깊숙이 공격해 들어오자 반격을 가했다. 동학농민군의 공격이 워낙 조직적이고 막강하여 대열을 흩지 않고 서서히 후퇴했다가 다시 포위 공격하는 전략으로 크게 이긴다.

다음날(12일) 아침에는 전직 군수 박정빈이 주도하는 옥천의 민보군과 청주병이 다시 공격을 해왔고, 상주 소모영군이 협공하여 동학농민군이 이들을 맞아 싸우느라 주춤해진 틈에 청주 옥천병이 밤재를 넘어 청산 방면으로 달아나기 시작했다.[13] 동학농민군이 이를 계속 추격, 문바위와 한곡리를 거쳐 내처 청산 관아까지 점령했고, 김석중이 이끈 상주 유격병대마저 후퇴하여 일본군과 합세했다. 기록으로 보아 용산장터 싸움이 어느 쪽의 승리인지 정확하지 않으나 희생이 컸던 것만큼은 사실인 것 같다. 동학농민군은 14, 15일 이틀간 청산 읍내에 머물다 보은 북실로 들어갔으나 추격해 온 관·일본군의 공격에 큰 희생을 치른다.

4. 나가며

그동안 동학농민혁명의 역사 연구가 남접 중심 또는 전라도 전봉준 중심으로 진행되어 오면서, 북접의 역할에 대해서는 온건주의 노선으로 평가해 왔다. 이런 조건에서 충청북도 동학은 동학농민혁명사에서 변두리 역사로 이해될 수밖에 없다. 그러나 충청북도는 창도기부터 동학이 유입되었으며, 동학 포교의 중심으로 장내리에 대도소를 두었고, 1893년 보은취회를 통해

척양척왜, 보국안민을 내세워 시민운동의 효시로서, 나아가 동학혁명의 정신적인 지주 역할을 했다. 1894년 3월 전라도 무장에서 기포하자 괴산 연풍, 충주 신당리, 문의, 청산 작은뱀골 등지에서도 호응하여 기포했고, 9월 18일 총기포령이 내려지자 수만의 동학농민군이 모여 항쟁을 결의했다. 이렇게 충청북도는 동학농민혁명의 구심점 역할을 했으며, 동학농민군의 마지막 학살이 자행된 비극의 땅이다. 즉, 동학농민혁명의 시작과 끝이 있었던 민중사의 중심지였음을 확인했다. 그러나 충청북도의 동학 연구가 아직도 체계를 갖추지 못했으며, 이 같은 원인으로 기념사업은커녕 보은 장내리와 같은 역사의 현장이 사적지로 지정되지 않아 훼손되고 있다.

동학농민혁명에 대한 바른 이해는 충청북도 동학에 대한 바른 해석으로부터 비롯되어야 한다.

해월 최시형의 동학 재건과 영동지역의 포덕

임 형 진
경희대학교 교수

1. 서론

동학을 창도한 수운 최제우(1824-1864)로부터 도통을 전수받은 해월 최시형(1827-1898)은 동학의 교리를 정리해 체계화시키고 민중들에게 그 이치를 전파(포덕)하여 조직화해 냄으로써 동학을 거대한 세력으로 구축한 인물이다. 수운은 동학을 창도하고 미처 세상에 펴보기도 전인 3년여 만에 체포되었고, 동학의 전파는 전적으로 해월의 임무가 되었다. 동학은 국가로부터 사교로 치부되어 엄하게 금해진 상황이었음에도 해월의 이러한 노력이 결실을 거두어 1894년 동학혁명 시기에는 전국적으로 100만 명 이상이 동학을 하게 될 정도로 번성하였다. 도대체 민중들로 하여금 해월을 추종하게 하고, 그가 전파한 동학의 도를 따르게 한 요인은 무엇일까.

해월 최시형의 동학 전파는 고난의 연속이었다. 특히 1871년 이필제의 거사로 촉발됐던 영해교조신원운동의 실패의 결과로 수운의 순도(1864.3.10) 이후 어렵사리 재건되고 있던 동학조직마저 풍비박산 나게 하였고 해월 최시형 스스로의 목숨마저 부지하기 어려운 상황에 처했다. 이때 그가 숨어든 지역이 강원도 심심산골이었다. 이후 해월은 강원도를 넘어 충청도 지역으로 진출하는 등 은둔과 잠행을 거듭하는 가운데에서도 인시천, 양천주, 사인여천, 이천식천, 내수도문, 내칙 등 동학사상과 교리의 체계화는 물론 교단조직의 재건 및 지역적 조직의 형성, 경전의 간행, 동학의 각종 제도와 의례의 확립, 그리고 정기적 수련 실시를 통한 지도자 양성 등을 계속했다. 이러한 활동은 동학이 민중들 속에 폭넓게 자리매김하는 데에 절대적인 기여를 하였다.

어느 정도의 교세가 확보되자 해월은 제자들의 강권으로 시작된 교조신원운동을 총괄 지휘하였으며, 후일의 동학혁명에서도 그의 지도력을 잃지 않았다. 혁명의 지도자들은 대부분 해월에게 직접 또는 간접적으로 영향을 받은 자들이었으며, 이들은 마지막 순간까지도 해월에 대한 존경심을 잃지 않았다. 이처럼 해월 최시형은 1863년 동학의 2세 교조가 된 이후 1898년에 체포되어 순도할 때까지 36년간을 동학교단을 이끌어온 동학 최고의 지도자였다.

여기서 충청도 지역에 주목하는 이유는 해월 시기 동학의 주세력권이 충청도 지역이었다는 점 때문이다. 해월의 36년간의 포덕 활동 기간 중 가장 오래 머무른 지역도 충청도였고, 그가 가장 공을 들인 지역도 당연히 충청도였다. 충청도 지역의 포덕은 초기 강원도 산악지대에서 은신하며 전하는 포덕과는 차원이 다른 수준이었다. 즉 동학 포덕이 강원도를 떠나 충청도로 진출하였다는 것은 산간지대가 아닌 평야지대로의 확대라고 볼 수 있고, 그것은 경기도와 전라도라는 조선의 중심지와 보다 넓은 지역으로의 확산을 위한 전초기지의 역할을 했다고 볼 수 있다. 따라서 충청도 지역에서의 동학 전파는 최시형에게 동학의 향후 발전과 미래상의 청사진과도 같았다.

그중에서도 영동 지역은 동학의 발상지인 경상도와 접경한 지역으로 강원도로부터 소백산맥의 줄기를 타고 내려오면 그대로 연결되어 충청도 지역으로 확산되는 교두보 역할이 가능한 중요한 지역이다. 해월 최시형이 특별히 머물렀다는 기록에는 나오지 않지만 동학혁명기 영동 출신들[1]의 활동과 활약을 미루어 보건대 해월은 이미 영동 지역의 포덕에도 각별한 공을 들였음을 짐작할 수 있다. 이 글은 동학재건을 위한 해월의 행적을 추적해보고, 특히 충청북도와 영동 지역에서의 포덕 상황 등을 밝혀 보고자 하는 목적을 지닌다.

2. 해월 최시형의 사인여천 정신

"사람 대하기를 하늘처럼 하라"는 사인여천(事人如天)의 정신은 해월에 의해서 창안되었고 그의 전 생애를 거쳐 일관되게 실천한 그의 대표적인 사상이다. 그는 스승 수운 최제우의, 내 몸 안에 한울님을 모시고 있다는 시천주 사상을 보다 구체화 하는 과정에서 인시천(人是天), 즉 사람이 곧 하늘이라는 존엄한 존재라는 인간존중의 개념으로 이론화시켰다. 그러나 문제는 방법론이었다. 모든 사람이 다 하늘과 같은 존재라는 점은 인식할 수 있다고 하더라도 여전히 남존여비와 반상의 차별, 적서의 차별 등이 엄연한 현실에서 시천주 또는 인시천을 어떻게 구체화해서 실생활에 적용시키느냐가 과제로 남는 것이다. 이에 대한 해결책으로 해월이 제시한 사상이자 실천적 강령이 사인여천이었다. "사람대하기를 하늘처럼 하라"는 사인여천은 모든 사람에게 수미균등하게 적용될 수 있는 것으로, 특별히 소외되고 의지할 곳 없이 방황해야 했던 민중들에게 절대적 지지를 받는 동학의 방법론으로 자리 잡게 되었다.

해월 최시형은 어린 시절 매우 불우하였다. 일찍이 부모를 여의고 청소년 시절 내내 남의 집 머슴살이와 제지소 직공으로 일하는 등 고난의 시절이었다. 해월은 이때의 불우한 생활로 인해 "내가 가장 한스러웠던 것은 머슴을 살면서 머슴 놈이라는 말을 들으며 살아야 했다"[2]고 회고한 바 있을 정도였다. 이와 같은 성장과정은 그에게 누구나 평등하게 사람답게 대접받는 세상을 꿈꾸게 되는 계기가 되기도 하였다. 무엇보다도 그에게 가장 충격적으로 와 닿은 사건은 스승 최제우의 행적이었을 것이다. 최제우의 집안에 있던 두 명의 여자 몸종을 해방시키고 나이가 든 여종은 큰며느리로 그리고 나이가 어린 여종은 수양딸로 삼은 스승의 실천에서 크게 깨달았을 것이다. 최제우의 이러한 실천 행동은 머슴 생활까지를 경험했던 최시형에게 충격 그 자체였을 것이었다.

사람을 비로소 사람답게 대접하는 세상. 그것이 바로 해월 최시형이 꿈꾼 세상이었다. 그의 전생애를 일관되게 흐르는 철학도 신분의 고하를 막론하고 모든 사람들이 사람다운 대접을 받는 세상에 요구되는 것이었다. 이를 위해서 그는 수련하였고, 수운의 말씀을 경전으로 간행하였고, 또 주변의 사람들에게 포덕하였다. 그의 포덕 활동은 적서차별, 남녀차별, 귀천차별의 철폐를 철저하게 강조[3]할 뿐만 아니라 이를 몸소 실천하여 모든 사람을 하늘처럼 대하는 행적이었다. 이러한 행위의 근원에는 스승 수운 최제우의 실천적 삶과 자신의 경험 등이 어울러 있는 것이었다. 이러한 해월의 실천들은 엄격한 신분제로 고통받고 있던 이 땅의 소외된 민중들에게 메시아적 구원의 모습으로 비쳤을 것이고, 그것이 곧 수많은 동학도들이 생기된 된 가장 큰 요인일 것이다.

실제로 최제우가 창명한 동학의 사상적 특성은 첫째 다시 개벽[4]의 혁세사상, 둘째 시천주[5]의 평등사상, 셋째 유무상자[6]와 동귀일체[7]의 대동사상, 넷째 척왜양[8]의 민족주체사상 등으로 요약할 수 있다. 그러나 이 모든 사상의 밑바탕에는 수운의 만민평등의식과 사람에 대한 존엄을 지켜야 한다는 당위성 등이 담겨 있다고 할 수 있다. 즉, 사람 존엄을 보장하고 구현하기 위한 개벽된 세상을 지향하는 것이고, 사람 존엄의 실현을 위한 시천주사상이며, 유무상자 역시 사람 존중이라고 할 수 있고, 척왜양사상도 억압받는 조선의 대다수 사람(민중)들을 위한 구제의 사상이었다.

동학의 시천주, 인시천, 인내천사상은 모든 사람이 계층과 관계없이 각기 하늘을 내면화하게 되는 것으로 인간의 존엄성을 신격화하고, 남녀노소나 직업의 귀천이나 지위의 고하나 빈부의 차별을 막론하고 도덕적으로 차별이 있을 수 없고 인권이 무시될 수 없는 인간평등의 이념으로 제시되었다. 수운이 제시한 동학이념은 인간지상주의를 고조시키고 인간평등주의를 주장한 것으로 개인의 완전 해방과 사회생활의 완전 해방을 주장한다. 그러므로 인간의 사회생활에는 인격적 완성을 추구해야 하는 동시에 본연적 자연과 인간성에 모순되는 인간관계와 사회제도의 제 모순을 거부할 천부적 권리를 향유하고 있다는 민주적 원칙이 도출되는 것이다.

이처럼 수운의 인간 존엄에 입각한 평등주의적 이상은 서구의 근대적 개념과 같은 민권사상과 동일하다고 할 수 있다. 오늘의 민주주의의 발전 과정이 민권의 확대 과정이었다고 볼 때 이와 같은 동학의 정신은 민주주의 사상을 규명하는 데 중요한 요소가 될 것이다. 특히 해월의 사인여천적 사고와 실천은 그대로 근대적 민권운동이자 오늘의 민주주의적 사고의 토양이 되었다고 할 수 있다.

무엇보다도 해월은 조선 전래의 남존여비를 강력 비판하고 남녀평등사상을 주장했다. 그는 「부화부순(夫和婦順)」에서 "부인은 한 집안의 주인이니라. 한울을 공경하는 것과 제수를 만드는 것과 손님을 대접하는 것과 옷을 만드는 것과 음식을 만드는 것과 아이를 낳아서 기르는 것과 베를 짜는 것이 다 반드시 부인의 손이 닿지 않는 것이 없나니라"[9]고 하면서 부인을 '한 집안의 주인'으로 규정하였다. 이것은 봉건사회의 전통적인 가부장제도와 여필종부라는 봉건윤리의식에 대한 처절한 개벽 의식이었다.

동학의 남녀평등사상의 돌출한 표현은 갑오동학혁명 시기에도 계속되었다. 즉 당시 호남일대를 장악한 동학혁명군은 집강소를 세우고 12개조의 폐정개혁안을 내놓고 민정을 펴나갔는바, 이 가운데 제7조에서 "청춘과부의 재가를 허용할 것"을 규정하였다. 봉건사회의 유교적 윤리의 속박 하에서 부녀들은 재가의 권리마저 없었다. 이조 봉건통치자들은 심지어 '재가금법'을 반포하여 법적으로 과부의 재가를 허용하지 않았다. 이 점으로 볼 때 과부의 재가를 허용하라는 조목은 부녀해방과 남녀평등의 민주주의적 이념의 반영이었다.

한편 수운의 시천주적 평등사상은 해월 최시형에 의해 '천지만물이 한울님 아님이 없다(天地萬物 莫非侍天主)'[10]는 사상으로 재해석되었다. 이를 토대로 하여 최시형은 사람뿐만 아니라 우주 만물 자체가 바로 한울님이므로 어린이도, 며느리도, 남의 종도, 날아가는 새도, 들에 핀 꽃도 모두 한울님으로 인식하였다. 뿐만 아니라 이를 기본사상으로 하여 최시형의 사상적 특성도 '만민평등', '천주직포', '새 소리도 한울님 소리', '이천식천' 등으로 확대되었다.

또한 '천지만물이 시천주 아님이 없나니 만물을 일체 공경으로 대하라'[11], '사람은 한울이라 평등이요 차별이 없나니라. 사람이 인위로써 귀천을 가리는 것은 한울님의 뜻에 어기는 것이니 제군은 일체 귀천의 차별을 철폐하여 선사(先師)의 뜻을 맹세하라'[12], '어린 아이를 때리는 것은 한울님을 때리는 것이다'[13] 라는 범천론적 동학사상으로 확대되어 민중들 속으로 실천됨으로써 1894년 동학혁명 당시 동학혁명에 참여한 동학군을 결속하는 중요한 요소로 작용되었다.

또한 유무상자와 동귀일체의 대동사상은 해월 최시형에 이르러 실천적 삶으로 이어졌다. 최제우는 포교 과정을 통해 경제적 여력이 있는 제자들로 하여금 생활이 어려운 사람을 적극 돕도록 가르쳤다. 유무상자로 표현되는 이 사상은 경제적 개벽적 공동체 정신을 발휘하도록 한 것이다. 이러한 관계 속에 형성된 동학의 조직은 최시형에 이르러 더욱 건고하게 다져졌으며 교조신원운동과 동학혁명을 통해 그대로 계승 실천되었다. 즉 1893년 교조신원운동과 척왜양창의운동을 전개하면서 많은 동학교인들이 관으로부터 재산을 탈취 당해 생활에 곤란함을 겪에 되자 "지휘를 쫓아 먼저 대의(大義)에 나아가 가산을 경탕(傾蕩)한 사람은 이미 불쌍하게 되었으니 집에 있으면서 관망이나 하고 포식온허(飽食溫虛)한 자 어찌 마음이 편안하리오. 유무(有無)를 상자(相資)하여 관망(琉璃)치 않게 하고 원근(遠近)이 합심하여 이론이 없게 하라"[14]는 통문을 각 접으로 보내 유무상자를 실천하도록 하였다.

해월의 인간 존엄에 대한 확고한 신념은 더욱 구체화되고 이상화되는데 그것이 실생활에서의 적용이 삼경사상[15]의 실천이라고 할 수 있다. 즉 삼경사상은 수운이 도성덕립을 위한 수행덕목으로 제시한 성경신(誠敬信)을 구체적 실생활에 적용시킨 것인데 삼경의 실현을 통해 천도를 생활 속에서 구현시키고자 하는 목적을 가지고 있다. 삼경의 체현은 구체적 실현 목표인 생활의 도인 것이다.

해월은 그의 법설로서 삼경사상을 구체적으로 설명하고 있다. "사람마다 모시고 있는 본래의 마음을 공경하게 되면 기운과 혈맥 정신이 잘 조화를 이루게 되고, 사람마다 사람을 공경하면 만백성이 와서 기꺼이 모이게 되고, 사람마다 물건을 공경하게 되면 만상이 거동하나니 거룩하다 공경함이여"[16]라고 하였다. 이처럼 삼경사상은 해월이 추구하는 신인간의 인생관이요 윤리관이요 도덕관이다. 과거의 윤리는 사람과 사람의 관계만을 윤리로 규정하였으나 신인간의 윤리는 한울님과 사람과의 관계, 사람과 사람과의 관계, 사람과 만물과의 관계를 모두 인간의 윤리로 삼는 것이다. 윤리란 인간으로서 지켜야 할 도리인 것이니 어찌 천도의 이치가 사람과 사람 사이에

만 그치겠는가.

해월은 "동학의 도는 다른 곳에 있는 것이 아니라 한울님에게 지극 정성을 다하여 공경하는 것이다"라고 하며, 동학의 도를 실천하는 길은 효(孝)라고 말했다. 즉, 공자는 몸을 낳아 주신 부모님께 대한 효만 이야기했지만, 수운은 몸과 마음을 포함한 우주만물을 낳아주신 부모님인 한울님에 대한 효를 이야기한 것이다. 그야말로 동학이 실생활에 적용되는 사례라고 할 수 있다.

삼경 중 마지막인 경물사상은 해월의 독특한 법설로 경천만 할 줄 알고 경인을 할 줄 모르면 이는 종자를 두고도 땅에 심지 않는 것과 같고 경천·경인만 할 줄 알고 경물을 할 줄 모르면 이는 도에 닿지 못한 것이라고 하여 경물은 도의 극치라고 하였다.[17] 이처럼 해월시대의 동학은 사람과 자연 사물을 떠난 곳에 있는 것이 아니라, 경인하여 세상을 하나의 가족으로 만들고 경물하여 천지자연의 이치를 깨닫는 데 있다는 사실을 명확히 한다. 동학의 길은 자연 생태계에 반하는 길이 아니라 자연 생태계의 질서와 법칙을 터득하여 깨닫는 데 있다고 할 수 있다. 여기에 이르면 해월의 사인여천은 인간을 넘어서 만물에게까지 적용되는 이념으로 확대되고 있음을 알 수 있다.

해월 최시형의 사인여천의 정신과 그의 실천적 삶은 당시의 소외된 민중들에게는 감동 그 자체였을 것이다. 그동안 누구에게도 듣지 못했고 누구로부터도 그 사례를 찾기 힘들었던 실천을 행하고 설법하는 그에게 감화되지 않을 수 없었을 것이다. 무엇보다도 해월이 이러한 실천은 그가 간난신고의 시절 그리고 엄혹한 관의 추적을 피해 다니던 일촉즉발의 순간에도 평정심을 유지하면서 이루어졌다는 점이다. 동학이 전국 각지에 삽시간에 그렇게 확대될 수 있었던 데에는 해월의 감동적인 스토리가 있었음을 잊을 수 없다.

3. 해월 최시형의 동학재건운동

해월의 동학 포덕은 처음 경상도 북부지방을 중심으로 이루어지다가 1871년 3월 10일의 영해교조신원운동으로 동학교단 전체가 풍비박산 나고 강원도의 깊숙한 산골로 숨어들어가야 했다. 처음 해월 최시형은 사가(師家, 수운 선생의 유족)[18]가 있는 영월 소밀원으로 피신하였지만, 사가로부터 문전박대[19]를 당하고 단양에서 잠시 머물다가, 이해 5월 다시 영월로 돌아와 정진일, 박용걸의 집에서 기거하였다.[20] 이곳에서 49일 기도를 봉행한 후 교인들을 모아 강도회를 열고 대인접물 등을 설법하였다.[21] 이러한 해월 최시형의 동향은 영월 관아에 감지되어 체포될 위기에 처했지만, 수리(首吏) 지달준[22]의 도움으로 위기를 피해 영월로 옮겨 갔다. 해월은 심산유곡인 영월을 안전한 곳으로 여기고 오랫동안 영월에 은신해 있으면서 동학을 포교하였다.[23]

1872년 1월 5일 박용걸의 집에서 영해교조신원운동을 잘못 지도한 것을 뉘우치는 제례를 지냈다.[24] 해월은 많은 교인들이 희생되고 나아가 동학의 조직마저도 위기에 빠뜨리게 한 것은 오로지 자신의 잘못된 지도력 때문임을 절실하게 자책하였다. 3월 25일에는 인제 출신의 김연국이 동학에 입도하였다.[25] 이후 김연국은 강원도 지역의 중요한 지도자로 성장하였다. 4월 5일 영월 직동에서 창도기념 제례를 가진 후 해월 최시형은 강수와 함께 정선 무은담의 유인상의 집으로 이거하였다.[26] 무은담에서 다시 49일 기도를 마칠 무렵 정선 일대의 교인들이해월 최시형을 찾아오기 시작하였다. 찾아오는 이들 다수가 유학적 소양을 갖추고 있는 인물들이라 이들은 동학을 이론화, 합리화하는 데 적지 않은 도움이 되었고, 비로소 영해교조신원운동 이후 한동안 와해되었던 동학 조직의 재건이 이루어지기 시작하였다.

정선 적조암에서 49일 기도를 마친 해월은 강원도를 벗어나 충북 단양 지역으로 진출하였다. 단양으로의 진출은 해월의 자신감의 표출로 이제 어느 정도의 동학교단 정비를 마쳤다고 판단한 결과였다. 이후 단양을 근거지로 해월은 본격적으로 충청도와 경상도를 순회하면서 포덕활동을 하였다. 그러나 여전히 교단의 중요한 제례는 대부분 강원도에서 가졌다. 이는 강원도가 당시까지는 교호수가 가장 많았으며, 교단 각종 행사의 재정을 도맡았기 때문이었다.[27] 이러한 관계로 1874년 2월 1일 박씨부인 장례식은 정선 싸내에서, 1875년 11월 설법제는 정선 무은담에서, 1876년 3월 설법제는 인제에서, 그리고 이듬해 1877년 10월 구성제는 정선 무은담에서 각각 지냈다. 이와 같은 강원도의 동학 조직과 자금력은 1882년 인제 갑둔리에서 동학의 경전인 『동경대전』을 간행하는 데 중요한 역할을 담당하였다.[28] 이 밖에도 해월이 1880년대 초반까지 행한 제례의 대부분은 강원도 동학도들의 후원과 지원으로 이루어졌다.

해월이 어려운 가운데에서도 많은 제례를 지낸 까닭은 단순히 수운 최제우를 기념하기 위해서만이 아니라 이를 통하여 동학교단을 재정비하고 교권을 강화하는 위한 수단으로서였다. 즉 제례를 통해 자신이 수운의 도통을 이은 확고한 제자임을 선언하는 것이고, 모인 제자들은 모두 해월의 리더십에 복종해 동학의 지도체계를 일원화하는 부가적 목적을 가지고 있었다고 볼 수 있다. 그리고 제례의식의 자리를 이용해 각 지역의 동학도들로부터 정보를 수집하고 향후의 포덕지 등을 정했던 것이다.

강원도 지역을 기반으로 동학의 교세 회복이 어느 정도 이루어지자 해월은 강원도와 충청도를 넘나들면서 사적의 정리[29]와 경전의 간행[30]을 시작하였다. 경전의 간행은 동학교단의 세력 확장으로 이어졌다. 이제 소수의 지도부만 이해하고 있던 동학의 이치가 책자화됨으로써 보다 많은 동학도들에게 전달될 수 있었고, 이를 바탕으로 해서 동학의 세는 급격히 늘어나기 시작하였다. 이렇게 교세가 확장하자 해월은 육임제를 시행하고 도인들의 생활 규범을 강화하여 동학의 교세를 단결시켰다. 이 시기 해월은 '천주직 포설', '이천식천설', '사인여천', '부부화순' 등의 가르침을 통해 민중 속으로 파고들었다. 1880년대 중반을 넘어서면서 동학의 교세는 강원도와 충청도를 넘어 호남으로 뻗어가기 시작하였다.

강원도와 충청도 지역과 달리 호남 지역은 큰 산이 없어 고립되면 탈출하기가 용이하지 않았기 때문에 여전히 수배자였던 해월의 입장에서 호남으로의 행보는 그만큼 조심스러울 수밖에 없었다. 따라서 호남 지역의 포덕은 다른 지역보다 늦은 1880년대 후반에 들어와서부터 본격화되었다. 1883년 려산의 박치경이 입도하고 이듬해 해월이 박치경의 집을 방문하고 이어서 사자암에서 기도회를 진행한 후 본격적으로 호남 포덕을 시작하였다.[31] 이렇게 호남의 포덕이 시작되어 1888년 1월에는 전주와 삼례로 순회를 갈 정도로 교세를 확장하였다.[32]

동학 교세가 어느 정도 확산되자 동학도들은 교조신원운동의 필요성을 제기하기 시작했다. 억울한 죽음을 당한 스승님의 죄목을 풀어달라고 시작된 교조신원운동은 바로 종교의 자유 획득을 위한 운동이었다.[33] 교조신원운동은 공주, 삼례, 광화문, 그리고 보은 등지에서 전개되었다. 1892년 5월에 충청도와 전라도의 교도들이 토호와 관원들의 탄압을 피해 세거지에서 쫓겨났다. 이들은 보은 장내리와 금구 원평으로 모여들었는데 이들의 숫자가 백 명을 넘었다. 1892년 7월 서인주와 서병학은 정부의 탄압을 막는 방법으로 수운선생의 억울한 죽음을 신원할 것을 건의하기 위해 상주 공성면 왕실의 해월을 찾았다.[34] 하지만 해월은 아직 시기가 이르다고 받아들이지 않았다.

그러나 정부의 탄압이 갈수록 심해지자 서인주와 서병학은 해월에게 재차 교조신원운동을 건의하였고, 해월은 청주 남쪽 솔뫼의 손천민의 집에 의송소(議送所)를 설치하게 하여, 강시원, 김연국, 서인주, 서병학, 손천민, 손병희 등의 접주를 모아 의논한 후 충청감사에게 보낼 의송단자(議送單子)[35]를 준비하였다. 이어서 10월 21일에 서인주·서병학 등이 조병식에게 교조신원을 내용으로 하는 의송단자를 전달하였다.[36]

의송단자는 공주뿐 아니라 삼례에서 모인 동학도들에 의해 전라감사에게도 전달되었고, 그런 가운데 해월은 유무상자의 경통을 내리는 등 리더십을 발휘하였다. 동학도들은 철저하게 해월의 지도에 따라 움직였다. 공주와 삼례에서의 두 차례 교조신원운동을 통해 지방관아를 대상으로 한 교조신원은 한계가 있다는 인식을 가진 해월 등 동학 지도부들은 중앙정부를 상대로 직접 교조신원운동을 전개하기로 하였다. 해월은 1892년 12월 6일 보은 장내에 동학도소(都所)를 설치하고 10일 정부에 소장을 제출하였다. 「도소조가회통(都所 朝家回通)」으로 불리는 당시의 소장에는 공주 충청감영에 보낸 의송단자와 마찬가지로 동학이 이단이 아니라는 점을 강조하고 있다. 이 소장에서 특히 눈에 띄는 부분은 충청감사 조병식의 악행을 폭로하였다는 점이다. 이로 인해 조병식을 일시 유배를 가기도 했다.[37]

조정에서 소장을 반려하자 동학교단은 서울로 올라가 신원운동을 전개하기로 결정하였다. 이를 위해 1893년 1월 10일경 청주 송산리에 봉소도소(奉疏都所)를 설치하고 교조신원단을 조직하였다.[38] 해월은 2월에 도소를 방문하여 각처 두령에게 서울로 상경할 것을 경통하였다.[39] 2월 11일 광화문에서 교조신원의 상소문[40]을 올렸다. 상소의 핵심은 교조인 수운의 억울함을 풀어달라는 내용과 억울하게 체포되어 귀양간 교도를 석방해 달라는 내용이 주였다.

11일부터 13일까지 3일간 진행된 광화문상소는 고종의 전교를 듣고 종결되었지만 큰 성과는 없었다. 오히려 동학도를 체포하는 등 그 탄압이 더욱 거세어졌다. 이에 해월은 강력한 투쟁을 선언하고 통유문을 통해서 전국의 교도들에게 보은 장내로 모일 것을 명령하였다. 1893년 3월 10일에는 교조 수운의 순도일에 맞춘 기신예식(忌辰禮式)을 거행한 뒤 해월은 옥천군 청성면 거포리 갯밭 김연국의 집에서 출발하여 이튿날인 11일 장내리로 들어왔다.[41] 2만 명 이상[42]이 모인 장내리 집회에서 해월은 동학의 조직은 기존의 접을 통괄하는 조직체계로서 포제를 완성하였다.

당시 보은에 모인 사람들의 성분은 대부분 농민이었으나 화전민, 머슴, 장사치, 퇴직 관료 들도 상당수 포함되어 있었다. 이렇게 다양한 계층의 사람들이 동학도라는 모습으로 포를 형성하여 교조의 신원과 척왜양창의를 외쳤다. 보은취회에서부터 척왜양창의라는 구호가 나온 것은 그만큼 서세와 일본의 의도를 꿰뚫고 그들의 침략에 경계하기 시작한 것이라고 볼 수 있다. 이 시기 전라도의 삼례와 원평에서도 전라도 일대의 도인 1만여 명이 집결하였다.이렇게 동학교도들이 대규모로 실력행사에 들어가자 조정에서는 17일 어윤중을 양호도어사에 임명하여 동학도 해산의 책임을 맡겼다. 조정에서는 어윤중을 선무사로 임명하여 사태를 수습하는 한편 홍계훈으로 하여금 무력으로 진압키로 하였다. 어윤중은 보은에 당도하기 전인 23일 동학대도소에 효유문 한 통을 보내 의거를 해산하고 사람을 뽑아 자신과 면담할 것을 요청하였다.[43] 25일 보은에 당도한 그는 26일 동학도 대표 7명과 면담하였다. 당시 동학교도의 대표는 허연, 이중창, 서병학, 이희인, 손병희, 조재하, 이근풍 등이었다.[44]

어윤중은 동학교도들이 명분 없이 창의하였다고 하며 해산을 종용하였고 동학교도들은 조정을 믿을 수 없다고 하였다. 광화문복합상소에서 어명을 믿고 흩어졌지만 달라진 것이 없고 오히려 탄압을 받았다고 하면서, 의거의 목적은 척왜양창의에 있다는 점을 강조하고 장계를 다시 올려 동학도인들에게 새로운 혜택을 베풀어주도록 요청하였다.[45] 어윤중은 이러한 동학의 주장을 담아 3월 26일 장계를 올렸다. 동학도의 움직임이 생각 이상으로 강하자 어윤중은 동학도의 상황을 주시하면서 조정에서 보낸 윤음을 4월 1일 장내에서 낭독하며 동학교도의 해산을 재차 종용하였다.

고종의 윤음은 이전과 달라지지 않았다. 동학도가 요구하는 교조의 신원은 답하지 않고 탐관오리의 처벌과 재산의 복귀 정도에 그쳤다. 어윤중은 동학도가 해산하지 않으면 무력으로 진압할 수밖에 없다고 강조하였다. 당시 보은에는 청주 병영군 백여 명이 도착해 있었다. 동학지도부는 어윤중의 약속을 받아들여 해산하기로 결정하였다. 해월은 4월 2일 해산 명령을 내렸다. 해월은 4월 2일 보은 장내를 떠났다. 당시 퇴각하는 동학군의 수를 보은 관아에서는 일일이 조사하였는데 관이 파악한 보은 장내리를 벗어난 동학도는 11,665명에 달한다. 이 중 전라도 지역의 도인이 절반 정도인 5,600여 명이나 되었다.[46]

요컨대 1892~1893년간 전개된 교조신원운동은 동학교단에 큰 영향을 주었다. 첫째, 동학교단의 위상을 한 단계 높였다. 수운의 참형과 영해교조신원운동으로 위축된 동학교단이 교세 확장을 통해 조선 사회의 주도적인 세력으로 성장하였음을 보여주었다. 특히 고종의 위임을 받은 어윤중과의 담판은 동학교단이 조선 정부로서도 무시하지 못할 규모로 성장하였음을 방증한다고 할 수 있다.

둘째, 교조신원운동은 해월을 중심으로 거교적으로 이루어졌다. 초기에는 잡음이 있었으나 신원운동이 결정된 이후로 해월의 명령으로 거사가 진행되었다. 서인주와 서병학이 발화한 교조신원운동은 해월의 지휘 하에서 동학의 교단 전체가 하나가 되어 준비하고 시행하였다. 가장 큰 집회였던 보은취회 역시 해월의 명령에 의해 집결하였고 해월의 명령으로 해산하였다. 이는 금구 원평의 신원운동도 마찬가지였다. 이런 측면에서 본다면 동학의 조직은 해월을 정점으로 일원화되었음을 알 수 있다.

셋째, 동학의 움직임은 교조 신원과 함께 사회경제적 문제 해결을 위한 방향으로 전환되었다. 교조신원운동을 통해 종교적 자유 획득 못지않게 민중들의 사회경제적 모순을 극복하려는 대안을 제시하였다. 즉, 척왜양, 민씨 일파의 축출, 호포제 혁파, 당오 혁파, 세미의 정지, 외국과의 통상 금지 등 구체적인 사회 문제에 대한 개혁안을 제시하였다. 이러한 동학교도의 요구는 동학혁명에서 그대로 등장되었다.

교조신원운동을 계기로 동학은 완전히 조선 땅에 정착했음을 증명하였다. 여기까지 오기에는 해월 최시형의 절대적인 노력과 희생이 있었기에 가능하였다. 그리고 동학이 정착하는 과정 속에서 해월의 사인여천을 실천하는 자세에 호응하여 수많은 민중들이 동학교단으로 몰려들었고, 그 과정에서 동학교단의 지도력은 더욱더 해월로 일원화되고 절대적 권위를 부여되었다.

4. 충청도 지역의 포덕과 영동

1) 해월의 충청도 포덕

동학이 충청도 땅에 최초로 들어온 것이 어느 때인지는 정확히 알 수 없다. 다만 수운 최제우의 짧았던 포덕지에 충청도 지역이 있었음은 틀림없다.[47] 특히 기록에도 있는 충청북도 단양 지역은 소백산맥을 따라서 경상도와 강원도를 연결하는 지역이다 보니 다른 어떤 지역보다도 먼저 동학이 전파되었다고 볼 수 있다. 실제로 1862년 12월 수운은 16명[48]의 각처의 접주를 임명했는데 그중에 단양의 접주로 임명된 민사엽이 있다. 이를 보아 충청도 단양지역에서 동학은 그 초기부터 성공적으로 정착되었음을 알 수 있다.[49]

1863년 가을경에 동학 세력은 경주 인근 10여 개 군현과 북으로는 충청도 단양, 보은까지, 남으로는 경상도 남쪽 고성과 시원까지, 북쪽으로는 안동, 상주, 예천, 울진, 김산, 지례까지, 전라도는 남원, 임실, 전주, 진산, 금산까지 광범하게 퍼져 있었다. 도인 숫자도 약 3천호는 넘었으며 가족까지 합치면 1만 8천 명은 되었다.[50] 특히 해월이 주도한 경주 이북 지방에 대한 포교가 대단히 성공적이어서, 동학의 세력 중심이 경주 이남에서 경주 이북으로 이행했다. 이리하여 동학교단 내에서는 수운시대부터 이미 해월의 위치는 확고했다고 볼 수 있다.

수운이 순도한 이후 해월 최시형은 정부의 체포령을 피해 주로 은신한 지역을 중심으로 포덕 활동을 전개하였으므로, 해월의 초기 동학의 주 포덕지는 경상도 북부지방이었다. 영덕과 영해, 평해, 그리고 영양의 일월산 등이 그곳이다. 1870년 10월에 일월산 윗대치로 영해의 교인인 이인언이 찾아오면서 시작된 이필제와의 인연 그리고 그가 제의한 영해교조신원운동에 참여했던 해월은 엄청난 피해를 보고 그나마 조직해 왔던 동학조직의 와해를 지켜봐야 했다. 100여 명의 동덕들이 체포되어 처형당했고 200여 명은 집을 버리고 도주해야 했다. 해월 역시 간신히 목숨을 부지한 채로 또 다시 떠돌이 신세가 되어야 했다.

이때부터 해월은 강원도 영월, 정선, 양양과 충청도 단양, 영춘 등 산간지역에 숨어 지내면서 더욱 비밀리에 포덕활동을 해야 했다. 그러나 해월의 노력은 성과를 보여 1870년대 영해교조신원운동으로 피폐화된 교단을 어느 정도 정비하고, 나아가 본격적으로 충청도 내륙지역으로 확산될 수 있는 교두보 마련에 성공하였다. 동학의 충청도 지역으로의 확산은 산간지역을 넘어서 평야지대로의 진출을 의미했다.

영해교조신원운동의 실패 이후 동학혁명 발발 때까지의 해월이 충청도 지역에서 거주하면서 포덕 활동한 것을 정리하면 아래의 표와 같다.[51]

<해월의 충청도 지역 거주지와 활동 내용>

위치	거주기간	관련자	주요 행적	비고
단양 영춘면 장현곡	1872.3-1874.1	박용걸 주선	① 수운 친척 이주 ② 수운의 부인과 큰아들 이장(1876) ③ 적조암 40일기도	비밀포덕지
단양 사동	1874.1-1875.2	적조암주지 주선, 권기하 후원, 강수 입도	① 3월 안동김씨와 재혼 ② 홍순일, 김연국 등과 49일기도 수련	김연순 집
단양 송두둑	1875.2-1885.6	권명하 후원, 황하일 방문. 박용걸, 유시헌, 김병내, 김연국, 손병희, 박인호 등 입도, 강시원 체포	① 강시원, 전성문과 의형제 ② 강시원 차도주, 유시헌 도접주 임명 ③ 정선에서 다시 개접(1878) ④ 도원기서, 동경대전, 용담유사 간행 ⑤ 본격적인 평야지대로 포덕 ⑥ 육임제 완성	10년동안 안정된 포덕 가능(경주-청송-단양-영월-정선-양양-양구-인제)
보은 장내리	1885.6	황하일 주선	육임소 설치	충청감사 심상훈과 단양군수 최희진의 탄압으로 이거
공주 마곡사	1885.7	윤상오 주선	가섭암 1개월 거주	마곡사로 피신
보은 장내리	1887.3-1889.7	많은 교인 내방	① 본격적인 육임소 운영 ② 셋째 밀양손씨와 혼인	동학본부 역할, 호남지방 포덕시작
괴산 신양동	1889.7	서인주 체포	관의 탄압으로 교인 내방 금지	장내리 육임소 폐지후 이동

공주 활원	1890.8	윤상오 주선	육임제 임시 해산	강원도에서 이거
진천 금성동	1890.9-1891.10	서택순 주선	① 통유문 10개조 발표 ② 올바른 신앙지침 마련	비밀 포덕지
공주 동막, 신평	1891.2-1891.12	윤상오 주선, 호남 교인들 내방	호남지방 포덕활동(익산, 부안, 고부, 태인, 금구, 전주 등)	손화중, 김덕명, 김개남, 감낙철 등 동학혁명의 지도자들 등장
충주 외서촌	1891.12-1892.1	신재련 집	한달간 거주	신재련, 이종석, 손병희는 인근지역 출신
진천 부창리	1892.1-1892.5	손병희 주선, 이종석 입교	통유문 4번 반포	충청감사 조병식의 탄압 극심
청주 솔뫼	1892.8-1893.2	손처미 집	① 서이주, 서별학이 교주신원운동 제의에 준비를 위한 이동 ② 공주취회, 삼례취회 지휘본부 ③ 광화문복합상소 준비 '봉소도소' 설치 ④ 1892.12 장내리에 대도소 설치	곤주취회(1892.10), 삼례취회(1892.11)
옥천 청산	1893.3	김연국 집	보은 장내리 집결 통문	장내리 집회통문
보은 장내리	1893.3.11-4.2		보은취회	육임소 설치되었던 지역으로 동학도의 신앙촌 역할
옥천 청산 문바위골	1893.7-1894.10	김성원 집, 조재벽 주선	① 지역에 포소 설치②김연국에 구암 도호하사 대도소 책임자 임명 ③ 교리강론을 위한 강석 ④ 동학혁명 총괄지휘 본부 ⑤ 총기포령 명령	동학혁명

해월의 충청도 진출은 전술한 대로 강원도의 산간지역에서의 포덕에 어느 정도 자신이 붙은 뒤였다. 그러나 여전히 관의 추적이 계속되는 위기상황 속에서의 포덕이었기에 조심스러울 수밖에 없었을 것이다. 그래서인지 초기에는 강원도와 인접한 산간지역인 단양을 중심으로 시작되었고 점차 보은, 충주 등 보다 넓은 지역으로 확산되는 것을 알 수 있다.

1872년 박용걸의 주선으로 단양지역에 정착한 해월은 이후 사동, 송두둑 등지에서 오랜 시간을 보냈다. 단양지역은 소백산의 기슭에 자리한 지역으로 산간과 평야의 중간지대 정도였다. 해월로서는 포덕과 피신이 동시에 이루어질 수 있는 최적의 장소였다.[52] 해월이 이곳으로 오게 된 동기는 영해교조신원운동 이후 영월, 정선, 인제 등지에 피신해 있을 때 정선 갈래사 적조암 주지 철수좌(哲首座)의 소개를 받아서였다. 1873년 적조암에서 49일 기도를 할 때 주지스님은 해월에게 단양 두솔봉 아래를 추천해 주었다.[53] 사동으로 이주한 해월은 사동과 인접한 송두둑에서 10여 년간을 지냈는데 이 기간 동안 영해교조신원운동으로 흩어진 교단의 조직을 정비하는 한편 신앙심을 돈독케 하였으며 1881년에는 송두둑에서 더욱 안쪽인 천동[54]에서는 용담유사를 간행하였다.[55]

한편 단양에서 해월은 동학의 의례와 의식에서 허례를 제한하는 명을 내려 이후 동학에서는 모든 행사에 제물은 오직 청수 한 그릇만을 사용하게 하였다. 물은 그 성질이 맑고 움직이는 것이며 또 어느 곳에서나 있지 않는 곳이 없으니 참으로 만물의 근원이라 할 수 있으므로 해월은 오직 청수만이 모든 의식의 기본으로 삼은 것이다. 이는 유교적 허례가 당연시되던 당시의 사회에 동학이 커다란 혁신을 이룬 것이며, 이 점 역시 민중들에 동학이 보다 쉽게 다가게 된 요인이 되었다고 할 수 있다. 그리고 그는 본명인 '경상(慶翔)'을 용시용활하라는 스승의 말씀에 따라 '시형(時亨)'으로 고쳤다.

충북 단양에 머물면서 해월은 교단 정비와 경전 간행 등 본격적인 내륙 평야지대로의 포덕 활동의 준비를 마쳤다. 이와 같은 해월의 준비는 무엇보다도 강원도 지역과 충북 지역으로 확대되기 시작한 동학의 교도들이 늘어나면서 가능한 것이었는데, 특히 양반 지식인 출신인 강수와는 의형제를 맺고 박용걸, 유시헌, 김연국 등 동학교단의 중심적 지도자들을 양성해 자신의 위치를 보다 확고히 하였다.[56] 본격적인 충청도 지역의 포덕은 매우 성공적이어서 이때부터 수많은 동학의 지도급 인사들의 대부분은 1880년대 초반에 입도하였다. 면면을 보면 다음과 같다.

윤상오(1881년 입도), 공주 출신

김성지, 김영식, 김화성(1881년 입도), 목천 출신

손천민, 손병희(1882년 입도), 청주 출신

박인호(1883년 입도), 예산 출신

서인주(1883년 입도), 청주 출신

안교선(1883년 입도), 아산 출신

황하일(1883년 입도), 보은 출신

음선장(1884년 입도), 청주 출신

권병덕(1885년 입도), 청주 출신

조재벽(1887년 입도), 황간 출신

    교단의 기록에 의하면 1880년대 초반 동학은 충청도 충주를 중심으로 청풍, 괴산, 연풍, 진천, 연기, 옥천, 청산 등지에도 포교되었다고 밝히고 있다.[57] 이들 지방은 대체로 산간지대에서 시작한 동학의 비밀포교지들과 근접해 평야지대로 진출하는데 교두보적 역할을 하는 지역들이다.[58] 동학혁명 당시 충주 외서촌의 신재연, 청풍의 성두환, 괴산의 홍재길, 영동의 조재벽 그리고 충북지역의 가장 강력한 포를 형성하고 있던 서장옥과 휘하의 황하일 등이 중요한 접주로 활동하였다는 사실은 그것을 반증한다고 할 수 있다. 이처럼 충북 단양은 해월의 포덕활동이 충청도 전역으로 확산되는 근거지가 되었다.

    그러나 단양을 중심지로 하는 동학의 호시절은 충청감사 심상훈과 단양군수 최희진의 탄압으로 막을 내리고 말았다. 동학이 충청도 지역으로 확산되자 충청감사는 1885년 6월 해월에 대한 체포령을 내리고 압박을 강화해 나갔다. 이 과정에서 차도주 강수와 이경교, 김성집 등이 체포되고, 해월은

긴급히 보은 장내리로 피신해야 했다.

해월이 넓은 평야가 있는 보은으로 이주하였다는 것은 이제 동학 포덕이 공공연하게 충청도와 전라도의 넓은 평야지대로 확산되는 것을 의미한다. 실제로 보은 장내리는 오랜 기간 동안 동학의 실질적인 본부 역할을 하였다. 해월은 보은을 중심으로 하여 충청도뿐 아니라 전라도 지역까지를 직접 포덕하러 다니는 이른바 순회 포덕 활동을 실시하였다. 이는 해월에 자신감의 표출이라고 할 수 있는데 여기에는 이제는 어느 지역을 가든지 자신을 숨겨줄 교인들이 산재해 있다는 확신이 있었기 때문이다. 1880년대를 거치면서 동학의 거대한 들불은 탄생지인 경상도와 은거지였던 강원도를 넘어서 본격적으로 충청도와 전라도의 평야지대로 진출한 것이며 해월은 이 지역들을 거침없이 순회하고 다녔다.

보은의 장내리는 해월이 세 번 거주한 지역이었다. 첫 번째가 단양에서 일시 피신을 하였던 1885년 5월, 두 번째는 1887년 6월로 이때는 해월은 직접 농사를 짓는 등 생활을 함께하면서 교역자와 일반인을 상대로 직접 교리 강도를 하였다. 세 번째는 1893년 3월의 장내리 집회 때였다. 이미 장내리를 대도소로 지명하고 김연국에게 책임을 맡겼던 해월은 장내리 집회를 직접 지휘하였다. 당시 장내리에 모인 동학도가 2만에서 3만 정도라 하니 1893년에 이르면 동학은 이제 조선에서 누구도 무시할 수 없는 세력이 된 것이다. 이 동력은 이듬해 전개된 동학혁명에서 그대로 증명되었다. 이 모두 해월의 간난신고의 노력의 결과였다.

2) 영동 지역과 동학

충청북도 영동 지역이 교단기록에는 거의 등장하지 않지만 당시 영동군 소속이었던 청산은 자주 언급되고 있다. 영동군 황간에 속해 있었던 청산 문바위골은 동학사에서 매우 중요한 곳이다.[59] 1893년에 두 번 청산에 정착 하였던 해월은 갑오년에는 동학혁명이 전국적으로 확대되는 총기포령을 내 린 곳이다.

그러나 영동 지역에 동학이 전파된 것이 어느 시점인가는 불분명하다. 다 만 해월이 충청도 진출의 교두보였던 단양에서 평야지대로 확산되기 위해 서는 영동 지역을 제외하고 진출하기는 어려웠을 것이다. 영동은 보은과 가 깝고 옥천과 충남 금산 지역과는 한줄로 연결되어 있다. 모두 충청도의 평 야지대들이다. 따라서 영동 지역에 동학이 들어온 시점은 보은, 옥천 그리 고 금산지역으로 동학이 확산되는 시기와 비슷한 1880년대 초반이었을 것 으로 추측된다.[60]

영동 동학에서 빼놓을 수 없는 인물이 황간 출신 조재벽(趙在壁)[61]이다. 그 는 1887년 입도하여 해월의 뜻에 따라서 처음에는 옥천, 영동, 청산 지역에 서 포덕하다가 1890년경부터 금산, 진산, 고산, 용담 지역으로 그 영역을 넓 혀 나갔다.[62] 1892년 10월과 11월의 공주와 삼례에서의 교조신원운동이 일 어난 다음 조재벽은 상당한 세력을 가진 동학의 주요 지도자였으며, 1983년 2월 광화문에서 전개한 교조신원운동에 참여할 정도로 동학교단의 주요인 물로 성장하였다.[63]

조재벽의 뒤에는 서장옥(徐璋玉, 1851~1900)이 있었다. 서장옥은 흔히 남접 의 지도자 김개남과 손화중의 스승으로 알려진 인물이다. 그는 일해(一海)라 는 호를 가진 사람으로 서인주라는 이름도 사용하였다. 청주 출신인 서장옥 은 1883년 해월을 직접 찾아가 입도하였다. 서장옥은 동학에 입교한 뒤 헌 신으로 해월 최시형의 깊은 신뢰를 얻었다. 『동학사』에 따르면 동학의 의례 와 제도 대부분을 그가 만든 것이라고 한다. 1887년에 해월의 아들 최덕기가 청주 율봉에 사는 음선장의 둘째딸과 혼인하면서 더욱 가까워졌다. 서장옥의 아내가 바로 음선장의 맏딸이니 최덕기와는 동서지간이 되었던 것이다. 강수가 체포되고 손병희가 측근으로 등장 이전까지의 사이에 서장옥은 해월의 최측근이었고 수제자였다.[64]

1892년 7월, 서장옥은 서병학과 함께 동학의 합법화를 쟁취하기 위해 교조 최제우의 신원운동을 전개해야 한다고 해월에게 진언했다. 이른바 교조신원운동의 시발자였던 것이다. 공주와 삼례에서 연이은 신원운동을 전개했지만 결정적인 성과를 얻지 못해, 급기야 해월의 지시로 광화문 앞에서 직접 임금에게 동학도의 의사를 전달하는 복합상소운동을 전개하기에 이르렀다. 광화문복합상소 당시 상소장에 조재벽은 서명인으로 선임되었고, 많은 도인들을 이끌고 참가하였다. 이들은 동대문과 남대문, 교회와 선교사와 일본 상인의 집과 청나라 군인들의 숙소에 격문을 붙였다. 격문에서 "너희는 급히 너희 나라로 가라. 3월 7일까지 떠나지 않으면 토벌하겠다"고 경고하였다. 격문은 서울의 민심을 뒤흔들었다. 하지만 동학도들이 이들에게 실제로 위해를 가하지는 않았다.

1893년 3월 보은 장내리에서 기치를 올린 척왜양창의운동 때 영동 지역의 많은 도인을 이끌고 참가한 인물도 조재벽이었다. 보은에서 해월은 최초로 포제(包制)를 제도화하고 각포(各包)에 대접주를 임명하였다. 서장옥의 지도를 받고 있던 조재벽은 대접주로 임명되지 못했다.『동학도종역사』에 의하면 조재벽의 관내에서는 서장옥이 호서(湖西)대접주로 임명되었다. 서장옥은 충청북도와 전라북도 지역에서 가장 강력한 세력을 가지고 있었고, 영동의 조재벽 역시 그의 휘하였다.

보은취회에 참여한 지역은 관의 기록만으로도 충청도, 전라도 경상도, 경기도 그리고 강원도 등 당시 동학의 교세가 미친 지역은 대부분 참석했다고 적혀 있다. 동학교단 측의 기록에는 대부분 누락되어 있지만 관군 측 기록[취어]에는 전주, 수원, 용인, 영광, 선산, 상주, 태안, 광주(廣州), 천안, 직산, 덕산, 금산, 성주, 장수, 영암, 무안, 순천, 인동, 지례, 양주, 여주, 안산, 송파, 이천, 안성, 죽산, 원주, 청안, 진천, 청주, 목천, 충주, 청산, 비인, 연산, 진령, 공주, 함평, 남원, 순창, 무안, 태인, 옥천, 영동, 나주, 하동, 진주, 안동 등 46개 지역이 나타나고 있다.[65]

전라도는 경우 12개군이, 충청도는 15개군이, 경기도는 10개군이, 강원도는 1개군이다. 충청도 15개 지역 중에 조재벽 관할이 금산, 청산, 옥천, 영동 등 네 군데였다는 것은 그만큼 조재벽의 세력이 컸다고 할 수 있으며, 영동지역 역시 상당수의 동학도들이 있었음을 반증한다.

그러나 호서대접주로 임명된 서장옥은 보은취회 때 관에 체포되었다가 그해 6월 28일에 석방된[66] 이후 행적이 묘연해진다. 그때 이후의 서장옥의 기록이 거의 없으므로 보은취회 이후 그의 행적에는 많은 의문이 따르고 있다. 심지어 그는 동학혁명 기간 동안에도 어떠한 행적도 나오지 않고 있다. 아마도 동학혁명 초기부터 한동안 동학운동에서 손을 뗀 것이 아닌가 싶다.[67] 이후 서장옥의 행적과 죽음이 알려진 것은 1900년일이다. 1900년 9월 20일자《황성신문》에 서장옥이 체포된 기사가 실렸다. 손천민과 함께 있다가 체포된 것이다. 그가 왜 동학군의 지도자인 손천민과 함께 있었는지는 알 수 없지만, 어쩌면 다시금 동학혁명의 불씨를 살리려고 하지는 않았는지 모르겠다. 다음날인 21일에 법무대신 권재형이 "백성들을 선동하고 홀린 것이 전봉준, 김개남, 최시형과 같다는 사실이 명백하므로 교형에 처할 것"을 요청하여 고종의 허락을 받아 형을 집행하였다. 여하튼 보은취회 이후 사라진 서장옥의 자리는 자연스럽게 조재벽이 메우게 되었다.

조재벽은 해월 최시형으로부터 신임을 받은 인물로 1893년 7월에 상주 왕실에 은신 중이던 해월을 청산현 문바위골 김성원의 집으로 이사하게 하였다.[68] 김성원은 바로 조재벽의 포중 도인으로 조재벽과 가까운 사이였다.[69] 동학혁명이 일어나자 그는 금산 지역을 중심으로 활동하였다. 권병덕의 기록과[70] 『천도교회사초고』에는 "조재벽, 최시문, 최공우(崔公雨)가 …(진산에서) 기포하였다"고 되어 있어 이를 뒷받침하고 있다.

조재벽은 동학혁명의 후반기인 1894년 12월 중순부터는 전라도에서 올라온 해월과 손병희가 이끄는 동학군과 영동에서 합류하였다. 그리하여 영동전투와 북실전투를 치르고 12월 24일 되자니에서 최후의 전투를 마치고 분산하였다.[71] 혁명 후 간신히 살아남아 1896년 1월에 강원도 치악산 수레너미로 찾아가 해월을 다시 만나게 되었고, 여기서 손병희, 김연국, 손천민, 김현경과 같이, 경암(敬菴)이란 도호를 받았다. 1897년 4월에는 이천 앵산동(利川郡 樹上里)에서 해월과 교리문답도 나누었으나[72] 1897년 가을에 사망하였으며 그의 묘소가 어디에 있는지 알 길이 없다. 영동 동학에 대한 연구는 이제 시작이라고 할 수 있다.

5. 결론

동학사에서 충청도 지역은 매우 중요한 역할을 하였다. 1871년의 영해교조신원운동의 처참한 실패 이후 강원도 산간지대로 피신한 해월은 1870년대 후반부터 본격적인 동학 재건에 나섰다. 그 중심 지역은 충청도였다. 충청도 지역에서 해월은 일시적으로 숨기도 하고 때로는 잠시 동안 은둔하기도 하는 등 여전히 조심스러운 행동을 해야 했지만 결코 포덕의 일념은 멈추지 않았다. 해월에게 동학 포덕은 스승의 가르침의 실천이자 모든 사람은 하늘과 같은 소중한 존재라는 그 자신의 신념의 소산이었다.

특히 단양을 비롯한 보은 등 충청도 지역은 그 중심 중의 중심이었다. 실제로 해월의 36년간이라는 오랜 도피 행각 중 충청도 지역에 가장 오래 머물렀다. 그가 경상도, 전라도 등지로 순회 포덕을 다닐 때에도 근거지는 반드시 충청도였다. 그것은 충청도 지역이야말로 산간지대를 넘어서 평야지대로 진출할 수 있는 교두보라고 인식했기 때문이다. 산간지대를 벗어나 드넓은 세상에 동학의 도를 전파하는 것이 목적이었던 해월은 산간지대와 평야지대가 섞여 있는 충청북도 지역을 최적지로 여겼던 것이다.

동학교사에서 충청도 지역이 처음 등장하는 것은 수운 최제우가 포덕하던 당시부터였다. 1862년 접제를 둘 때 이미 단양 접주가 임명될 정도였다. 그만큼 충청도 지역의 동학 전파는 오래되었다고 할 수 있다. 그러나 본격적인 동학 전파는 해월이 강원도 지역을 벗어난 뒤, 그리고 경전의 발행 등 어느 정도의 준비가 끝난 뒤에서부터였다.

그 출발지는 충청도 단양이었다. 강원도와 인접한 단양은 충청도 진출의 교두보였다. 실제로 해월은 단양 지역에 오래 기거하면서 포덕 활동을 전개하였다. 그리고 그 성과는 1894년의 거대한 동학혁명으로 확인되었다. 동학의 충청도 진출은 다음의 의의를 지닌다.

첫째, 동학이 평야지대인 충청도로 진출한 것은 강원도의 산간지대를 벗어나 본격적인 민중 구도의 의무를 다하고자 하는 동학 목적에 한 걸음 더 다가가는 행위였다. 즉, 대다수 민중들이 고통을 겪는 신분제 사회의 억압적 질서를 깨뜨리고 새로운 인간, 이른바 신인간 창조를 목표로 한 동학의 개벽된 이상사회 건설을 위해서 동학은 민중들의 주거지인 평야지대로 나왔어야 하고 그것을 실현한 것이 충청도 지역으로의 진출이었다.

둘째, 충청도 지역으로 진출하면서 해월은 종교적 의례의 정례화와 교리 강연을 하기 시작하였다. 의례의 정례화를 통해 교권을 확고히 한 해월은 교리 강연을 통하여 동학을 하나의 사상으로 그리고 종교적 신념체계로 동학도인들의 마음속에 체화되기를 바랐을 것이다. 특히 해월의 종교적 의례의 강조와 교리 강론은 해이해질 수 있는 동학도들의 심신을 바로 잡고 무엇보다도 시천주한 나의 소중함을 자각하고 나아가 나 이외의 상대방을 사인여천으로 대하라는 해월 신념의 생활화라고 할 수 있다.

셋째, 동학적 공동체 의식의 강화를 들 수 있다. 해월이 머무는 곳이 곧 도소라 하고 동학의 공동체 의식을 늘 강조하였다. 보은의 대도소가 대표적인 장소였다. 대도소는 관의 쫓김에 숨어드는 사람들, 양반 등의 등쌀에 밀려나 오갈 데 없는 사람들과 같이 당시 사회의 최악의 상황에 처한 사람들을 구제하는 장소였다. 입도하는 사람들은 반상의 구분 없이 서로 공대하고 절하며 접장이라고 불렀다. 노비와 상전도 그렇게 했다는 것은 놀랄 만한 일이 아닐 수 없었다. 그곳은 만민평등이 실현되는 장소였고 유무상자가 완벽한 공동체였다. 해월은 사인여천 정신이 그대로 살아 있는 이상사회 건설을 목표한 위대한 지도자였다.

넷째, 영동 지역은 다른 충청도 지역과 달리 3개의 도가 접하는 지역이다. 그리고 산간지대와 평야지대가 섞여 있는 지역이다. 해월에게는 경상도와 전라도, 그리고 충청도 서부지역으로 진출할 수 있는 최적의 지리적 조건을 갖춘 지역이다. 숨어서 조심스럽게 포덕 활동을 해야 하는 해월에게는 최적의 장소였을 것이다. 기록은 없지만 그의 영향이 미쳤을 것은 틀림없는 지역이다. 특히 청산의 문바위골은 영동 출신 조재벽의 관할지였다. 청산에서 머물면서 동학혁명을 지휘하고 갑오년 9월 18일에는 이곳에서 전국 동학도의 총기포령을 내렸다는 점 하나만으로도 영동 동학의 중요성은 아무리 강조해도 지나치지 않을 것이다.

북접농민군의 전투 방식과 영동 용산전투

신 영 우
충북대학교 명예교수

1. 머리말

군대는 다양하게 정의하지만 단순하게는 일정한 규율과 질서로 움직이는 조직 편제를 가진 군인 집단을 말한다. 또 무기를 다루는 병사들로 구성하여 전투력을 갖춘 집단을 군대라고 한다. 군대를 조직한 주체는 국가로서 주로 외적에 대응하는 것이 목적이지만 비상시에는 치안유지를 담당하는 것도 활동 목적이 된다. 이런 정의로 보면 동학농민군은 국가가 만들고 유지한 군대가 아니라 말 그대로 동학 조직을 중심으로 농민들이 결집해서 무기를 든 집단이었다. 민간에서 스스로 조직해서 민병(民兵) 성격을 갖는 동학농민군은 가을에 재봉기를 준비할 때 스스로 의병(義兵)이라고 불렀다.

동학농민군의 재봉기 목적은 외적(外賊)을 격퇴하는 것이었다. 경복궁을 점령해서 국왕을 인질 상태로 만들고, 서울 도성을 군사력으로 점령한 후 내정 간섭을 자행해 온 일본이 외적이었다. 재침 야욕이 명확한 왜적(倭賊)을 축출하자는 명분이 아니라면 짧은 시기에 전국에 걸쳐 수많은 동학 조직이 봉기하지 못했을 것이다. 그렇지만 일본군의 인질이 된 국왕과 일본 공사의 지침대로 움직이는 정부 대신들, 그리고 향촌사회의 지배층은 오히려 동학농민군을 제1의 적으로 생각했다.

조선 정부는 동학이 사교(邪敎)이며 동학농민군은 비적(匪賊)이라고 보고 용납하지 않았다. 척왜(斥倭)를 내세우고 봉기한 동학농민군을 경군 병대와 지방관아를 동원해서 탄압했다.[1] 경군 병영은 동학농민군을 진압하기 위해 출진했고, 향촌사회의 양반과 향리가 조직한 민보군도 동학농민군을 적대했다. 심지어 일본군에게 지원을 요청하면서 가혹하게 진압하였다. 동학농민군은 이들 모두와 싸웠지만 특히 재봉기 이후 군사 면에서 주적은 일본군이었다.

일본군은 조선의 정예군인 경군 병대와 차원이 다른 군대였다. 메이지유신 이후 조직한 근대식 군대인 일본군은 병력 규모와 병과 편제 그리고 제식무기에서 동학농민군을 압도하였다. 그뿐 아니라 군사 정보와 작전지도 등 군사작전에 필요한 지원도 갖췄고, 군량과 탄환 등을 보급하는 병참에서도 압도적이었다. 더 두드러진 것이 근대식 훈련과 오랜 복무를 통해 지휘관이 숙련되었고, 상관의 명령에 엄격히 복종하는 병사들이 있었다는 것이다.[2]

동학농민군 내부에도 일정한 규율과 질서가 존재했지만 그것은 동학교단의 포접 조직이 갖는 상하관계에서 나온 것이었다. 스승과 제자의 관계와 같이 교주와 대접주, 대접주와 접주, 그리고 접주와 도인(道人) 사이의 관계에서 비롯된 규율이었다. 무장봉기한 이후에는 신입 도인이 크게 늘어나서 규율에 의한 통제가 강화되었지만, 관군과 같이 군법을 적용하는 강력한 상명하복의 관계가 될 수는 없었다.

전국 여러 지역에서 봉기한 동학농민군이 전투를 한 방식을 단순하게 파악할 수는 없다. 동학농민군이 전투 관련 기록을 남긴 것은 거의 없고, 진압군이 작성한 기록은 동학농민군이 벌인 전투를 객관화해서 전해 주지 않고 있다. 어느 기록도 통계는 과장이 많아서 받아들이기 어렵다. 그렇지만 동학농민군의 전투 관련 기록에 주목할 만한 것이 없는 것은 아니다.

동학농민군은 관군이나 일본군과 마주쳤을 때 여건이 유리하면 적극 공격에 나서고 있다. 반대로 전세가 불리할 때 이를 극복하기 위해 적극 대응한 사례가 보이지 않는다. 무기의 열세가 그 원인으로 보인다. 또 아무리 수가 많아도 주변에서 총탄에 맞아 쓰러지는 동료가 있으면 다투어 피신하기 일쑤였다. 접주 등 군사 지도자로서 활동하던 사람들도 적절히 대처할 수 있는 경험을 하지 못했다. 그래서 대병력이라도 소수의 진압군에 밀려 궤멸되었고, 결국 사방으로 피신하다가 많은 사람들이 사살되거나 붙잡혀 처형당했다.

이 글은 1894년 영동·용산전투에 이르기까지 동학농민군 중에서 북접농민군의 주요 전투와 전투 방식을 살펴보기 위해서 작성하는 것이다. 1894년 가을 재봉기에 참여한 북접농민군이 용산전투 이전까지 벌였던 일련의 전투를 간략히 정리하고, 그 과정에서 드러나는 전투 방식을 검토하려고 한다. 보은 북실에서 붙잡힌 북접농민군의 파수꾼은 그때까지 벌인 전투가 17회였다고 말했는데 그것이 사실인지 확인할 필요가 있었다.

북접농민군의 수는 어느 전투에서도 진압군의 병력에 비해 월등히 많았으나, 대부분 일방적인 패배로 끝이 났다. 충청도 영동의 용산에서 벌어진 싸움에서는 승리할 수 있었다. 그러한 전투의 실상을 점검해 보는 것도 이 글을 쓰는 목적이 된다.[3]

2. 동학교단의 기포령과 북접농민군의 괴산전투

1) 기포령 이후 북접농민군의 봉기

동학농민군은 동학 조직에 농민들이 가세해 온 형태로 결성되었다. 남접농민군이든 북접농민군이든 동학 조직을 토대로 무장집단을 구성했지만,

봉기 과정과 지휘 체계에서 남접과 북접은 명확히 구분된다. 특히 1894년 가을 재봉기에서 남접농민군과 북접농민군의 주력은 비교되는 방식으로 활동을 펼치고 있다.

우선 기포령을 내린 최고지도자가 다르다. 남접에서는 1차봉기의 최고지도자인 전봉준이 재봉기를 결정했고, 북접에서는 동학 제2세 교주인 최시형이 기포령을 내려서 봉기시켰다.[4] 집결지도 남접은 전라도 삼례로 정했고, 북접은 충청도 보은으로 정했다. 1차봉기에서 총대장으로 추대된 전봉준이 남접농민군 주력의 최고지도자였고, 최시형이 동학 조직을 기포시킨 후 통령으로 선임한 손병희가 북접농민군 주력의 최고지도자였다.[5]

여기에서 주력은 각 집결지에 모여서 충청도 논산으로 행군하여 합세한 세력을 말한다. 이들 외에 각 지역에서 활동하던 세력이 있었다. 남접농민군이 모두 삼례에 집결한 것은 아니었다. 여러 권역에서 주요 대접주들이 독자 활동을 했다. 김개남 세력은 남원에 머물며 오지 않았고, 손화중은 무장 거점에 머물렀으며, 큰 세력을 가진 장흥의 이방언도 장흥 일대에 주둔해 있었다. 하동·순천·무안 등지의 남접농민군도 삼례까지 올 수 없었다. 북접농민군도 보은에 오지 않은 큰 세력이 있었다. 성두한은 여전히 청풍·제천에서 활약했고, 김복용은 목천 세성산에 있었으며, 충청도 서해안 내포의 여러 대접주도 현지에서 봉기하였다.

전봉준과 손병희는 다른 지역에서 활동하던 대접주와는 군사상 상하관계가 아니었다. 전봉준은 삼례에 집결한 남접농민군의 총대장이었고, 손병희는 공주로 출진한 북접농민군의 통령이었다. 이들이 각지에서 독자 활동하던 남접과 북접농민군을 일사불란하게 지휘 통제하지 않았던 것이다.

9월의 재봉기 과정을 보면 남접과 북접은 명확하게 구분된다. 남접은 북접보다 먼저 재봉기를 결정하였고, 북접농민군에게 합세하기를 요청하였

다. 남접 지도자 중에서 먼저 재봉기를 준비한 것은 남원에 주재한 김개남이었다.[6]

김개남은 6월 하순 남원 관아에 들어가서 총과 화약, 그리고 활 등 무기를 탈취하였고,[7] "대중은 한 번 흩어지면 다시 모이기 어렵다"면서 해산하지 않고 8월부터 재기포를 준비하였다.[8] 그러자 전봉준이 남원까지 찾아가서 김개남의 조기봉기를 반대하였고, 손화중도 남원을 찾아가 설득하였다. 호남의 동부 군현에 영향력을 갖고 있던 김개남은 독자적으로 봉기를 할 수는 없었다. 상황이 변하자 전봉준은 9월 10일(양10.8) 재봉기를 결정하였다. 일본군이 평양전투와 황해해전에서 승리한 후 조선 내부로 군사력을 돌릴 것으로 예상한 것이다. 전봉준의 결정은 전라도의 대부분 지역과 충청도 서남부 군현, 그리고 경상도 접경 군현의 조직에서 호응하였다.

일본군이 경복궁을 침범한 소식이 전해진 직후부터 전국에서 동학 조직이 봉기를 하려고 시도해 왔다. 경상도 예천과 강원도 강릉에서는 8월 말과 9월 초에 먼저 무장봉기하였다.[9] 이 지역에서는 양반과 향리가 결성한 민보군이 읍내를 지켜서 질서를 유지했지만, 이미 동학 조직은 각지에서 봉기를 준비하고 있었다.

9월에 들어오면 삼남 각지가 동학 세상으로 바뀐 것처럼 보였다. 9월 중순에는 경상도 남부에서 충청도를 거쳐 경기도 안성과 용인에 이르기까지 들에서 일하는 농민이거나 땔나무를 하는 나무꾼이거나 길을 가는 행인이거나 늘 동학 주문을 암송하고 다녔다고 한다.

최시형이 기포령을 내린 날은 9월 18일이었다. 기포령은 봉기 명령인 동시에 무장해서 집결지로 오라는 의미였다. 충청도와 경상도, 그리고 경기도 강원도·황해도의 동학 조직이 봉기하였다. 동학 조직의 봉기는 쉬운 일이 아니었다. 무기를 구해서 싸움터에 나가는 일이었기 때문이다. 더구나 적대할 상대가 청일전쟁에서 승리하던 일본군이었다.

지방관아가 동학도에게 무기를 탈취당하면 병사와 감사가 변란이 일어난 사실을 정부에 보고를 하였다. 정부는 해당 지방관을 파직하는 등 징계를 하였다. 이 때문에 지방관은 동학농민군의 읍내 출입을 경계하였다. 겨울로 접어들면 너무 많은 군현에서 무기와 세곡 그리고 광목 등 물자를 빼앗기자 그런 지방관을 모두 파직시킬 수도 없었다. 관치 질서가 무너질 우려 때문에 죄명을 지니고 그대로 근무하도록 하였다.

동학교단의 기포령에 호응한 지역은 남접 지역보다 넓었다. 충청도 대부분의 군현과 경기도, 그리고 경상도와 강원도의 동학 조직은 교단의 지시에 따라 기포하였다. 황해도도 늦게나마 봉기에 참여하였다.

정부는 광주와 수원, 그리고 안성과 죽산 등 경기도 군현의 봉기에 긴장하였다. 서울까지 곧 침범당할 것으로 우려했기 때문이었다. 유수부가 있는 수원이나 남한산성이 있는 광주도 봉기를 막을 관군이 없었다. 결국 도성에 있는 병영에서 군대를 보낼 수밖에 없었다. 죽산에는 장위영 부영관 이두황을 부사로 임명해서 장위병을 이끌고 가도록 했고, 안성에는 경리청 부영관 성하영을 군수로 보내서 경리병과 함께 부임하도록 했다.[10]

9월 하순 지평에서 결성한 맹영재의 민보군이 강원도 홍천과 경기도 군현을 다니면서 동학 조직을 기습하고 지도자를 붙잡아 처형하였다. 경기도 남부의 여주 일대까지 민보군을 이끌고 오게 되자 동학도들은 연고지에 남아 있을 수 없었다.[11] 경기도 여러 군현의 봉기 세력은 경군 병대와 민보군의 피해서 충청도 황산으로 내려갔다. 황산에는 충의대접주 손병희 예하의 동학 지도자인 이용구의 도소가 있었다.

황산에 모인 북접농민군은 경기도 남부 군현과 강원도 서부 군현, 그리고 충청도 북서부 군현에서 온 세력이었다. 사람이 늘어나자 무극 일대까지 나가 주둔하였다. 황산 집결군은 괴산을 거쳐 보은으로 향하면서 일본군과 조우해서 첫 전투를 벌였다. 그런 뒤에 괴산에서 1박하고 다음 날 청안과 미원 길을 선택해서 보은으로 내려갔다.

북접농민군의 집결지인 보은 장내리는 넓지 않았다. 남접농민군의 집결지인 삼례는 주변이 넓은 들판이라서 많은 사람들을 수용할 수 있었지만, 보은 장내리는 집결지 일대가 좁아서 분산시켜야 했다. 그래서 경기도 광주와 안성 등지에서 온 사람들은 영동의 서수원 등지로 이동시켰다.

집결지에 포접을 알리는 깃발을 각각 앞세우고 왔고, 이 깃발 아래서 같은 포접 소속이 집단으로 주둔하였다. 집결지에는 크고 작은 수많은 깃발이 있었다. 그리고 동학 주문을 함께 외우고 함께 수련을 했다. 새로 동학에 들어온 사람들도 주문을 암송하는 등 오래된 교도와 행동을 같이 했다. 보은과 영동의 집결지 활동은 무기와 식량을 확보하는 것이 중심이었다. 곧 겨울이 닥칠 것이기 때문에 동복을 구해서 여름옷을 갈아입는 준비도 병행하였다. 보은과 영동뿐 아니라 지역을 넓혀서 인근 군현까지 다니며 돈과 곡식을 강제로 헌납 받았다. 그 과정에서 부농과 지주들의 원성이 높아졌다. 동학 교주 최시형이 우려하는 바와 같이 '의거(義擧)'를 빙자하여 평민을 침탈'하는 사례가 빈발했기 때문이었다.

충청도 영동에서 주로 활동했던 영동포는 도의 경계를 넘어가서 경상도 김산과 지례까지 가서 재물을 탈취해 왔다. 경상도의 접경 군현들은 충청도 보은, 청산, 영동, 옥천, 황간 등지의 사정과 다름이 없었다. 관아에서 거둔 세곡을 포함해서 부농들이 소유한 곡식이나 돈을 가져가도 막을 세력이 없었다.[12] 여러 군현에서 피신하기에 급급했던 양반지주들은 동학도들을 화적과 같이 여겼다. 이런 반감 때문에 민보군을 결성하게 되자 이들이 적극 참여하게 된다.[13]

집결지에 오지 않은 동학도들은 연고지에 그대로 머물러서 활동을 했다. 장거리 원정길을 갈 수 없는 연로한 접주 등은 보호해 줄 사람들이 없었다. 관아에서는 그런 사정을 기찰하고 있었고, 진압군이 경내에 들어오면 포교를 함께 보내 동학 지도자들은 체포해서 처형하였다.

북접농민군 주력이 보은과 영동의 집결지에서 공주를 향해 출진할 때 지역수비군을 남겨 두었다. 충청도 동남부 군현의 방어를 맡은 지역수비군은 청주와 문의 그리고 옥천으로 내려온 일본군 후비보병 제19대대 중로분진대와 맞부딪쳐서 싸웠다.[14]

전봉준의 남접농민군과 손병희의 북접농민군은 논산에서 합세해서 공주성을 점거하기 위해 함께 싸웠다. 전봉준과 손병희는 관계는 상하가 아니라 협력관계였다.[15] 서로 협의해서 전투를 벌이게 된다. 북접농민군은 이인에서 봉황산을 올라가는 왼쪽 공격로를 맡았다. 남북접 연합농민군의 협력은 우금치에서 물러난 후 연산전투와 논산전투, 그리고 원평전투와 태인전투에 이르기까지 계속된다.[16]

2) 북접농민군의 첫 전투인 괴산전투(10월 6일)

충주 황산 집결군은 1차집결지인 황산 일대에서 머물러 있을 수가 없었다. 경기도 접경지역에 있는 황산은 서울에서 내려가는 길목에 위치하였다. 정부 관리들도 황산 상황을 파악하고 있었기 때문에 경군에게 목표로 삼도록 하였다. 경군 병대와 일본군 그리고 지평 민보군도 황산을 목표로 내려왔다. 이런 위험을 피하는 방법은 보은으로 이동하는 것이었다. 황산의 북접농민군 지도자들은 10월 초순 출진을 결정하였다.[17]

동학 기록은 황산의 지도자들을 "광주의 이종훈(李鍾勳)·염세환(廉世

煥)・황산의 이용구(李容九), 충주의 홍재길(洪在吉)・신재연(辛載淵), 안성의 임명준(任命準)・정경수(鄭璟洙), 양지의 고재당(高在堂), 여주의 홍병기(洪秉箕)・신수집(辛壽集), 원주의 임학선(林學善)・이화경(李和卿)・임순호(林淳灝), 이천의 김규석(金奎錫)・전일진(全日鎭)・이근풍(李根豊), 양근의 신재준(辛載俊), 지평의 김태열(金泰悅)・이재연(李在淵), 횡성의 윤면호(尹冕鎬), 홍천의 심상현(沈相賢)・오창섭(吳昌燮) 등이라고 하였다."[18]

이들 지도자들을 보면 황산 집결군의 출신지를 확인할 수 있다. 북접농민군 중에서 경기도 남부의 광주・안성・양지・여주・이천과 경기도 동부의 양근・지평, 그리고 강원도의 원주・횡성・홍천과 충청도의 충주・음성에서 온 사람들이었다.[19]

또한 황산에 오지 않았지만 긴밀히 연락하던 북접농민군 일대가 진천 구만리 일대에 주둔하고 있었다. 이들은 음죽 등 경기도 남부 군현에서 내려와서 진천 관아에 들어가 무기를 탈취한 사람들이었다.

두 집결지에서 많은 인원이 행군하기 때문에 미리 노선과 숙소 등을 확인해야 했다. 황산 집결군의 동향은 인근에 퍼져나가 괴산 관아도 그 사실을 알게 되었다. 괴산은 동학 지도자를 체포해서 처형했기 때문에 보복할 것으로 보고 두려워하고 있었다. 즉각 구원병을 요청하였다. 인근에서 구원병 파견이 가능한 곳은 청주의 충청 병영과 충주 가흥의 일본군 병참부였다.

충청 병영은 구원병을 보낼 여건이 아니었다. 9월 하순 벌어진 북접농민군의 청주성 공격을 막느라고 곤욕을 치렀다. 오히려 청주를 구원하러 경군 각 병영과 일본군이 순무영의 독촉을 받으면서 오는 중이었다. 그 와중에 감영에 파견한 진남병 100명 중 72명이 대전평에서 몰살당해서 크게 사기가 떨어져 있었다. 충청 병사 이장회(李長會)는 순무영에 "정병(精兵) 1,000명과 양총(洋銃) 100자루, 탄환 몇 만개, 대포 몇 문"을 보내달라고 긴급 요청하

던 때였다.[20]

이때 일본군 가흥 병참부도 화급한 상태였다. 청풍의 성두한 대접주가 9월 29일(양10.27) 안보병참부를 화공해서 불살라 군용전신을 끊어버렸기 때문이다.[21] 이 사태는 청일전쟁 시기에 일본군이 배후에서 공격당한 가장 큰 사건이었다. 가흥 병참부 주둔병은 청풍·제천·단양의 동학 근거지인 서창을 기습하는 한편 충주 일대를 수색하고 있었다. 서울에 있던 후비보병 제6연대 지원병력도 제2대대장 이이모리 노리마사(飯森則正) 소좌의 지휘 아래 가흥에 도착하였다.

괴산에서 구원 요청이 오자 가흥 병참부에서는 즉각 후비보병 제6연대 소속인 하라다 츠네하치(原田常八) 소위의 병력 27명을 보냈다. 이 수는 황산 집결군에 비해 지나치게 적은 것처럼 보이지만 그 위력은 농민으로 구성된 북접농민군과 비교할 수 없었다. 당시 외무대신 운양 김윤식(金允植)은 충청감사 박제순(朴齊純)에게 보낸 편지에서 그 격차를 다음과 같이 말하고 있다.[22]

대개 비도(匪徒)는 무리를 모아 기세를 이루지만 그 실상은 맹랑하여 빈손의 적에 불과하고, 오합지졸처럼 비록 많더라도 어찌 두려워할 것이 있겠습니까? 양창(洋槍)을 얻더라도 사용하는 데에 익숙하지 않고, 또한 탄알이 없으면 도리어 토총(土銃)만 못합니다. 토총은 볼품없는 기계인데, 어찌 서양 총을 대적하겠습니까? 그래서 일본군 1명이 비도 수천 명을 상대할 수 있고, 경병(京兵) 10명이 비도 수백 명을 상대할 수 있습니다. 이것은 다른 것이 아니라 기계가 예리한지의 여부에 달려 있습니다. … 일본군이 10명이면 비도 수만 명을 감당할 수 있습니다. 이것은 당연한 형세입니다. 근래에 괴산(槐山)의 일본군이 비도와 마주쳤는데, 중과부적이어서 몇 사람이 죽거나 다쳤다고 들었습니다. 이 비도는 아직도 제법 강성하기 때문입니다. 그 밖에는 1~2명이 쓰러지는 것을 보면 모두 두려워서 흩어집니다.

일본군의 양창(洋槍), 즉 후장식 신식 소총은 수천 명을 상대하는 예리한 무기이고, 이에 비해 토총(土銃), 즉 전장식 화승총은 볼품없는 무기라고 하였다. 비록 북접농민군이 신식 소총을 얻는다고 하더라도 익숙지 않고 탄알을 갖지 못하면 쓸모가 없다고 하였다. 정곡을 찌르는 말이었다.

외무대신 김윤식은 여기서 괴산전투를 언급하였다. 괴산에서 일본군 "몇 사람이 죽거나 다쳤다"는데 그 까닭은 중과부적이면서 황산 집결군이 '제법 강성'했던 때문이라고 하였다. 이것은 지방관의 보고문이나 일본군의 조사 내용을 알고 한 말이었을 것이다.

북접농민군 수만 명을 감당할 수 있다는 일본군 27명이 괴산전투에서 패배한 것은 드문 사건이었다. 괴산전투는 이 때문에 주목해 보아야 한다. 우선 황산 집결군은 출진하기 전에 행군 계획을 세워 놓았다. 첫 경유지가 괴산이었다. 행군에 필요한 휴식과 숙박 그리고 음식 공급이 가능한 장터와 민가가 있었기 때문이다. 또한 읍내 관아에서 무기와 식량을 탈취하면서 동학 접주를 처형했던 관속들을 징치하려는 목적도 있었다.

하라다 소위 일행이 10월 5일 저녁 7시 30분에 괴산에 도착하여 동정을 살폈으나 아무런 일도 일어나지 않았다. 그래서 관아에서 숙박을 하고 다음 날인 10월 6일 아침 일본군 2명에게 조선 옷을 입혀서 정탐을 보냈다. 그 사정이 일본군 보고서에 자세하게 나와 있다.[23]

11월 2일(음력 10월 5일) 괴산 지방에 동학당이 봉기해서 괴산군수를 공격하려 한다는 보고가 있었다. 그러므로 같은 날 오전 10시 4분 충주를 출발, 오후 7시 30분 괴산에 도착하여 그곳의 정세를 탐색했더니 그날 밤은 이렇다 할 만한 일이 없었다. 다음 날 3일 오전 8시부터 일등군조 타지마 타케오미(田島武臣)·상등병 우사미 규지로(宇佐美久次郎) 2명에게 조선인 복장을 시켜 척후병으로 당동(唐洞)쪽에 가게 했더니, 괴산으로부터 15리 인 곳에서 적을 만났다고 급보해 왔다. 그래서 하라다 소위가 부하 병졸을 이끌고 그곳으로 출장, 장교 이하 27명을 둘로 나누어 하나는 하라다 소위가 지휘하여 정면을 맡고, 또 하나는 타지마 군조가 지휘하여 좌측을 우회하여 중간부를 쳤다. 적 진영은 흩어져 갈피를 잡을 수 없게 되었다. 쌍방이 모두 좋은 성과를 올렸지만 아무래도 동학도의 인원이 3만 정도나 되어 도저히 지탱할 수 없었다. 특히 우리의 탄약이 금방 고갈되려 하므로, 노획한 물품에 불을 지르고 일시 괴산으로 철수하려 하였다. 그러나 동학도가 전투를 벌임과 동시에 샛길로 괴산에 들어와 불을 질러 연기와 불길이 충천하였다. 적은 무리가 많은 것을 의지하여 괴산을 지키고 우리 부대는 사면을 적에게 둘러싸였지만 한쪽의 혈로를 열어 같은 날 4일 오후 3시 15분 충주까지 철수하였다.

정탐병은 황산에서 오는 대열을 보고 하라다 소위에게 알렸다. 괴산 어귀 애재로 급히 나간 일본군은 황산 집결군을 정면 공격하였다. 하라다 소위는 타지마(田島) 군조에게 병력 일부를 주고 좌측에서 행렬 중간을 치도록 했다. 하지만 이것은 실책이었다. 탄환까지 떨어진 상태에서 무려 '3만 명'의 공격을 분산된 소수 병력이 감당할 수 없었다.

황급히 괴산 읍내로 돌아가려고 했지만 이것도 불가능하였다. 황산 집결군은 청천의 북접농민군과도 협의해 놓았다. 청천에는 청주성 공격에서 돌아온 북접농민군이 '충청좌도 청천대회소(忠淸左道 靑川大會所)'[24]에 집결해 있었다. 이 세력이 진천에서 남하해 온 북접농민군을 선도하여 애재에서 전투가 한창일 때 괴산 읍내로 들어온 것이다. 청안 현감은 그 사실을 다음과 같이 충청 병사 이장회에게 보고하였다.[25]

10월 6일 동도(東徒) 5천~6천 명이 진천에서 청안현 북면 명암(鳴巖)을 거쳐 괴산 경계로 향했습니다. 그래서 일이 매우 놀랍고, 군관을 따로 정하여 몰래 탐지하였더니, 저들 무리가 곧바로 청안현에 이르렀고, 또한 충주 무극리에 모인 무리들이 밤을 이용하여 길을 나누어 힘을 합쳐 사는 곳을 둘러쌌습니다. 죽인 것이 매우 많고, 물화(物貨)와 소와 말을 모두 빼앗아 갔고, 10월 7일에 관청 건물과 민가에 불을 질러 모두 태우고 이어서 청주 청천면(靑川面)으로 향했습니다.

괴산군수는 관속과 읍민을 동원해서 읍내를 지키려고 했지만 막을 수가 없었다. 그 사실을 보고한 내용은 다음과 같다.[26]

온 경내의 사람을 모아서 교졸과 노비를 단속하여 연일 엄히 경계하여 갑자기 생기는 변고에 대비하였습니다. 그랬더니 10월 초 6일에 이르러 동도배 수만 명이 양쪽 길로 나누어 경내에 어지럽게 들어왔습니다. 때마침 일본 병사 25인이 지나가고 있었는데 북쪽에서 온 동도들은 일본 병사를 보고 대적하였고, 남쪽에서 온 동도들은 읍의 사람들이 나와 대적하니 적은 많고 읍민은 적어 대적이 되지 않았습니다. 남쪽에서 싸움이 불리하고 북쪽에서도 또한 패하여 일본 병사 1명이 죽고 읍의 관속 및 읍민 중에 죽은 자가 11명이 됩니다. 창에 맞고 총에 맞은 중상자는 30여 명이며, 읍내 5개 동의 민가가 불에 탔는데 탄 집들은 모두 500여 호였습니다. 관아

각 건물도 모두 부서지고 객사만 우뚝 혼자 남았습니다. 무기 · 집기 · 문서 등이 모두 불에 탔고, 환곡 40석 · 공전 8천여 금(金)을 잃었습니다.

괴산전투에서 일본군 1명이 죽었고, 하라다 소위를 비롯 모두 4명이 부상당했다. 황산 집결군의 희생자도 매우 많았다. 괴산전투의 상황을 조사하기 위해 온 일본군 후비보병 제6연대 6중대장 야마무라 타다마사(山村忠正) 대위는 100여 명이 죽었다고 조사하였고, 하라다 소위는 200명이 죽었다고 하였다. 일본군은 상등병 사코 요시고로(酒向芳五郎) 1명이 죽고, 하라다 소위를 포함한 4명이 부상했는데 모두 경상이라고 했다.[27]

괴산전투는 행군 중 피할 수 없는 상황 속에서 벌어진 전투였다. 북접농민군에게 일본군은 적대하기 어려운 상대였던 것이 야마무라 대위의 보고에 들어 있다. 괴산에서 체포한 동학 지도자가 북접농민군은 "일본군이 없는 곳을 찾아서 지나간다."면서 "뜻밖에 조우하거나 부득이 장애가 될 경우에 1대 100명꼴로 싸운다."고 증언하였다.[28] 일본 세력을 축출하기 위해 봉기한 북접농민군이 일본군과 직접 싸우는 것을 회피했다는 말이었다. 처음부터 무기와 훈련에서 우월했던 일본군을 두렵게 보고 있었고, 그것은 전투 방식에서도 나타날 수밖에 없었다.

3. 남북접농민군이 함께 싸운 협력 전투

황산 집결군은 10월 9일 장내리로 가서 보은에 모인 북접농민군과 합류를 하였다. 보은에는 교주 최시형의 기포령에 따라 충청도 동남부와 경상도에서 모여든 사람들이 집결해 있었다.

전봉준이 전주 북쪽의 삼례에 남접농민군을 집결시킨 것은 시기로 보아

늦었다. 그 원인을 전봉준은 "자신이 병이 있었고, 또 많은 사람을 일시 움직이는 것이 불가능했으며, 추수하기를 기다렸기 때문"이라고 하였다.[29] 그러나 삼례에서도 판단이 늦어 10월 12일에 북상하였다. 논산에 와서도 머뭇거렸다. 재봉기를 결정했으면 신속히 공주에 입성해야 했으나 그렇게 하지 않았다. 더구나 공주로 가겠다고 사방에 알리고 있었다.

최시형은 손병희를 교단이 집결시킨 북접농민군의 통령으로 임명하고 출진하도록 했다. 괴산전투를 경험한 황산 집결군의 지도자들이 요직을 담당하였다. 선봉은 정경수, 좌익은 이종훈, 우익은 이용구, 후진은 전규석이 맡았던 것이다.

충청감사 박제순은 전력을 기울여 공주성을 지키려고 했다. 정부에 구원병을 화급히 요청해서 남하하는 경군 병대를 모두 공주로 직행하게 하였다. 일본 공사에게도 간청하여 일본군이 공주에 와서 지켜주도록 하였다.[30]

전봉준이 성공한 것은 동학교단과 협의해서 북접농민군과 논산에서 합류한 것뿐이었다. 그 의미는 작은 것이 아니었다. 1894년의 2차봉기에서 가장 큰 사건이 바로 남접농민군과 북접농민군이 공주 공방전에서 함께 싸운 것이었다. 충청감사 박제순의 필사적인 노력으로 경군 경리청과 통위영 병대가 공주성 방어에 합류하였다. 일본군 스즈키 아키라(鈴木彰) 소위의 100명이 와서 이인전투에 가세했다가 후비보병 제19대대의 서로분진대와 교대하였다. 남북접농민군은 이들이 방어진을 편 우금치 일대의 고지를 바라보고 공격전을 감행해야 했다.

1) 공주공방전

1894년에 벌어진 최대의 전투는 공주공방전이었다. 공주공방전은 모두 4

차에 걸친 전투를 말하는 것이다. 북접농민군이 싸웠던 대교전투와 이인전투, 그리고 남접농민군과 함께 공격해서 벌어진 효포전투가 포함된다. 우금치전투는 남북접농민군이 벌인 가장 큰 전투이면서 1894년 일본군과 경군 병대를 상대로 싸운 최대의 전투였다.[31]

(1) 평지와 야산에서 싸운 북접농민군의 대교전투(10월 23일)

대교전투는 평지에서 벌어졌다. 보은과 영동 일대에서 출진 준비를 하던 북접농민군 일대가 10월 23일 옥천을 거쳐 공주로 가서 장척면 대교마을로 들어왔다. 대교는 공주에서 연기로 가는 길목에 있는 큰 마을이었다. 옥천에서 서북쪽으로 돌아 더 먼 길을 간 것은 협공 계책 때문이었다. 북접농민군이 북문에서 매복하면 전봉준이 남쪽에서 공격하겠다고 전해왔다고 했다.

이 시도는 실패하였다. "동네 뒤의 작은 산기슭 숲에 의지하여 진을 친 사람들이 수천 명이었으며, 넓은 들판에 깃발을 꽂고 둘러 있는 사람이 족히 수만 명"[32]이었다. 그 정보가 퍼져나가지 않을 수 없었다. 효포를 지키던 경리청 부영관 겸 안성군수 홍운섭에게 그 정보가 전해졌다. 그래서 대교를 기습하기로 결정하고 병정 304명을 이끌고 효포를 떠나 한밤에 금강을 건넜다.[33]

이때 경군이 보유했던 무기는 독일제 모젤 등 신식 소총이었다. 화승총과 비교할 수 없는 무기로 무장한 경리병이 공격하자 북접농민군 '수천 명'이 대적하기는 어려웠다. 홍운섭은 "몰래 배후에서 먼저 숲에 있는 적들을 습격하고 조금 뒤에 총을 쏘면서 산을 내려가 넓은 들판의 적들과 서로 마주쳤다."

대교마을에서 남북으로 펼쳐진 야산은 그리 높지 않았다. 이 숲과 산기슭을 빼앗으려고 북접농민군과 경리병이 서로 사격을 하면서 반나절을 대치하였다. 결국 대교의 북접농민군은 화력에 밀렸다. 그리하여 산을 넘고 고개를 넘어 급히 후퇴하지 않을 수 없었다.[34]

북접농민군은 옥천포(沃川包)와 영옥포(永沃包)로 알려졌다. 대교에 포진했던 병력 규모를 보면 옥천포와 함께 북접농민군 주력 일대가 온 것으로 보인다. 경기도에서 합류한 세력도 함께 싸웠다는 기록도 있다.[35] 옥천과 영동을 거점으로 활동하던 동학 조직이 옥천포와 영옥포 깃발을 가지고 선발대로 와서 대교 전면에 배치되었던 것이다.

북접농민군은 대교전투에서 중요한 교훈을 얻게 된다. 높지 않은 야산과 평지에서 맞서 싸우면 전세가 불리하게 전개된다는 것이다. 경리병이 배후 기습을 하는 것도 막지 못했다. 훈련을 받지 않고 화승총과 같은 무기를 가진 북접농민군은 그 수가 수십 배나 많았지만 경리병과 대등하게 전투를 벌이지 못하였다.

대교에 살던 한 유생은 "안성군수 홍운섭이 300명의 경병을 거느리고 수촌에서 대교를 향하여 동비를 공격하였다. 수십 발의 총성에 불과했지만 물고기나 새처럼 놀란 동비는 일시에 해산하였다."[36]고 기록하였다.

(2) 삼면 공격을 받은 북접농민군의 이인전투(10월 23일)

논산에서 합류한 남북접농민군은 '수만 명'에 달하는 호대한 군세였다. 대교전투가 벌어졌을 때 이인에서도 전투가 벌어졌다. 이 전투는 일본군과 경군 경리병이 방어를 위해 전진 배치하면서 충돌한 전투였다.

공주의 남쪽은 높은 산들로 막혀 있고, 동쪽은 멀리 금강이 흐르고 있다. 고개를 넘는 중간 지름길이 우금치(牛禁峙)인데 이 길이 주공(主攻) 방향이 되었다. 남접농민군과 북접농민군은 공격로를 분담하면서 이인에서 공주의 서쪽 고지인 봉황산을 오르는 공격로는 북접농민군이 맡았다.

공주공방전의 세 차례 전투 중 이인전투가 먼저 10월 23일에 시작되었다.[37] 충청감사 박제순은 군령을 내려 방어군을 전진 배치하였다. 서산군수 성하영이 이끄는 304명의 경리청 병정과 참모관 구완희가 이끌던 4개 소대의 감영군,[38] 그리고 당시 공주에 와 있던 스즈키 소위의 일본군 병력 100명 등 600여 명이 이인으로 나갔다.[39]

이인의 북접농민군은 적어도 1만 명 이상의 병력이었다. 포접을 알리는 깃발을 수풀과 같이 꽂아 놓고 이인 남쪽의 야산 옥녀봉에 가득 모여 있었다. 오전 8시경 경리병과 일본군이 공격해 오자 회선포를 쏘면서 대항하였다.

경리병과 일본군 그리고 감영군은 삼면에서 협공하였다. 성하영의 경리병은 야산의 남쪽 기슭을 에워싸고 총을 쏘았고, 스즈키의 일본군은 북쪽으로 올라가 숲에 들어가 총을 쏘며 서로 호응하였다. 구완희(具完喜)의 감영군은 남월촌에 있던 북접농민군을 물리치고 큰길을 따라 들어왔다.

북접농민군은 '수십 명'이 쓰러지자 후퇴해서 취병산으로 올라가 방어진을 펴고 24일까지 이틀간 싸웠다. 전투 시에 일본군이 앞에 섰고, 경리병이 중간에 있었으며, 감영병은 후방에 위치하였다.[40] 이인역에는 각종 무기가 쌓여 있었다. 경리병이 대포 2좌, 탄약, 깃발 등을 노획하였는데 대포에는 포탄이 없었고, 쏘아 보니 소리만 크게 났다. 이 대포 소리를 들은 충청감사 박제순이 군호를 보내 이인의 경리병과 감영병을 불러들였다.[41] 서울 용산으로 돌아가려고 했던 일본군도 따라서 들어왔다.

그 기회에 북접농민군은 공주 방향으로 전진해 와서 작은 봉우리 두 개를 차지하고 공주성을 공격할 거점을 마련할 수 있었다.[42] 이인전투에서 북접농민군은 처음으로 신식 무기를 가진 600여 병력의 공격을 받고 후퇴해야 했다. 이에 대응하는 방법은 고지에 올라가 총을 쏘는 것이었다. 강력한 적을 상대하려면 고지를 선점해서 방어해야 한다는 것을 체득하였다.

전투가 이어지면서 경군 병대도 탄약이 떨어지는 문제가 발생하였다. 경군 병영이 보유했던 소총은 영국의 마티니 헨리와 스나이더 소총, 그리고 독일의 모젤 등이었다. 제식 소총의 장점을 모르고 다양하게 사들인 결과였다. 이런 무기를 일본군이 경군 병영과 경복궁을 점거한 6월 21일 모두 빼앗아갔다. 경군 병대가 그 일부를 돌려받았지만 일본군이 탄약 보급으로 경군을 제어해 왔다. 몇 차례 전투에서 경군이 탄약을 거의 소모하자 일본군이 급해졌다. 경군 병대를 보조병력으로 활용하기 어렵게 된 것이다. 그래서 일본군 용산 병영에 빼앗아 놓은 소총 탄약을 급히 반환하자는 협의가 나오고 있었다.[43]

이때 논의한 탄약은 모젤소총 탄약 3만 발이었다. 당시 청국군이 주력 소총으로 사용한 모젤소총 1871 모델은 길이 1.35m, 무게 4.5kg, 최대 사거리 1.6km, 유효 사거리는 440m였다. 북접농민군은 일부가 정부군에게 탈취한 신식 소총을 갖고 있었지만 탄약이 없었기 때문에 무용지물이었고, '수천 명' 중 '몇 백 명'이 화승총을 갖고 싸웠고, 천보총도 매우 드물었다. 대부분 칼이나 창을 들고 싸웠거나 또는 빈손으로 같이 다녔을 뿐이었다.

이러한 무기 차이를 보면 대등한 전투는 불가능하였다. 맞부딪치면 북접농민군은 피신하는 것이 상책이었고, 죽지 않으려면 높은 산으로 올라가서 피해야 했다. 북접농민군이 취병산으로 올라간 것은 대응할 수 있는 유일한 방식이었고, 경험을 통해 나온 생존방식이기도 했다.

(3) 고지를 오르며 공격했던 효포전투(10월 24, 25일)

10월 23일 밤 경천에 도착한 지도부가 공격을 결정하였다. 10월 24일 남북접농민군이 진군한 방향은 효포였다.[44] 방어를 책임진 홍운섭의 경리병이 금강을 건너가서 "효포에 수비하는 관군이 없는 것을 알고 무인지경에 들어오는 듯하였다."

공주의 동쪽으로는 경천에서 금강까지 혈저천이 흐른다. 혈저천 주위로는 비교적 넓은 경작지가 펼쳐져 있다. 효포를 지나면 금강으로 바로 갈 수 있고, 월성산을 돌아가면 산길로 금학동을 통해 감영으로 갈 수 있다. 이 길로 대규모 행군 대열이 접근해 오자 공주 남쪽의 고지대에 배치된 방어군이 공세를 취했다.

> 성하영이 대관 윤영성(尹永成) 및 백낙완(白樂浣)과 더불어 효포 뒤쪽 고개에 즉시 올라가 높은 봉우리를 나누어 거점으로 삼고 아래를 향하여 총을 쏘니 적병의 예봉이 조금 꺾여 진격하려다가 곧 물러났다.[45]

저지대로 진군해 오던 남북접농민군이 효포와 새터 사이의 병목과 같은 길에서 막혀서 돌아갔다. 경천 일대에 다시 모인 남북접농민군은 추위를 피해 모닥불을 피웠고, 사방을 밝히기 위해 횃불을 켰다. 우금치에서 경천 일대가 잘 보였다. 그래서 "이날 저녁 적병의 요새에 보이는 불빛이 수십 리를 서로 비추고 있으며 인산인해로 거의 갠지스강(恒河)의 모래알처럼 많아 헤아릴 수 없었다."고 했다.

24일 저녁 공주성에는 증원병이 잇달아 입성하였다. 경군 각 부대를 총지휘하는 선봉 이규태가 영관과 대관 등 8명과 함께 통위병 284명, 그리고 치중병 등 지원병 128명을 거느리고 도착하였다. 그뿐 아니었다. "선봉이 강을 건널 적에 나루 앞머리에서 주둔하던 일본군 대위 모리오(森尾) 역시 100여 명을 거느리고 본부에 도착하여 머물렀다."

일본군 후비보병 제19대대 서로분진대가 공주성에 들어온 것이다. 1개중대 중 지대 1개분대는 승전곡에서 밀려난 뒤 홍주에 들어가서 민보군과 함께 성을 지키고 있었다. 스즈키 소위가 지휘한 일본군은 서로분진대와 임무를 교대하고 서울로 돌아갔다.

25일 이른 아침에 일본군 서로분진대도 남쪽 고지인 능치에 올라가서 지켰다. 남북접농민군의 공격이 다시 시작되었다. 남쪽 길로 곧장 올라오는 공격군은 "마치 파도가 몰아치는 듯한 형세였다. 일본병사와 관군이 동시에 연달아 총을 쏘니 총소리가 산과 골짜기를 흔들었다. 혈전을 벌인 지 몇 시간 만에 사상자가 매우 많이 발생하였다." "퇴각할 적에 총소리를 연이어 울리면서 전투를 벌이려는 형세인 듯이 하다가 적병의 우두머리가 수습하면서 산으로 올라갔다."

효포전투부터 경군과 감영군 등의 지휘는 후비보병 제19대대의 2중대장 모리오 대위가 장악했다. 충청감사 박제순은 군령을 내리지 못했고, 선봉 이규태도 주도권을 갖지 못했다. 모리오 대위의 전투보고서는 일본군 제2중대의 1개 소대와 2개 분대가 조선군 810명과 함께 방어를 했다고 기록하고 있다.[46]

효포전투에 관해 상당히 중요한 사실을 『동학사』가 전해주고 있다. 호남·호서·경기·강원·영남 등 각지에서 온 세력이 북으로 행진했다고 하였다. 그리고 왼쪽에서는 이인, 오른쪽에선 노성을 거쳐 무넘이고개를 넘어서 효포로 들어섰다고 하면서, 논산에서 공주까지 들어가는 두 행군로는 산과 들이 사람천지였다고 표현하였다.[47] 효포전투는 총공격의 성격을 갖고 있었다. 이인에서 봉황산까지, 그리고 노성에서 효포까지 진격을 했는데 주공격 지점이 효포였다는 것이다.

동쪽 공격은 주로 남접농민군이 맡았고, 봉황산 공격은 북접농민군이 담당하였다.[48] 대규모 공세가 펼쳐졌지만 2차 효포전투는 하루 만에 종료되었다. 남북접농민군이 많은 희생을 내고 물러난 것이었다. 그리고 후퇴해서 시야산 등성이에서 모였다가 후퇴하여 경천에서 재집결하였다.

효포전투의 주전장은 우금치와 효포 사이의 긴 산줄기였다. 낮은 등성이를 타고 오르면서 고지를 공격하다가 수많은 남북접농민군이 총에 맞아 죽었다. 일본군이 일제 사격하고 경군 병대와 감영군이 반격을 하자 많은 희생자가 발생하였다. 결국 물러날 수밖에 없었다. 효포전투는 남북접농민군이 죽고 죽어도 공격을 계속했던 중요한 전투였다. 한두 명이 쓰러지면 모두 도피하는 모습은 보이지 않았다.

(4) 고지대를 올라가며 공격한 최대의 전투인 우금치전투(11월 8일, 9일)

효포전투에서 남북접농민군은 큰 피해를 입고 노성(魯城)과 논산(論山)의 초포(草浦) 등지에 집결하였다.[49] 일본군과 경군, 그리고 감영군은 11월 3일부터 군사를 셋으로 나누어 "각기 판치, 이인, 감영에 주둔하였다." 선봉 이규태는 "병사를 뽑아 늘어세워 요충지를 지키게 하고, 동쪽으로 판치에서 서쪽으로 봉황산 아래에 이르기까지 촘촘하게 병사를 매복하였다."[50]고 했다. 판치는 경천에서 효포로 오는 길목이고, 우금치는 공주성으로 들어가는 중앙 길이었다.

봉황산은 감영과 바로 이어진 산이다. 남쪽으로는 이인에서 올라오면서 봉황산을 지나 북쪽 기슭을 돌면 감영으로 들어가는 하고개가 나온다. 하고개는 금강 곰나루를 건너 공주성에 들어갈 때도 넘어가야 하는 길이었다.

남북접농민군은 11월 8일 총공격을 개시하였다. 서쪽 공격로를 맡은 북접농민군이 먼저 공격하였다. 경리병을 이끌고 이인에 나가 있던 성하영이 공세를 받았다. "이인에 주둔하던 군사가 미처 회진(回陣)하기 전에 적병에게 포위를 당하였다. 이인의 지세가 삼면이 모두 산으로 둘러싸여 있고 한 방면만이 적병에게 열려 있었다. 산 뒤쪽으로 오른 후에 일시에 불을 피우도록 약속하여 순식간에 하나의 화성(火城)이 되었다."[51]

이 공격의 목표는 우금치였다. 남북접농민군은 "우금치에 엄한 방비가 있음을 알고 또 돌아서 주봉(周峰)을 향하였다. 견준봉에 주둔하였던 군사가 공격하자 주봉에 주둔한 군사들이 총을 쏘면서 호응하여 마침내 우금치에서 전투가 벌어졌다." 우금치 일대에서 가장 높은 견준봉은 일본군이 지키고 있었다. 공격은 거세게 이어졌다. 저지대에서 산을 보고 올라가는 남북접농민군은 잇달아 쓰러졌다. 그래도 우금치 고개의 양쪽 산등성이에는 줄기차게 올라가는 남북접농민군이 이어졌다.

마침내 일본인 군관이 군사를 나누어 우금치와 견준봉 사이에 이르러 산허리에서 나열하여 일시에 총을 발사하고 다시 산속으로 은신하였다. 적병이 고개를 넘으려고 하자 또 산허리에 올라 일제히 발사하였는데 4, 50차례를 이와 같이 하였다. 시체가 쌓여 산에 가득하였다.

우금치전투는 처절한 전투였다. 수많은 시체를 보면서 우금치를 향해 오르고 또 오르며 공격했다. 일본군이 무려 40에서 50차례까지 일제 사격을 해야 할 만큼 고지를 향해 올라갔다. 물러났다가 오르기를 반복하다가 조금 먼 곳의 언덕에서 총탄을 피하였다. 그러자 관군이 다가와서 조준사격을 해서 쓰러뜨렸다. 그것이 11월 8일의 전투였다.

적병이 또 물러나면서 마주보던 조금 먼 언덕 위를 근거로 삼아 산허리에서 날아오는 탄환을 피하였다. 관군 수십 명이 마침내 산에서 내려와서 작은 언덕으로 엄폐물을 삼고 잠복하면서 총포를 발사하여 고개를 마주 대하는 적병을 향하여 하나씩 명중시켰다. 적병은 나아가 공격하려 하였지만, 산허리에 발사될 탄환이 두려워 마침내 성채를 버리고 달아났다. 관군이 큰 소리를 지르며 추격하여 대포와 무기, 깃발 60개를 수거하였다. 일본 대위가 경리청 군사 50인과 함께 십 수리를 추격하였지만 적병은 이미 멀리 달아났다.

11월 9일 남북접농민군이 다시 진격해 왔다. 그 기세에 망을 보는 사람들이 기가 꺾였다. 이인에서 성하영이 급보를 보냈다. "비류 몇 만 명이 논산에서 고개를 넘어 공격해 오고, 또 몇 만 명이 오실(梧室)의 산길을 따라 뒤를 끊고 포위하고 있습니다." 판치에서도 "효포·능치를 방수(防守)한 뒤부터 비도들이 산과 들에 가득하여 기세가 매우 대단합니다."라고 보고하였다. 결국 남북접농민군의 기세에 밀려 이인과 판치 등지의 방어군은 우금치로 후퇴하였다. 선봉 이규태가 도순무영에 올린 보고에 당시 광경을 상세히 표현하였다.

비도 몇 만 명이 혹은 정천점(定川店)에서 곧바로 올라오거나 혹은 노성현 뒤 봉우리에서 산으로 올라와서 에워싸는데 포성이 진동하고 깃발이 어지럽게 섞여서 함성을 지르며 일제히 전진하여 오는데, 이러한 병력으로는 당해 내기가 어려웠습니다. 그 때문에 편의에 따라 효포·웅치 등의 길이 좁고 험하고 높은 봉우리로 나가서 진을 치고 각별히 명령하여 지키고 망을 보게 하였습니다.

9일 새벽에 적도들이 갖가지 깃발을 두루 꽂아놓고 동쪽 판치에서 봉황산 뒤 기슭까지 3~40리를 산위에 진을 펼치니, 그 기세가 매우 사납고 세찼습니다. 또 한 무리의 비도들이 10리 정도 떨어져 서로 바라보이는 높은 봉우리에 진을 치고 있는데, 포를 쏘고 고함을 지르며 항상 침범할 기세를 갖췄습니다.

우금치가 주전장이 되었다. 일본군은 남접농민군이 진용을 약 2만 명으로 추산했고, 북접농민군은 약 1만 명으로 보았다.[52] 전투가 시작되었다.

남북접농민군은 "종일 출몰하면서 조금이라도 소홀히 하면 올라와서 시험해 보고, 총을 쏘면 몸을 섬광과도 같이 번쩍 피하였다." "특히 우금치 서쪽과 남쪽 양쪽 가의 무리가 고함을 지르고 어지럽게 소란을 피웠다."

우금치의 정상 부근에 일본군이 모두 올라가 일렬로 벌리고 있었다. 그러다가 일제사격을 하였는데 수십 차례 총을 쏘아댔다. 그래도 동학농민군은 "깃발을 흔들고 북을 치며 죽을 각오로 먼저 산에 올라오려고 했다." 수많은 희생자가 나왔다. 남북접농민군이 많이 쓰러져서 사기가 떨어져서 더 가까이 올라오지 못했지만 여전히 그 수는 많았고 일본군과 경병 그리고 감영병은 소수였다. 오후 2시에 이르기까지 물러서지 않고 대치하였다.

우금치전투는 일방적인 전투였다. 남북접농민군은 나뭇잎이 다 떨어져 가릴 곳 없는 한겨울에 완전히 노출된 상태에서 우금치로 올라갔다. 일본군과 경군 병대는 고지 위에 매복하고 위장병까지 배치하였고, 접근해 오면 일제히 반격하였다.

북접농민군이 맡은 서쪽은 봉황산까지 접근하였다. 봉황산만 넘으면 감영에 이를 수 있었다. 이 상황은 다음과 같이 기록되었다.[53] "마침내 나아가 봉황산에 이르러 경병과 일병에게 산 위에서 총을 쏘고 교도들은 죽음을 무릅쓰고 전진하여 양군이 육박 혈전을 10여 합을 하였다."

공격을 하던 남북접농민군이 주춤해지면서 곧 반격이 가해졌다. 경군이 등성이를 내려가며 접근전을 펼쳐 높은 봉우리를 점거해서 "군기와 대포 등의 물건과 잡기(雜旗) 60~70개를 탈취하였다." 그러자 사기가 꺾인 채로 일시에 무너져 흩어졌다. 일본군도 추격에 나섰다. 북접농민군이 공격하던 봉황산에서도 밀리게 되었다. 공주 영장을 비롯해서 감영의 관속과 감영군은 봉황산 뒷 기슭의 원봉(圓峰)을 방어하다가 오른쪽으로 추격하였다.

선봉 이규태는 공주 지형이 방어에 적합한 곳이라고 기록하였다. "공주 감영은 큰 강물이 서북쪽에 가로질러 흐르고 산성이 동남쪽 험준한 곳에 의거하고 있어서, 단지 두서너 통로만 있기 때문에 비록 성첩 등 방어시설이 없더라도 본래부터 잘 지키고 막아낼 수 있는 땅으로 일컬어졌다."

남북접농민군은 이런 천혜의 요새를 한겨울에 산 아래 낮은 곳에서 봉우리를 향해 높은 곳으로 올라가며 공격하였다. 지도부는 몇만 명의 대군을 이끌고 기세 높게 공격하면 우금치를 점거할 것으로 판단한 것이다. 우월한 무기를 보유한 상대방이 미리 요해처를 선점하고 내려다보며 조준사격을 가하는 상황에서는 공격군의 수가 전투 결과를 결정할 수는 없었다.

우금치전투에서 남북접농민군의 희생자 수는 알 수가 없다. 일본군과 경군 병대는 공적을 인정받으려고 죽인 사람 수를 보고해 왔지만 우금치에서는 그 수를 보고하지 않았다. 전봉준은 "2차 접전 후 1만여 명의 군병을 점고하니 남은 사람이 불과 3천명이요, 그 후 또다시 2차 접전 후 점고하니 5백여 명에 불과하였다."고 하였다.[54]

1만여 명이 처음 2차 접전에 3천명만 남았다는 것은 7천명이 희생되었다는 것은 아니고 재집결한 수가 3천명이라는 의미이다. 다시 2차 접전을 한 뒤에 5백여 명만 남았다는 말도 2천 5백 명의 희생을 의미하는 것은 아니다. 하지만 1만여 명 중 5백여 명만 남을 정도로 격전이 이어졌다.

공주공방전의 여러 전투에서 일본군 전사자 수는 한 사람도 없었다. 2소대 병사 스즈키 젠고로(鈴木善五郞)가 오른쪽 정강이에 부상을 입은 것만 보고되었다. 경군은 경리청 좌2소대의 김명수(金明壽)가 왼쪽 팔, 남창오(南昌五)가 왼쪽 어깨, 중2소대의 김관일(金寬一)이 오른쪽 다리에 탄환을 맞았으나 모두 치료하였다고 하였다.[55]

여기서 우금치전투를 비롯한 공주공방전의 실체가 드러난다. 겉모습은 전투였지만 일방적인 학살극이 벌어진 것이다.

2) 충청도 연산전투와 논산전투

(1) 높은 산에서 공격한 연산전투(11월 14일)

남북접농민군은 공주에서 후퇴한 후 논산에 재집결하였다. 이때 인근 연산에 일본군 후비보병 제19대대의 본부와 중로분진대가 출현하였다. 문의와 증약에서 북접농민군 지역수비대와 전투를 벌이고 남쪽을 돌아서 공주전투를 지원하기 위해 연산에 들어온 것이다.

미나미 고시로(南小四郞) 소좌는 중로분진대 1개 중대와 영관 이진호(李軫鎬)의 교도중대 270명을 함께 지휘하고 있었다. 미나미 소좌는 연산 읍내에 들어오기 전에 시라키 세이타로(白木誠太郞) 중위에게 2개 소대를 지휘해서 교도중대 병력과 함께 전라도 고산으로 가도록 했다. 은진 방향과 여산 익산 일대에서 공주로 오는 구원병을 막으려고 시도한 것이다. 70마리의 짐말에 실은 군수품도 갖고 와서 대규모 행렬을 이루고 있었다.[56]

연산에 일본군이 왔다는 정보를 듣고 논산의 남북접농민군이 먼저 이를 축출할 것을 결정하였다. 그래서 11월 14일 새벽 대군을 출발시켜서 정오 무렵 연산 읍내에 도착하였다. 일본군의 수는 150명으로 알고 있었지만 우금치에서 호되게 당한 직후라서 만만히 상대할 수는 없었다. 일본군이 있는 연산 관아가 내다보이는 북쪽 산에 올라가서 수많은 깃발을 날리며 대규모 세력을 과시하였다.[57] 미나미 소좌는 그 상황을 전투보고서에 다음과 같이 기록했다.

> 적병이 앞에 있는 산성 위에 나타났다. 그 수가 실로 수천이었다. 곧 전위대열을 바꾸어 이에 대적했다. 이 적은 깃발을 아주 좋아하는지 수백 개의 깃발을 나부끼고 있었다. 그리고 (지휘자는) 검은 옷을 입었으며 그 지휘하는 것이나 전개하는 것이 매우 볼 만하였다. 또 다시 수천 명의 적병이 나타나 순식간에 성벽 전면에 있는 산 위로 올라가고 또 그 후면에도 많은 적병이 나타나서, 주위의 모든 작은 언덕은 순식간에 흰옷 입은 적도로 꽉 찼다.

미나미 소좌는 연산 읍내가 사방이 모두 산에 둘러싸인 광주리 속과 같아서 포위되면 감당할 수가 없을 것으로 판단했다. 그리고 "큰 병력에 둘러싸여서는 돌격해서 무찌르는 도리 밖에 없다고 생각"하고 산 위로 공격해 올라갔다. 일본군 2개 소대가 정면 공격해서 격전을 벌인 지 4시간이 지났는데도 남북접농민군은 무너지지 않았다. 치열한 전투가 벌어졌다.

바로 그때 은진으로 파견한 지대가 돌아와 배후에서 협공하였다. 그런 뒤에도 연산의 남북접농민군은 흩어지지 않고 대치하였다. 그러다가 1시간이 더 지난 5시에 이르러서 비로소 물러났다.

연산전투는 일본군과 전투를 벌였지만 완강히 대적했던 남북접농민군의 전투력을 보여주고 있다. 외무대신 김윤식이 말한 것처럼 한두 명이 쓰러지면 모두가 도망가는 식의 전투가 아니었다. 미나미 소좌는 용병술을 아는 지휘자가 전투를 지휘하고 있고, 전봉준이 직접 이끌고 있다고 추정하였다. 또 그 "수가 몇만 명이었는지는 분명하지 않으나 전후좌우의 산과 언덕이 모두 새하얀 것으로 보아 적어도 3만 명 이상은 되었을 것 같다."고 하였다.

이 세력은 미나미 소좌가 싸운 상대 가운데 가장 전투력이 강한 군대라고 하였다. 병력 수도 많았지만 반나절 동안 일본군의 공격을 받아 50여 명이나 희생되면서도 물러서지 않고 완강하게 싸운 것을 보고 평가한 말이었다. 연산전투에서 일본군 상등병 스기노 도라키치(杉野寅吉)가 전사했다.[58] 후비보병 제19대대의 3개중대가 조선에 파견된 이래 일본에 돌아갈 때까지 전사자로 보고된 병사는 1명뿐이었다.[59]

연산전투는 공주공방전에서 경험한 유용한 전투 방식을 적용해서 싸웠다. 평지나 저지대에서 공격했을 때 처했던 불리한 상황을 막기 위해 처음부터 산 위에 올라가 내려다보고 싸웠다. 그리하여 쉽게 후퇴하거나 흩어지지 않았다.

(2) 낮은 산에서 싸운 논산전투(11월 15일)

충청 감사 박제순은 정탐원을 보내서 공주에서 후퇴한 논산 상황을 파악하였다. 그리고 일본군 서로분진대의 모리오 대위에게 "전봉준의 군사가 노성 부근에 주둔해 있는데, 공주를 습격할 기세를 보이고 있다."고 정보를 전하면서 추격전을 촉구하였다.[60] 실제 추격전을 못한 것은 선봉 이규태가 거부했기 때문이었다.[61] 모리오 대위는 즉각 경군 각 병대를 동원해서 논산으로 들어갔다.

일본군 서로분진대 1개소대가 통위병 200명을 앞세우고 노성에 갔지만 충청 감사의 정보와 다르게 남북접농민군은 전날 저녁 논산으로 이동하였다. 남아 있던 일부가 사방으로 흩어졌으나 체포되는 대로 총살에 처했다.[62]

치열한 전투 직후이기 때문에 가차 없이 처형되었다.

연산에서 돌아온 다음날 논산의 남북접농민군은 공주에서 남하한 일본 군 서로분진대와 통위병 그리고 장위병의 기습을 받았다. 논산에서는 이두 황이 지휘하는 장위병도 합세하였다.[63] 남북접농민군은 소토산에서 남쪽의 황화대로 밀려났다.

"황화대는 광대한 들 가운데 우뚝하게 홀로 서 있어 사방의 산기슭이 조 밀하게 둘러 있고 가운데 봉우리는 편편하고 넓은 땅"이었으며 "사방으로 낭떨어지에 에워싸여 있으니 자연히 이루어진 견고한 성"이었다 황화대의 3,000여 남북접농민군은 경군과 일본군의 공격에 맞서 싸웠다.

그러나 모리오 대위가 지휘하는 일본군과 경군 병대가 남쪽을 제외한 3 면에서 공격하자 20여 명의 전사자를 남기고 퇴각하지 않을 수 없었다.[64] 선 봉 이규태는 "3로로 진군하여 노성 봉수봉 하에서 비류를 포살하고 논산 대 촌과 고봉까지 추격하여 쏘아 죽인 자가 많았으며 남은 적들을 달아나게 했 으며, 또 은진 황화대에 주둔한 적에게 대관 윤선영(尹善永)을 보내어 300여 명을 격살"[65]했다고 하였다.

논산은 평야지대이기 때문에 읍내 가까운 곳에 대군이 주둔해서 대적할 수 있는 지형이 없었다. 평야 가운데 홀로 있는 고지는 포위될 경우 피해를 많이 입을 우려가 있었다. 일본군 서로분진대와 경군 병대는 원거리를 사격 할 수 있는 신식 소총으로 무장하였다. 이런 공격에 커다란 피해를 입을 수 있었기 때문에 피하는 것이 상책이었다. 또한 논산전투부터는 남북접농민 군이 사기가 크게 떨어져 있었다. 그래서 재빨리 후퇴하여 피해가 다른 전 투처럼 많지 않았다.

3) 전라도 원평전투와 태인전투

논산에서 후퇴한 남북접농민군은 전주성으로 들어갔다. 북접농민군의 기록을 보면 여산에 가서 남접농민군이 모은 군량으로 밥을 지어먹고 익산에 가서 이틀을 머물다가 11월 20일 전주 성안에 들어가서 3일 동안 지냈다.[66]

전주에서도 오래 머물 수 없었다. 추격중인 일본군은 서로분진대와 중로분진대가 합세해서 더욱 강력해졌다. 지휘권을 장악한 대대장 미나미 소좌도 경군을 강력히 통제해서 선봉 이규태는 더 이상 일본군의 지휘를 거부하지 못했다. 경군 병력도 공주공방전에 참여했던 통위병과 경리병에 이두황의 장위병이 합세해서 더 많아졌다. 일본군 장교가 지휘하는 교도중대도 전투와 수색에서 숙달되었고, 여기에 강화도의 심영병이 파견되어 전라도로 들어왔다.

우금치전투의 영향은 지방관아에 크게 미쳐서 그 이후에는 여러 군현의 관아 기능이 되살아났다. 각 군현의 향리들이 동학 지도자와 봉기 가담자를 색출해서 체포하게 되었다. 동시에 각지에 민보군이 속속 결성되어 관치질서를 회복시켜서 진압군의 임무를 줄여주었다.

전주는 남북접농민군이 방어할 수 있는 곳이 아니었다. 그래서 11월 23일 전주성을 빠져나와 금구 원평으로 향했다. 전봉준의 남접농민군과 손병희의 북접농민군은 함께 대응할 준비를 하였다.

(1) 원평 뒷산에서 싸운 원평전투(11월 25일)

대규모 남북접농민군의 주둔지로 적합한 곳이 장터였다. 전주에서 내려온 남북접농민군은 원평 장터에 가서 머물렀다. 인근의 물산이 집중된 장터는 필요한 물자를 대주는 역할을 하였다. 원평은 김덕명 대접주의 근거지로서 전봉준이 주도한 1893년 원평집회의 장소이기도 했다. 재봉기할 때도 원평은 태인과 김제에서 무기와 군량, 그리고 경비를 모았던 중요한 거점이었다.[67]

대규모 군대가 후퇴할 때 식량 등 보급은 더욱 중요해진다. 또 식량이 확보된 거점에서는 재집결이 더욱 용이해진다. 원평은 남북접농민군 대군이 가서 주둔하기 적합한 곳이었다. 그렇지만 방어에 유리한 지형은 아니었다.

11월 25일 원평에 머문 지 3일째가 되자 일본군 특무조장 스즈키 마사키치(鈴木政吉)가 이끈 중로분진대 지대 33명과 교도중대가 기습해 왔다. 교도중대장 이진호의 보고에 전투장면이 자세하게 나온다.[68]

> 원평에 도착하니 적도 수만 명이 한 번 나팔을 불자 진(陣)을 삼면으로 벌여 이미 품(品)자 모양을 형성하고, 서로 천 보 거리를 두고 총을 쏘며 전투를 하였습니다. … 적들은 산 위에 있고 우리 군대는 들에 있었는데 사면으로 포위하고 함성이 땅을 흔들고 불꽃과 연기가 안개를 이루어 원근을 분별하기가 어려웠습니다.

남북접농민군은 원평 뒷산이 높지 않았지만 이 산에 올라가 저항을 하였다. 장터에서 구미란 마을, 그리고 용호리에 이르는 산줄기에 가득 올라가자 마치 품자와 같은 진용이 되었다. 전주에서 오게 되면 원평천 건너에 구미란 마을이 나온다. 원평천과 주변의 들을 통해 접근한 일본군과 교도중대는 사면을 포위하고 공격하였다.

원평전투는 오전 9시부터 오후 4시까지 7시간 동안 계속되었다. 우세한 무기를 가진 일본군과 교도중대의 공격을 긴 시간 동안 막아낸 것을 보면 완강히 싸운 사실을 알 수 있다. 원평에 모인 남북접농민군의 수도 많았지만 편제를 갖춘 주력이 재집결해서 싸웠던 것이다. 하지만 낮은 야산에 올라가서는 오래 맞설 수 없었다. 결국 37명의 희생자를 남기고 태인 방향으로 후퇴하였다.

원평에서 일본군은 적지 않은 노획품을 얻었다. 무기는 회룡총 10자루와 조총 60자루 · 납탄 7섬 · 화약 5궤짝 · 자포 10좌 · 칼과 창 200자루였고, 쌀도 500섬이나 찾아냈다. 그리고 돈 3,000냥과 면포 10동이 있었고, 소 2마리와 말 11필을 빼앗았다. 쇠가죽 10장과 호랑이 가죽 1령도 있었다고 했는데 이 모든 노획품을 일본군 후비보병 제19대대가 탈취하였다.[69] 이런 물건을 가져가느라고 태인으로 추격하지도 않았다.

일본군은 가는 지역마다 마을을 불태우는 등 참혹하게 보복을 가하였다. 그리 넓지 않은 원평은 더욱 심했다. 함께 진압에 나선 선봉 이규태가 "원평 장터의 가게와 여염집이 잇달아 40여 집이 불에 탔고, 비류가 저장해둔 곡식 몇백 섬과 민가의 물건이 모조리 불에 타서 보기에 극히 근심스럽고 참담"하다고 보고하였다.[70]

(2) 읍내 산 위에서 방어한 태인전투(11월 27일)

북접농민군과 남접농민군은 원평을 빠져나와 태인으로 갔다. 전라도 경내로 들어간 후 북접농민군은 목적지를 설정하지 못했다. 일본군 축출을 목적으로 봉기했지만 오히려 쫓기는 처지가 되었다. 추격하는 진압군을 피하려면 지리를 잘 아는 남접농민군의 도움을 받아야 했다.

전봉준은 태인 읍내에 대군을 이끌고 들어와서 고지에 진을 치도록 했다. 읍내에는 주산인 성황산(城隍山)이 중심에 있고, 한가산(閑加山) 그리고 도리산(道理山)이 서쪽과 남쪽으로 펼쳐진 넓은 평야를 내려다보고 있었다. 산봉

우리에 올라가 있으면 소수의 진압군이 위압감을 느낄 수 있고, 총을 쏘아도 연환이 멀리까지 나갈 수 있다.

남북접농민군은 태인읍에서 다시 2일 동안 머물렀다. 11월 27일 태인의 남북접농민군에게 공격군이 접근해 왔다. 일본군 특무조장 스즈키 마사키치(鈴木政吉)가 이끈 중로분진대 지대 40명과 장위영 대관 윤희영과 이규식이 거느린 병력 230명이었다. 장위병은 지원차 후속부대로 왔다가[71] 금구에서 숙박한 후 교도중대와 임무를 교대해서 태인으로 온 것이다.[72]

태인에는 8,000여 명으로 보고된 남북접농민군이 있었다 이들이 전봉준의 지휘 아래 천보총을 일시에 발사해서 일본군의 접근을 막았는데 그 기세는 대단했다. 그러나 우세한 무기를 가진 일본군이 장위병과 함께 동서 방면에서 공격해 갔다. 다음은 이두황에게 보고된 태인 읍내 상황과 전투 내용이다.[73]

적이 있는 곳은 모두 높은 산 요해처이고 그 밖에는 모두 평평하고 넓은 들판이었습니다. 우리 군사는 230명이고 일본병사는 40명이었는데, 대관 윤희영, 교장 이경진 · 홍선경이 거느린 병사 90명과 일본병사 20명은 적이 있는 산 서쪽 길로 공격하였고, 대관 이규식, 교장 오순영 · 장세복 · 양기영이 거느린 병사 140명은 일본병사 20명과 함께 동쪽 길을 따라 대응하여 공격하기로 정한 다음 … 일제히 함성을 지르며 산을 올라 급히 공격하자, 적도는 머리와 꼬리 구분 없이 비로소 물러나 흩어졌습니다.

성황산을 점령하자 건너편 전후 산에 배치된 남북접농민군들이 나팔을 불면서 계속 회룡총을 발사하니 탄환이 쏟아졌다. 일본군과 장위병은 다시 군사를 네 갈래로 나누어 산에 오르면서 총을 쏘며 공격을 가하자 이를 이

겨내지 못하고 사방으로 흩어져 각자 도피하였다. 추격전이 이어졌다. 네 길로 나누어 동서 20리까지 쫓아가 50여 명을 생포하였고, 40여 명이 총에 맞아 죽었다. 일본군이 태인 읍내에 보복 방화를 해서 700호에서 800호에 이르는 민가가 불에 타 버렸다.[74]

태인전투 이후 북접농민군은 독자 행보를 해서 정읍을 거쳐 고부 백산까지 행군해갔다. 그렇지만 더 이상 북상할 수 없었다. 익산에서 이두황이 거느린 장위영 본대가 순회하고 있었고, 전주에는 일본군 중로분진대가 위치하였다. 백산에는 일본군 지대와 장위영 파견대가 뒤쫓아왔다.[75] 북접농민군은 일본군이 없는 지역을 찾아야 했다.

북접농민군 지도부는 회군길을 찾아냈다. 장성을 거쳐 임실을 돌아 산줄기 사이를 택해 장수와 무주로 북상해서 충청도 보은으로 돌아가는 길이었다. 목적지와 경유지가 정해지자 즉각 행군을 개시하였다. 다행히 임실로 피신한 교주 최시형과 연락이 되어 함께 만날 수 있었고, 12월 1일부터 북상길에 동행하게 되었다.

4. 충청도 영동의 용산전투와 전투 방식

1) 북접농민군의 영동 귀환과 진압군의 추격

전주에서 통괄 지휘하던 일본군 후비보병 제19대대장 미나미 소좌는 해산한 남접농민군이 남쪽으로 향했기 때문에 이들의 추적에 집중하였다. 남접농민군은 흩어져서 수천 명 규모의 집단으로 움직이지 않았고, 북접농민군은 전라도 동부 군현의 험한 산지로 들어가 있었다. 그런 까닭에 북접농민군의 행군 정보를 모르고 있었다.

손병희가 지휘하는 북접농민군은 북상길에 장수 읍내로 들어갔다. "장수 읍내로 들어간 것은 숙박 때문이었다. 이미 날은 추워져서 대규모 병대가 산 속에서 오래 견딜 수 없었다. 적지 않은 군세를 안정시키기 위해 읍내를 점거하고 행렬을 수습할 필요가 있었다."[76]

장수 점거 사실은 즉시 인근 군현에 긴급 사태로 전해졌다. 전라도 군현 뿐 아니었다. 전라도 도계를 건너 경상도 안의와 거창에도 전해져서 파문이 커졌다. 안의와 거창은 지방관이 민보군을 결성해서 전라도 동학도들이 가세해서 큰 세력을 이룬 동학 조직을 제압한 군현이었다. 이 때문에 전라도 의 동학 조직이 몰려와 보복할 것을 두려워하고 있었다. 그러다가 전라도 장수가 함락되었다는 소식이 들려오자 이들이 경상도로 넘어올 것으로 예상하였다. 안의와 거창 관아에서는 경상 감영에 그 정보를 전하면서 구원병 을 요청하였다.

경상 감영은 12월 12일 남영병 일대를 전라도 접계 군현에 급파하였다. 경상 감영에서 파견한 남영병은 영관 최처규가 지휘하는 165명의 병력이었 다.[77] 남영병은 구원 요청을 보낸 안의로 가지 않고 칠곡을 거쳐 김산으로 출병하였다. 북접농민군이 무주와 영동으로 북상한 것을 알게 된 김산 관아 에서 또다시 구원병을 긴급히 요청해오자 김산으로 직행한 것이다.

북접농민군의 길목에 있는 무주에서 이미 10월에 무풍면과 안성면 두 곳 에서 활동하던[78] 민보군이 북상길을 막으려고 했지만 불가능한 일이었다. 북접농민군은 여러 차례 전투 경험을 쌓은 군대였다. 대규모 독자 공격도 하였고, 방어 전투에도 경험이 있었다. 무주의 민보군이 이런 북접농민군을 맞서려고 한 것이었다.

무주 민보군이 전투지로 선정한 곳은 무주와 영동의 접계 지역이었다. 무 풍면에서 읍내 쪽으로 보면 남대천을 사이에 두고 무주의 설천면과 영동의 남이면 월전리가 나온다. 여기서 벌인 전투는 북접농민군의 일방적인 승리로 끝이 났다. 이 설천과 월전전투는 전라도에서 충청도로 넘어가면서 싸운 마지막 전투였다.

이때부터 충청도 군현에서도 전라도에서 오는 북접농민군이 가장 큰 현안이 되었다. 12월 7일 수많은 북접농민군이 무주에서 옥천에 도착했다는 보고가 양호도순무영에 올라왔다.[79] 북접농민군이 출진한 이후 옥천에서 결성된 민보군이 주시했지만 독자적으로 대적할 수는 없었다. 충청 병영의 진남병을 지휘하는 충청 병사 이장회가 병력을 보내서 상황을 파악하도록 하였다. 양호도순무영은 공주공방전에 참여했던 경리청의 병대 일대를 파견해서 연산과 진잠 등지로 순회시키고 있었는데 이들이 북접농민군에 가장 가깝게 위치했던 경군이었다. 양호도순무영은 즉각 경리병에게 명하여 북접농민군의 북상길을 차단하도록 했다.

영동에 들어온 북접농민군은 먼저 황간 읍내를 들이쳤다. 관아에 보관된 물자를 탈취해서 사용하려고 한 것이었다. 충청 감사 박제순이 황간 현감 송창노(宋昌老)의 급보를 받고 양호도순무영에 올린 보고에 그 상세한 내용이 있다.[80]

이 달 초 10일에 비도 5, 6백 명이 영동에서 각자 총과 칼을 지니고 소리를 지르면서 쳐들어와서 관아의 창고를 부수고 무기와 화약과 탄환 및 계사조(癸巳條, 1893년)의 대동목(大同木) 12동 40필, 세작목(稅作木) 1동, 그리고 궁관방(宮官房)에 저장해 놓은 공전(公錢) 869냥을 의복과 함께 전부 빼앗아 갔습니다. 또한 이방 김진률(金振律) 형제의 집에서는 매입한 계사조의 전세목(田稅木) 14동 27필, 삼수목(三手木) 3동 20필 및 공전 7백여 냥을 빼앗아 갔으며, 신흥역(新興驛)의 말 2필, 관마(官馬) 2필을 한꺼번에 잃어

버렸습니다. 그리고 적도들은 다시 영동으로 갔습니다.

대동목과 전세목 그리고 삼수목 등 면포와 의복을 주로 가져간 것이 주목된다. 의복은 당장 두툼한 겨울옷이 필요해서 탈취한 것이었고, 옷감도 급히 옷을 만들어 입을 목적으로 가져간 것이었다. 옷감만 있으면 천으로 몸을 두르거나 발을 감싸서 동상을 면할 수 있었다. 북접농민군이 얼마나 심각한 상황에 있었는지 알려주는 기록이다. 황간 읍내에서 북쪽으로 올라가면 바로 용산에 이른다. 영동 읍내보다 황간 읍내가 더 가까운 곳에 있었다

북접농민군이 영동으로 들어왔을 때 경상 감영의 영관 최처규가 지휘하는 165명의 남영병이 충청도로 올라오기 시작했다. 김산 소모영의 김응두가 지휘하는 선산포군 150명, 개령포군 95명, 인동포군 100명, 성주포군 10명이 합세하여 올라왔다. 추풍령을 차단해서 경상도로 북접농민군이 오지 못하도록 김산을 지키던 병력이 충청도로 추격해 온 것이다. 그러나 상주 소모영 유격장 김석중(金奭中)이 인솔한 상주 유격병이 더 가까이 추격해 왔다. 상주 민보군에 용궁병과 함창병이 가세한 이 병력은 200명이었다.

경상 감영과 상주 소모영의 요청으로 일본군도 영동을 향해 올라왔다. 낙동 병참부에서 1개 분대가 김산을 거쳐서 접근하였고, 대구 병참부에서 온 미야케(三宅) 대위의 1개 분대도 북접농민군을 목표로 올라왔다."[81] 충청도 황간과 영동 일대에는 구와하라 에이지로(桑原榮次郎) 소위가 지휘하던 철로실측대 호위병이 있었다.[82] 철로실측대는 경부철도를 부설할 노선을 측량하던 조사단으로 군로실측대 등으로도 불렸는데, 그 호위병은 후비보병 제19대 소속으로 11월 12일 김개남 군을 청주성에서 공격하여 패주시킨 병력이었다.[83]

가장 먼저 북접농민군을 기습한 것이 영동의 민보군이었다. 공주로 가

기 전 밑골의 이판서(李判書) 댁에 동복 상하의 1천 벌을 제공하도록 강요한 적이 있었는데, 북접농민군이 영동으로 돌아오자 그동안 결성했던 민보군 500명을 동원해서 12월 11일에 공격해왔던 것이다.[84] 이 공격은 사전에 제보자가 알려 와 간단히 제압하였다.

전라도에서 남북접농민군의 주력이 사라지자 후비보병 제19대대의 미나미 소좌는 소규모 병대를 여러 지역으로 파견하였다. 주로 전라도 남단으로 보내서 집단 활동을 제압하도록 지침을 내렸으나 충청도에 남아 있는 세력도 제거하려고 하였다. 순무영 참모관 이윤철(李潤徹)에게는 경리병 일대를 이끌고 연산과 진잠을 순회하도록 하였다. 경리병이 옥천에 이르렀을 때 북접농민군이 전라도에서 북상했다는 정보를 들었다. 충청 감사 박제순은 다음과 같이 경리병의 추적을 보고하였다.[85]

경리대관(經理隊官)이 연산과 진잠을 순시한 사유는 이미 급히 보고하였습니다. 지금 그곳 대관 김명환(金命煥)의 보고를 보니, 초 10일에 옥천에 이르러 호남의 비류들이 영동에 와서 모여 있다는 소식을 들었으며, 11일에는 병영의 군사 180명과 함께 행군하여 청산에서 만나 부대를 합하였으며, 12일에는 영동으로 향하였는데, 적의 무리들은 1만 명을 헤아렸습니다.

북접농민군은 이에 미리 대처할 수 있었다. 일부 지방관들도 북접농민군을 비호하였고, 동학 조직의 정보망도 남아 있었다. 충청 병사 이장회는 청산과 회덕의 동학도들이 지방관의 비호를 받아 북접농민군과 사사롭게 통지하는 것을 알고 있었다.[86]

이러한 정보력에 힘을 입어 북접농민군은 영동까지 추격해온 진압군을 파악하고 있었다. 용산장터 북쪽에는 관군과 옥천 민보군이 합세해서 달려오고 있고, 남쪽으로는 경상도 봉화병과 일본군이 쫓아 들어오고, 서쪽으로는 전날부터 달려오던 포군이 뒤쫓아 온다고 파악하고 있었다.[87]

북접농민군은 전투를 예상하고 영동 용산으로 들어갔다. 싸울 장소로 선정한 곳이었다. 용산은 만 명 이상의 대군이 숙영할 장소로는 좁은 곳이지만 전투가 벌어지면 유리한 지형을 이용할 수 있었다.

2) 용산 고지에서 싸운 영동 용산전투(12월 12일)

영동 용산에는 물산이 모이는 장터가 있었다. 장터 서쪽에는 낮은 산이 남북으로 길게 펼쳐져 있는데 이 산의 이름이 용산(龍山)이었다. 암룡과 숫룡 두 마리의 용이 엎드려서 하늘을 바라보고 물을 먹는 형상이라고 했다. 암룡은 남쪽으로 뻗어 있고, 숫룡은 북쪽으로 뻗어서 천관산(天冠山)을 향하고 있다.

용산은 비교적 잘 알려져 있는 산이었다. 『영동현지(永同縣誌)』에도 "고을의 북쪽 30리에 있는 용산은 형세가 구불거리며, 위에 국화봉(菊花峰)이 있고 가운데 낙모암(落帽巖)이 있어 매년 9월 9일이 되면 놀러 오는 사람들로 떠들썩하였다"고 하였다.[88] 용산은 지형이 다채로워 300m 높이의 봉우리가 6개나 있다. 직경이 50m에서 70m의 이 타원형 봉우리 중 하나에는 판석 무더기가 겹겹이 쌓여 있다.

용산과 박달산 사이의 율리 서쪽으로 골짜기를 따라 들어가면 경작지로 사용되는 작은 분지가 있다. 남쪽에서 용산에 오게 되면 옛장터를 가기 전에 용산후곡(龍山後谷)이라고 할 수 있는 이 분지로 들어가는 골짜기가 나온다. 북서쪽에서 용산으로 올 때는 천작리와 부룡리를 거쳐서 용산으로 들어올 수 있다.

천관산 동쪽 산줄기를 넘어 북쪽으로 가면 청산 문암리가 나온다. 보은 장내리에 대도소를 설치한 1893년부터 최시형이 거처한 곳이었다. 문암리는 대도소와 함께 전국의 동학 조직을 움직이는 중심이었고, 교주 측근의 대접주들이 모여서 동학교단의 중요한 문제를 결정한 곳이기도 했다.

북접농민군이 용산에 들어올 때까지 행군한 거리는 매우 길었다. 행군한 노정이 모두 먼 길이었다. 영동에서 공주, 공주에서 논산과 연산, 논산에서 전주, 전주에서 원평, 원평에서 태인, 태인에서 정읍, 정읍에서 장성, 장성에서 임실, 임실에서 장수, 장수에서 무주, 무주에서 영동. 전라도에서는 평지를 가기도 했지만 험한 산길이 많았다. 이와 같은 긴 행군을 하고 용산에 도착한 북접농민군은 매우 피곤한 상태에 있었다.

보은과 영동에서 출진한 날부터 헤아려 보면, 10월 23일부터 12월 12일까지 84일이 되었다. 9월은 13일, 10월은 29일, 11월은 30일, 12월은 12일 동안, 먼 길을 행군하고 전투를 벌이고 도피를 하면서 지내왔다. 군사훈련을 받지 않은 농민들로서는 감당하기에 쉽지 않았던 일정이었다.

1894년 겨울에는 눈이 많이 왔고 추운 날이 이어졌다. 그래서 야외에서 지내기가 어려웠지만 대부분 노숙을 해야 했다. 큰 마을을 찾아들어서 민가를 빌려 숙박한다고 해도 일부만 집안에 들어갈 수 있을 뿐이었다. 제때 식사를 하는 것은 불가능하였다. 만 명을 헤아리는 사람들에게 일시에 식사를 마련할 만한 시설이 없었기 때문이었다.[89]

그렇지만 충청도에게 들어온 북접농민군에게 더 급박한 사태는 진압군이 접근해 오는 것이었다. 진압군은 영동과 황간 그리고 보은 관아에서 긴급 구원 요청을 보내면서 연이어 용산으로 오게 된다.

북접농민군의 북상 소식에 가장 놀란 것은 보은 군수 이규백(李奎白)이었다. 동학교단의 대도소가 있던 장내리는 이두황이 지휘하는 장위병이 10월

14일에 들어가 대도소를 비롯해서 "초막 400여 곳과 민가 200여 호를 전부 불사르고" 파괴하였다.[90] 장내리의 동학 대도소는 보은 관아와 충청 병영 그리고 충청 감영이 잘 알고 있었지만 호대한 동학 세력 때문에 1년 반 이상 묵인해 왔다. 그러한 장내리를 파괴했기 때문에 대규모의 북접농민군이 오면 그대로 보고 있지 않을 것이었다.

동학교단의 근거지인 장내리를 파괴한 보복이 초래될 것을 두려워한 보은 관아는 충청 병사 이장회에게 급보를 보냈다.[91] 이장회는 영관 이용정이 지휘하는 진남영의 병정 일대를 보은으로 보냈다.

> 10일 묘시(卯時, 오전 5~7시)쯤에 받은 보은 군수의 급한 기별에, '남쪽 비류 수만 명이 8일에 본 읍 원암리에 와서 유숙하고 있으니 빨리 구원하여 달라.'고 하여, 즉시 영관 이용정(李容正)이 있는 곳에 전령을 보내 그로 하여금 함께 보은으로 가도록 하였습니다. 지금 들으니, 청산과 회덕의 동도들이 관장(官長)의 비호를 믿고서는 예전의 습성이 재발하여 밖으로는 남비를 부르고, 안으로는 사통(私通)을 일삼는다고 합니다. 그들을 토벌하는 일은 잠시라도 늦출 수 없습니다. 따라서 창의인(倡義人) 박정빈(朴正彬), 홍영훈(洪永勳) 등과 함께 기복병(奇伏兵)을 나누어 설치하여 서로 응원하려고 합니다.

충청 병사 이장회는 이용정이 지휘하는 진남병을 보내면서 박정빈이 결성한 옥천의 민보군도 동행을 시켰다. 진남병과 옥천민보군은 경군 응원병도 만나서 함께 오게 된다. 진잠에서 오던 경리병이었다. 12월 11일 영관 이용정이 충청 병사 이장회에게 보은에서 진남병 180명이 청산에 도착했다고 보고하였다. 그리고 경리청 참모관 이윤철의 경리병 60여 명과 박정빈, 육상필(陸相弼)의 옥천 민보군 30여 명도 함께 왔다고 하였다.[92] 신식 무기를 가진 경리병과 충청 병영의 진남병 240명에게 이 일대의 지리를 아는 옥천 민보군이 가세해서 전투력이 배가되었다.

청산 관아에서도 대소민과 삼공형(三公兄) 이름으로 긴급 구원 요청을 각지로 보냈다. 12월 10일 보낸 이 구원 요청은 상주 소모영의 유격병에게 전달되었다.[93]

적도 3~4만 명이 무주로부터 불시에 도착하여 어제 오후에 영동 및 황간을 함락하여 무기를 약탈하고 재물을 탈취하며 지나는 곳마다 다 해치고 죽여서 사람 죽인 것이 난마(亂麻) 같았다. 지금 영동 용산(龍山) 장터에 진을 치고는 큰소리치기를, '청산·보은·상주·선산 및 낙동 병참 일로(一路)를 함락하고 한양으로 직향할 것이다. 운운' 합니다. 화가 조석에 있어서 백성이 모두 무너지고 흩어지니, 청컨대 속히 와서 죄 없는 백성을 구제하여 주십시오.

김석중이 이끄는 상주 유격병은 경상도의 경계를 넘어 보은, 청산, 영동 등지에서 최시형을 추적하거나 각지에서 활동하던 동학 지도자를 체포해왔다. 그러다가 북접농민군이 온다는 소식을 듣고 급거 상주로 돌아가서 병력을 보충한 후 영동에서 상주로 가는 길목인 율계를 지키고 있었다.[94] 김석중은 청산 관아의 구원 요청을 받고 유격병 150명을 선발해서 한밤중에 80리를 행군하여 용산장터에서 10리 떨어진 곳에 진을 쳤다. 그리고 길을 재촉하여 가서 탐문하니, 북접농민군이 주둔한 곳이 요란하였다. "사방으로 노략질하고 인가에 불을 지르며 주야로 어지러이 총을 쏘아 사람들이 모두 넋을 잃고 황망한 것이, 마치 뜨거운 쇳덩어리 위에 있는 개미새끼가 나올 곳을 모르는 것과 같았다."

문제는 소수의 유격병으로 대응하지 못할 정도로 북접농민군이 매우 많았다는 것이다. 그 수를 "혹은 8~9만이라 하고 혹은 10여 만"이라고도 하였다. 영동 일대에서 이전에 전혀 보지 못한 수많은 사람들이 일시에 모여 와서 주둔했던 것이다.

그러던 중 유격장 김석중은 청산에 진남병과 옥천 민보군이 왔다는 정보를 듣게 되었다. 그리하여 서로 협공하면 성과가 있을 것으로 생각하고 청산에 있는 영관 이용정에게 편지를 보냈다. 이 편지에서 "내일 정오에 상주 유격병과 함께 용산의 북접농민군을 협공하자"고 제안하였다. 하지만 이 제안은 거부되었다. 이용정은 "동 틀 무렵에 적을 습격할 것이니, 귀 부대는 귀를 씻고 첩보를 기다리십시오." 하는 회신을 보냈다.[95]

경리청 참모관 이윤철과 충청 병영 영관 이용정은 상주 유격병의 무력을 믿지 못했거나 스스로 군공을 세우려고 생각했던 것으로 보인다. 이들은 공주공방전과 문의전투 등에서 동학농민군을 진압한 경험이 있었다. 그 전투에서 북접농민군이든 남접농민군이든 이들이 가세한 진압군에게 일방적으로 패배하였다. 그렇지만 그런 전투는 일본군 장교가 지휘하고 일본군이 주력이었을 때의 전투였다.

영동과 청산을 비롯해서 옥천 등지는 장내리 집회부터 동학교단이 거점으로 삼아 온 지역이었다. 북접농민군이 공주로 행군해서 비어있는 동안에 일본군 후비보병 제19대대 중로군이 들어와 수색해서 동학 지도자를 체포해서 처형했지만 아직 많은 동학도들이 남아서 정보를 제공해 왔다. 충청병사가 파악한 정보에는 동학도들을 비호하는 지방관들도 사사롭게 서로 통지하고 있었다. 그런 까닭에 용산의 북접농민군은 진압군의 공격이 곧 있을 것을 알게 되었다. 12월 11일 즉각 대응 조처에 나섰다.

북접농민군이 준비한 대응은 용산의 높은 고지에 먼저 올라가 맞서는 방법이었다. 단순하고 당연한 전투 방식이지만 이미 경험한 여러 전투에서 가장 유용한 방식으로 체득한 것이었다. 용산의 북접농민군을 공격하려면 경리병과 진남병 그리고 옥천 민보군은 낮은 지대에서 올라가는 불리함을 감수할 수밖에 없었다.

12월 12일의 용산전투는 북접농민군과 진압군 간 두 차례의 공방전으로 벌어졌다. 하나는 경리병 등과 벌인 전투였고, 또 하나는 상주 유격병과 벌인 전투였다. 이날 새벽에 겨울 안개가 용산 일대를 짙게 퍼져 있었다. 경리병과 진남병이 정면 공격을 시작하여 전투가 시작되었다. 우선 옥천 민보군이 측면으로 들어가 공격하였다.

이에 대항한 용산의 북접농민군은 여러 전투에서 살아남은 역전의 용사들이었다. 골짜기로 들어온 경리병과 진남병 그리고 옥천 민보군을 사방으로 둘러싸 포위하였다. 옥천 민보군과 함께 온 옥천 관아의 군관 육상필이 양호도순무영에 올린 보고서에 그 자세한 상황이 나온다.[96]

청주 군사 2백 명, 경병 70명과 함께 그곳 지역으로 달려가서 우선 적진으로 쳐들어갔습니다. 그런데 적진은 산 위에 진을 치고 있고, 관군은 평지에 있었기 때문에 산에 있는 적들은 개미처럼 총을 사방에다 아래로 퍼부어 관군이 어려운 지경이었습니다. 이에 박정빈이 의병들에게 지시하여 서북쪽 모퉁이로 군사를 펼쳐 진을 쳐서 적의 세력을 분산시키고 자신은 전면에 나서서 교대로 적들에게 총을 쏘게 하였더니 적들 가운데 죽은 자가 셀 수 없을 만큼 많았습니다. 한 쪽 길이 열려서 풀리면 관군이 한 번에 에워싸서 서로 종일토록 전투를 벌여 화약과 탄환이 모두 떨어졌습니다. 또한 고립된 병사들을 가지고 끝까지 쫓아갈 수도 없어서 금속이 부딪히는 소리를 내며 퇴군했습니다.

용산의 서북쪽 모퉁이라고 하면 천작리와 부릉리 사이로 보인다. 평지에서 산 위에 있는 상대를 공격하기 위해 선택한 장소이지만, 길게 늘어선 등성이가 북접농민군의 방어선이 되어 올라가기가 어려웠다. 그리 높지는 않았으나 구불구불 돌아간 산줄기의 곳곳에 숨어서 대적하면 공세를 펴기가 쉽지 않은 지형이었다. 이 등성이 뒤에는 300m 고지가 솟아 있었다. 그래서 산등성이로 올라가는데 성공했다고 해도 반격을 받으면 피할 곳이 없었다.

이 보고서에서 "적은 산 위에 진을 치고 있고, 관군은 평지에 있었기 때문에 산에 있는 적들은 개미처럼 총을 사방에다 아래로 퍼부어 관군이 어려운 지경"이라고 한 것은 전투 상황을 그대로 표현한 것이었다. 270명의 경리병과 진남병이 평지에서 사격을 하면서 대치하고 있을 때 박정빈이 이끈 옥천 민보군이 서북쪽 모퉁이로 전개하였다. 북접농민군이 분산하는 효과가 있었지만 진압군은 소수의 병력으로 고지의 대병력을 맞서다가 결국 탄환만 소비하고 후퇴할 수밖에 없었다.

북접농민군의 반격에 사상자가 나왔다. 관군 전사자는 모두 4명이었다. 경리병을 지휘하던 참모관 이윤철과 경리청 우2소대 병사 김창운(金昌云) 그리고 진남병 1명, 민보군 1명이 총에 맞았는데 시신을 수습하지 못했다고 하였다. 또 경리청 우1소대 병사인 이기준(李基俊), 김억석(金億石), 주태산(朱太山) 3명이 후퇴하는 동안 낙오해서 뒤늦게 청산으로 찾아왔다고 하였다.[97] 낙오한 병사가 있는 것을 보면 안개 속에서 경황없이 총격전을 벌이다가 산만하게 후퇴한 것을 알 수 있다.[98]

새벽에 총소리가 나자 상주 유격장 김석중은 "이처럼 운무로 둘러싸여 있는데 지리도 모르면서 군사를 데리고 깊이 들어가면 안으로 적을 맞설 수 없고 밖으로 원군이 없어서 반드시 패할 것"이라고 생각하였다. 그리하여 요청은 없었지만 관군을 지원하기로 결정하고, 유격병과 함께 용산 남쪽 골짜기로 들어가서 북접농민군을 협공하였다.[99]

유격장 김석중은 병력을 50명씩 전초(前哨) 중초(中哨) 후초(後哨) 3대로 나누어 유인책을 썼다. 전초가 골짜기로 들어가면 반드시 반격을 받을 터인데 그러면 패배해서 도망하는 척 하고 골짜기 입구로 끌고 나오라고 하였다. 그리고 중초와 후초에게 "용산 골짜기 입구의 산세는 머리 쪽이 높으니 너희들은 좌우 산 아래에 매복하고 있다가 동북쪽에서 포성이 울리는 것을 들으면 일제히 탄환을 쏘라."라고 지시하였다.

그러나 북접농민군 경계병은 유인되지 않았다. 이들은 전초가 골짜기로 들어온 것을 확인했지만 대적하지 않고 피하였다. 그 뒤를 추적해서 전초가 깊이 들어가자 승세를 탄 것으로 생각하고 중초와 후초도 따라서 들어갔다. 그러자 북접농민군이 사면의 산 위에서 나타났고, 상주 유격병을 포위하는 형세가 되었다. 결국 후퇴할 수밖에 없었다. 김석중은 후퇴하는 길목에 50명을 매복시켜서 뒤쫓는 북접농민군에 반격하도록 하였다. 다시 후퇴하면서 똑같이 매복을 한 후 사격을 가하자 북접농민군이 더 이상 쫓아오지 않았다. 이 공격에서 상주유격병은 북접농민군 1명을 붙잡고 화승총 2정을 노획한 뒤 후퇴해서 주둔지인 율계령에 돌아갔다. 북접농민군의 엄청난 규모와 완강한 대응을 보고 멀리 피한 것이다.

청산의 대동(大洞)으로 퇴각한 경리병과 진남병 그리고 옥천 민보군의 모습은 참담하였다. 김석중은 관군이 "군복을 벗고 그 무기를 버려 각각 새나 짐승처럼 흩어지니, 적도는 패하여 도망하는 것을 쫓고 그 뒤를 따라 전진하여 마침내 청산을 함락하였다."고 호된 말로 표현하였다.

북접농민군은 경군 병대가 포함된 진압군과 싸워서 오랜만에 승리했다는 만족감을 갖게 되었다. 그때까지 무기가 빈약했고 수가 적었던 무주의 민보군과 만나 물리친 것을 제외하면 보은과 영동의 집결지에서 출진한 이후 처음으로 상대방과 싸워서 퇴각시켰던 것이었다. 북접농민군은 용산에서 내려와서 북상하였다. 그 노선은 김석중이 기록한 것처럼 청산 읍내를 거치는 것이었다.

최시형은 청산 읍내로 들어가기 전에 문암리의 거처를 찾아갔지만 동학교단의 본부 역할을 했던 집은 불에 타 버렸다. 11월 8일에 구와하라 에이지로(桑原榮次郎) 소위가 지휘하는 일본군 철로실측대의 호위병이 기습해서 문서를 탈취한 뒤에 불을 지른 것이다.[100] 구와하라 소위는 후비보병 제19대대에 소속된 소대장으로서 조선에 파견된 후 철로실측대의 호위대를 지휘하였다. 경상도 상주에서 보은을 거쳐 문의와 청주로 북상하는 노선을 실측하고 있던 시기에 최시형의 거처를 알게 된 즉시 기습을 했던 것이다.

북접농민군 대군은 청산 읍내에 들어와서 하룻밤을 숙박하였다. 관아 건물은 물론 읍내의 민가에 들어가서 오랜만에 편하게 쉴 수 있었다. 청산 관아에 들어간 지도부는 동헌에 유숙하면서 다음 행군로를 모색하였다.[101]

5. 맺는 말

상주유격장 김석중은 보은으로 올라간 북접농민군을 철로실측대의 호위병과 경상도에서 온 병참부 주둔병 등 일본군과 함께 추격해 갔다. 북접농민군은 보은 읍내를 거쳐서 하루밤을 숙박하기 위해 북실마을로 들어갔다. 그리고 마을 어귀인 바람불이에 파수꾼을 배치하였다. 김석중은 이들을 기습해서 붙잡은 후 심문해서 여러 정보를 수집할 수 있었다. 붙잡힌 파수꾼들은 경기도 안성포와 강원도 관동포 소속으로 17곳의 전장터를 거쳐 왔다고 하였다.

북접농민군이 참가한 전투를 찾아보면 이 말이 과장하는 것처럼 들리지 않는다. 전투 방식을 검토한 이 글에서 다음과 같은 전투를 확인하였다.

① 괴산전투(10월 6일) ② 대교전투(10월 23일) ③ 이인전투(10월 23일) ④ 효포전투(10월 24, 25일) ⑤ 우금치전투(11월 8일, 9일) ⑥ 연산전투(11월 14일) ⑦ 논산전투(11월 15일) ⑧ 원평전투(11월 25일) ⑨ 태인전투(11월 27일) ⑩ 설천전투(12월 6일) ⑪ 월전전투(12월 6일) ⑫ 용산전투(12월 12일)

이를 보면 12차례의 전투에 참가하고 있었다. 그런데 여기서 더 포함해야 할 전투가 확인된다. 효포전투는 한 차례의 전투로 알고 있지만 실제는 2차에 걸쳐 벌어졌다. 그리고 전봉준은 공초에서 우금치전투가 4차에 걸친 접전이라고 하였다.[102] 여기에 영동에 들어와서 김판서가 보낸 민보군 500명을 물리친 것을 합하면, 다음과 같이 모두 17차례가 된다.

① 괴산전투(10월 6일) ② 대교전투(10월 23일) ③ 이인전투(10월 23일) ④~⑤ 효포전투(10월 24, 25일) ⑥~⑨우금치전투(11월 8일, 9일) ⑩ 연산전투(11월 14일) ⑪ 논산전투(11월 15일) ⑫ 원평전투(11월 25일) ⑬ 태인전투(11월 27일) ⑭ 설천전투(12월 6일) ⑮ 월전전투(12월 6일) ⑯ 영동 김판서 민보군전투(12월 11일) ⑰ 용산전투(12월 12일)

증언을 남긴 파수꾼은 이 모든 전투의 참여자로서 행군 도중 내내 전투 회수를 생각하고 있었을 것이다. 정규군 형태로 편제된 군대가 아니라 동학 조직을 중심으로 농민들이 가세하여 만들어진 북접농민군이 불과 두 달여 동안 치른 전투였다. 경기도 남서부와 강원도, 충청도, 경상도에서 모인 사람들이 1894년에 이 같은 엄청난 역사적 경험을 한 것이었다.

북접농민군은 전투를 경험하면서 살아남을 수 있는 방법을 찾아냈고, 전투 방식도 가장 피해를 적게 입는 방식을 선택하게 되었다. 그것은 역사상 모든 전투에서 중요시했던 것으로 고지대에 올라가서 공격해 오는 상대를 내려다보고 싸우는 것이었다. 연산전투와 태인전투는 처음부터 고지에 올라서 공세를 취하였고, 그런 방식을 영동전투에서도 그대로 적용했던 것이었다.

근대 육군으로 변모한 일본군은 북접농민군이 상대하기에 무기나 훈련에서 감당할 수 없을 만큼 격차가 있었다. 일본군 후비역은 상비병역인 현역 3년과 예비역 4년, 즉 7년간의 병역을 마치고 다시 후비역으로 소집되어 5년 동안 근무해야 했다. 후비보병 제19대대는 이들로 편성한 경력이 많은 병사들이었다. 바로 북접농민군이 이들과 정면에서 싸웠던 것이다.

일본군은 1894년 6월 21일 서울 사대문을 장악하고 경복궁을 점거했으며 경군 병영을 기습해서 무장해제 시킨 군대였다. 또한 7월 23일 충청도 성환에서 청국군을 공격하여 승리하였고, 청국군 증원병력까지 8월 16일 평양전투에서 일방적으로 패산시킨 군대였다. 북접농민군은 경군 병대와 충청병영의 진남병을 만나면 맞서 싸울 수 있었지만, 일본군에게는 역부족이었다.

북접농민군이 공주와 연산에서 싸운 일본군은 후비역을 재소집한 1개중대 병력에 불과했다. 일본군 후비병에는 포병이 없기 때문에 대포가 없었고 기관총과 같은 중화기도 갖고 오지 않았다. 청일전쟁 직전 일본 육군의 1개 사단 전시편제는 15,500명과 군마 5,600마리였다. 1894년 당시 청국과 전쟁할 때 일본육군은 제1군의 2개사단과 제2군의 3개사단 반을 동원하였고, 뒤에 출전시킨 근위사단까지 포함하면 6개사단 병력이 전쟁에 참여하였다.

일본군 히로시마대본영은 조선 전역에서 반일 무장봉기가 일어난 사실을 잘 알고 있었지만 이를 진압하는 병력으로 3개 중대만 증파하였다. 이렇게 적은 병력을 파견한 까닭으로 몇 가지를 생각해 볼 수 있다.

첫째는 일본이 국력을 기울여 벌인 청일전쟁에 동원 가능한 모든 군사력을 집중시켰기 때문에 조선에 더 보낼 군대가 없었던 것이다. 실제로 후비보병 제19대대는 시모노세키를 지키던 수비군이었다. 둘째는 농민과 다름없는 봉기 세력의 진압에 3개 중대 병력이면 충분하다고 보았던 것이다. 부산과 서울 그리고 인천과 원산 그리고 서울에 있던 후비보병 제6연대가 지원하고, 서울 수비를 맡던 후비보병 제18대대가 가세하면 진압이 가능하다고 본 것이다. 후비보병 제18대대는 청국군과 전투를 벌였던 제1군과 제2군과 같이 무라다총(村田銃)을 지급받고 파견되었다.[103] 셋째는 조선 경군과 지방군의 지휘권을 장악해서 활용하면 병력 부족을 메울 것으로 본 것이다.

북접농민군이 공주와 연산 그리고 원평과 태인에서 싸운 일본군은 1개 중대나 지대로 파견된 약 2개 소대 규모의 병력이었다. 여기에 경리청 통위영 교도중대와 감영병이 보조병력으로 동행하였다. 이들 전투에서는 일방적으로 패배하였다. 용산전투에서는 일본군이 오지 않았다. 충청도 영동 용산에서 '1만 명' 이상의 북접농민군이 1차로 싸운 상대는 경리병 60여 명과 진남병 180명, 그리고 옥천민보군 30여 명이었다. 경리병과 진남병 240명은 신식 무기를 가졌지만 용산의 가파른 산위에 올라가 대항하자 효과가 있었다. 이러한 전투 방식은 상주 유격병과 싸울 때도 동일하였다. 고지에서 내려다보며 평지로 접근해 온 상주 유격병을 대적해서 물리칠 수 있었다.

북접농민군은 싸움을 거듭하면서 효과적인 전투 방식을 찾아냈다. 다시 말해 고지에 올라가서 유리한 지형을 이용하여 공격해 오는 적과 싸우는 것이었다. 영동 용산에서도 연산전투와 태인전투처럼 처음부터 고지에 올라서 공세를 취했던 방식을 그대로 적용했던 것이다.

1993년 여름 용산면 용산리의 풍천당에서 신항리 노루목에 사는 90대의 정태선 옹에게 갑오년 용산의 사정을 조사했을 때 중요한 증언을 들었다. "당시 영동에서 행세깨나 하면서 두루마기를 걸친 사람들은 모두 동학에 들어갔다." "용산 사람 중 동학을 안 한 사람이 없었다." "우리 조부가 동학 접주로 나가서 싸웠다." 또 자신의 할머니도 동학도였다면서 어렸을 때 들었던 동학 주문 "시천주조화정 영세불망만사지"를 외우고 있었다.

정태선 옹이 용산싸움과 북실싸움을 비교해서 전하는 말은 주목할 만하다.[104] "용산에서는 높은 데 올라가 싸워서 이겼고, 북실에서는 높은 데서 총을 쏴서 다 죽고 도망쳤다."고 한 것이다. 그것이 "북실싸움에서 탈출했던 사람의 말"이라고 하였다.

일제강점기
충북 영동 지역의 민족운동

박 걸 순
충북대학교 교수

1. 머리말

일제강점기 충북 영동 지역에서는 한말 국권회복운동을 계승한 민족운동이 전개되었다. 이는 인근의 보은·옥천이 동학혁명의 중심지로서 한국근대사에서 중요한 역할을 한 역사적 사실과 관련이 있다. 또한 경부선 부설에 따른 경제적 변화, 산간으로 충남·전북·경북과 경계한 지정학적 특징도 작용한 것으로 이해된다. 한말에는 황간군 상촌면 등지를 중심으로 의병항쟁이 격렬하게 전개되며, 1910년 경술국치 직전까지 이어지는 양상을 보인다. 계몽운동으로는 기호흥학회와 연계하여 사립학교 설립운동과, 국채보상운동이 펼쳐졌다. 3·1운동 때에는 영동·학산·매곡·양강면에서 만세시위가 일어나 일제의 식민통치 타파를 외쳤다. 영동 출신 독립유공자 62명 가운데 37명이 3·1운동 계열로서, 영동 지역의 민족운동은 3·1운동이 대표적이라 할 수 있다.[1]

3·1운동 이후 영동에서는 혁신적 청년들에 의한 민족운동이 활발하게 전개되었다. 이는 청년운동과 농민운동의 형태로 나타났고, 일찍이 사회주의 사상을 수용하며 혁신농민조합운동으로 발전하였다. 충북에서는 보기 드문 형태의 격렬한 운동이었고, '영동청년회사건'(1927), '적색영동농민조합사건'(1932) 등으로 일제의 혹심한 탄압을 받았다. 그 결과, 1930년대 중반 이후 영동의 민족운동은 침체되는 양상을 보인다.

일제강점기 영동 지역의 민족운동에 대해서는 비교적 이른 시기에 노동운동에 대해 검토된 바 있고[2] 근래 들어 농민운동이 주목되었다.[3] 그러나 그 외의 운동 계열에 대해서는 사실의 현상적 정리조차 진행되지 않은 실정이다. 일부 선행연구들도 영동의 청년운동과 농민운동을 구조적으로 이해하는 데까지 미치지는 못하였다.

이 글은 일제강점기 영동 지역에서 전개된 민족운동을 다루고자 하는 것이다. 시간적으로 일제강점기라고는 하였으나, 민족운동의 연속성 측면에서 한말 국권회복운동부터 논의하기로 하며, 공간적으로는 현재의 행정 관할을 기준으로 1914년 군면 폐합 이전의 황간군까지 범위로 하기로 한다.

2. 한말 국권회복운동

1) 의병항쟁

영동 지역의 전기와 중기 의병에 대해서는 별다른 기록을 찾을 수 없다. 그러나 후기에 오며 양상은 크게 변화하였다. 영동과 인접한 보은과 옥천은 물론 전라도 금산과 무주 등지의 의병이 활발하게 활동하며 종종 영동을 내습하였고, 소규모이지만 영동을 근거로 하는 의진도 있었다.

일제 측 자료에 의하면 군대 해산 직후인 1907년 9월 11일 황간에 의병이 출현한 이후 10월 11일과 20일, 26일, 11월 22일, 12월 9일과 15일에 잇달아 이 지역에 나타났고, 12월 24일에는 영동에 출현하였다. 이듬해에도 3월 23일 황간, 7월 10일 영동, 7월 16일과 8월 16일에 황간에 출현하는 등 활발해지는 양상을 보인다.[4]

1907년 7월 26일, 일제는 보병 12사단 14연대를 포함하는 1개 여단 병력을 한국에 파견하였다. 이는 고종의 강제퇴위 이후를 대비하기 위한 무력 증강책이었다. 여단장은 영동에 14연대 제5중대의 1개 소대를, 보은에 47연대 제4중대의 1개 소대를 주둔시키도록 명령하였다.[5] 「토벌대 신수비지에 이르는 행동 예정표」에 의하면 5중대(2소대 결)가 9월 27일 영동에 도착하였다.[6] 수비대장 마츠노(松野) 대위는 9월 30일 금산 용동 일원의 의병 정찰 결과 보고를 시작으로 임무 수행에 착수하였다.[7]

1907년 9월 29일, 남부수비관구사령관 요다 히로타로(依田廣太郞)는 의병을 포위 공격하기 위해 '토벌제종대(討伐諸縱隊)'의 편성을 명하였다. 이때 영동수비대는 병천종대에 배속되어 의병 탄압에 나섰다.[8] 영동수비대가 주력한 것은 금산 일원의 의병을 진압하는 일이었다. 영동 수비대는 수차 금산 일원에 파병되어 의병과 전투를 벌였다. 의병을 탄압하는 데에는 영동과 황간에 있던 일본 경찰들도 한몫 하였다.

영동 일원에서 의병이 가장 치열했던 곳은 황간군 상촌면(上村面)이었다. 군수의 보고에 의하면 상촌면은 '적경(賊警)이 무년무지(無年無之) ᄒ와 편성적굴(便成賊窟)'한 곳이었다. 1907년 12월 9일 밤, 8명의 의병이 이곳에 나타나 민가 7호를 방화하였다.[9] 1908년 1월 12일 오전 6시경에는 수십 명의 의병이 상촌면 상방촌에 와서 13일 새벽까지 머물며 활동하였다. 영동경찰분서에서는 일본인 순사 1명과 조선인 순사보 1명을 파견하였다.[10]

1909년 들어 의병 활동은 더욱 치열해졌다. 1월 14일에는 유종환(兪鍾煥)이 인솔하는 25명의 의병이 황간군 상촌면 물한리에 모인다는 소문이 나돌았다. 이에 황간주재소의 일본인 순사 2인이 조선 순사 2인과 함께 길 안내자로 주재소 사역 김유성(金有成)과 군청 소사 박다복(朴多福)을 앞세워 변장을 하고 출동하였다. 이들은 도중 안산에 매복한 의병의 사격을 받아 김유성이 죽고, 군 소사와 순사가 부상당하고 퇴각하였다.[11]

2월 27일 오후 11시경에는 영동군 이동면 미륵당리에 10여 명의 의병이 출현하였다. 이들은 이 마을 손덕삼(孫德三) 등 5인으로부터 금품을 빼앗고 황간면 상촌면 방면으로 도주하였다. 급보를 받고 순사 4명이 추적하는데도, 상촌면 신기리 김홍일 등으로부터 금품을 빼앗아 달아났다.[12]

3월 4일에는 20여 명의 의병이 황간군 상촌면 상하물리에 출현하여 금품을 빼앗고 주민 김달희(金達熙)를 살해하였다는 소식을 듣고, 영동과 황간에서 일경이 동시 출동하여 교전을 벌였다.[13] 3월 14일 오후 7시에는 9명의 의병이 황간군 서면 서송원에 나타났다. 동민들이 그들을 체포하려 하자 의병들은 화승총과 권총을 발사하고 동리 70호 중 39호를 방화하여 전소시켰다. 마을의 절반 이상을 전소시킨 것인데, 이는 의병 활동 방해에 대한 보복이었다. 일경이 출동하였으나, 의병이 마을에서 퇴각한 뒤라 마주치지는 않았다.[14]

이 의병은 박타관(朴他官)이 이끄는 의진이었다. 그들은 3월 21일 황간군 오곡면 대로촌에서 군수품을 모금하고 임태현(林泰鉉)을 살해하는 활동도 하였다. 박타관 등 4명은 4월 16일 경북 김산에서 영동경찰서 소속 경찰에게 피체되었다.[15] 이들은 영동경찰서 유치장에 구금되어 조사를 받던 중 5월 11일 유치장을 파괴하고 탈주에 성공, 다시 오곡면 오곡리에서 의병 활동을 하던 중 출동한 일경의 총격을 받고 전사하였다.[16]

4월 3일, 영동경찰서 경찰들은 20명의 의병을 데리고 영동 일대에서 활동하던 김여서(金與西) 등 5명을 체포하여 화승총 등을 노획하고 공주지방재판소 청주지부로 이송하였다. 체포된 의병들은 모두 영동 사람들이었다.[17] 또한 영동경찰서는 인근 지역에서 활동하던 장운식(張雲植) 이하 11명을 체포하여 이송하였는데, 김평근(金平根)은 영동 출신이다.[18] 7월 16일에는 황간군 상촌면 유곡리에 의병 4명이 출현하여 민가 4곳으로부터 금품을 빼앗아 달아났다. 황간주재소 순사 3명이 헌병과 협력 출동하여 상촌면 소죽리 마미산을 포위 수색하여 3명의 의병을 체포하였다.[19]

이해 8월 23일, 이른바 '영국사(寧國寺) 의병'이 조직되었다. 전북 운봉 출신 조석우(趙錫祐)는 '정사를 변경'할 목적으로 장군선 등 12명과 함께 양산면 누교리 천태산 영국사에 모여 의병을 조직하였다. 조석우는 자신을 신화병(神化兵)의 총대장(또는 삼남대장)이라 칭하고 장군선·조덕장·권덕원 3인을 부장으로 임명하였다. 이들은 완전한 독립국이 되기 위해 일본인을 모두 살해하고, 철도 정거장을 파괴하자며 각지에 격문을 붙여 의병을 모집하기로 결의하였다. 이들은 이튿날 양내면 소재지로 가서 15세~40세의 장정들은 의병에 참가하라고 하며, 만일 불응하면 집을 방화하겠다고 말하였다. 이들은 19명의 장정을 모집하였는데, 이에 불응하는 사람의 집을 방화하다가 마을 사람들에 의해 잡혀 인계되었다. 이들의 활동 목표 가운데 철도 정거장의 파괴는 일제 식민통치에 대한 구체적 저항이었다.[20]

1909년 8월과 9월, 영동은 충북 의병의 중심지였다. 이 시기, 영동경찰서 관할은 의병의 내습이 가장 많았고 치열한 양상을 보인다.[21] 10월 들어 도내 의병 활동은 크게 줄어드나 영동에서는 간헐적으로 활동 기록이 산견된다. 10월 4일, 황간군 서면 죽전리 이장 서장훈으로부터 총기를 지닌 7명의 의병이 출현하였다는 보고를 받고 영동경찰서 순사 2명이 출동하였다. 그러나 의병들은 군수품을 징발하고 이미 퇴각한 뒤였다.[22]

그러던 10월 29일, 문태수(文泰洙) 의진이 이원역을 습격, 방화하는 일이 발생하였다. 문태수는 이날 밤 10시경, 강이봉(康伊奉) 등 부하 11명을 인솔하고, 이원역 인부 십 수 명의 지원을 받아 이원역을 습격하여 역사를 불태우고 일본인의 금전을 노획하였다.[23] 10월 30일 오전 1시, 급보를 받은 일본군(헌병 오장을 비롯하여 6명, 대전수비대 장교 이하 20명)이 대전역을 출발하여 이원역으로 출동하였다.[24] 영동에서도 경찰 4인이 응원 출동하였다. 그러나 의병들은 대전에서 일본군을 태운 열차가 역으로 들어오자 곧 영동군 양산 방면으로 도주하였다.[25]

문태수 의진의 이원역 습격 사건 이후 일제는 군경 합동으로 충북 일원 의병 탄압에 나섰다. 충청북도 경찰부장이 경무국장에게 보고한 내용에 의하면 충주 수비대가 경찰을 지휘하며 5일 동안 도내에서 활동하는 한봉수, 김상태 등의 의진을 궤멸시키고자 하였다. 당시 영동경찰서에서는 일본인 순사 4인, 한인 순사 4인이 이 계획에 참여하였다.[26] 이 계획은 이른바 '남한 폭도대토벌'과 함께 의병의 주력을 꺾는 계기가 된 것으로 보인다.

1910년 들어 충북의 의병은 거의 끝나갔다. 그러나 영동은 충북지역에서 가장 늦은 6월까지 의병이 출현하여 제천과 함께 충북 의병의 중심지임을 입증한다.[27] 그런데 3월 19일부터 28일까지 의병장 한봉수가 자수를 출원하고 영동경찰서장의 지휘를 받아 문태수 의병장의 수색에 나섰던 일이 있었다.[28]

2) 계몽운동

의병과 함께 한말 국권회복운동의 한 축을 담당한 것은 계몽운동이었다. 영동의 계몽운동은 근대 사립학교 설립운동으로부터 시작한다. 영동에서 최초의 사립학교는 1906년 설립된 덕명학교(德明學校)였다.[29] 1908년 봄에는 군내 유지들이 계산학교(稽山學校)를 세워 인근 자제를 교수하여 많은 성과를 거두고, 1909년 3월 30여 명을 졸업시켰다.[30] 이후 1910년 장덕근(張惠根)과 송재순(宋在淳)의 노력으로 계산학교가 '진취의 기망이 유'하다는 보도가 있었다.[31] 1909년 1월에는 황간공립보통학교 내에 노동학과를 부설하고 이

학교 부훈도인 여규혁이 열심히 교육하여 학생이 50여 명에 달하였다고 한다.[32]

1909년 12월 들어 영동의 학교 설립운동은 기호흥학회와 연계되어 진행되었다. 기호흥학회는 전년 1월 19일 기호지방의 흥학을 목적으로 이종일(李鍾一), 정영택(鄭永澤) 등의 발기로 창립된 계몽단체이다. 기호흥학회는 각 지역 인사들에게 공함을 보내 지회와 학교 설립을 독려하였다.[33]

기호흥학회는 「규칙」 제4조에서 본 회는 한성에 두고, 경기도와 충청남북도에 지회를 설립하기로 하였다.[34] 1909년 12월 현재 인가를 받은 지회는 경기 7개소, 충남 8개소, 충북 4개소 등 19개소였다. 충북은 청주(1908.5.10)를 필두로,[35] 충주(1908.12.19), 제천(1909.6.19)에 지회가 설립되었고, 1909년 12월 10일을 전후하여 영동에도 설립되었다. 그간 영동군지회에 대하여는 전혀 논급되지 않았으나, 영동에도 지회가 설립되었음은 명백한 사실이다.[36]

1909년 12월 1일, 기호흥학회는 영동군내 각 사립학교들의 요구에 따라 교육 권장위원으로 정영택을 영동군으로 파송하였다.[37] 이에 곧 조양학교(朝陽學校)가 개교식을 갖게 되었는데, 참석한 유지들이 각리 회당에 전래되던 전토 282두락과 현금 444원을 기부하였다. 이 학교 설립자는 이원석(李源奭)과 이상구(李相求)로서 청년 교육을 위해 경비를 자담하였다. 이 무렵 강하영(姜夏永)과 장덕근 등이 지회 설립을 발기하였는데, 군수 임연상(林淵相)과 군 주사 장혁(張爀)이 대찬성하고 나섰다.[38] 따라서 조양학교는 기호흥학회 영동군지회 설립의 일환으로 건립된 학교라 할 수 있다. 또한 장덕근은 계산학교 설립을 주도했고 기호흥학회 발기에 참여한 인물임을 알 수 있다.

그러나 조양학교는 곧 경비 부족으로 운영난에 봉착한 것으로 보인다. 이에 서울에 살고 있던 강두흠(姜斗欽)이 집을 처분하여 학교 운영 경비를 부담하였다.[39] 그런데 조양학교는 군수와 불협화음이 있었던 것으로 보인다. 즉, 군수 임연상이 조양학교 재산에 관해 '저희(沮戲)'하는 일이 있다고 학교 당국이 학부에 청원을 하고 재판해 주기를 청한 일이 생겼다.[40] 영동군수 임연상과 조양학교가 충돌한 구체적 사항은 알 수 없다. 그러나 옥천군에서 전직 관찰사와 군수 등이 사립학교 설립에 앞장서고, 특히 현직 군수 신현구가 군내에 7개의 노동야학을 개설하여 노동자의 문맹퇴치에 노력한 것과는 대비된다.[41]

한편 당시 영동에서 일어나고 있던 학교나 강습소의 설립 목적을 보여주는 구체적 사례가 있다. 양남면 광평리에 있던 광흥강습소가 그 경우이다. 1910년 1월 1일 재학생 여규원(呂圭圓)·여규송(呂圭頌)·정범래(鄭範來) 3인이 인근 학교의 임원 등을 초치하여 자신들의 결심을 밝힌 뒤, 동맹단발을 결행하였다.[42] 당시 언론이 광흥강습소 학생들의 단발이라는 개화와 계몽의 상징적 행위를 주목한 것은 사립학교 설립운동의 일면을 보여주는 것이다. 여규원은 3·1운동 당시 학산면장을 지냈고, 이후 학산공보기성회장 등을 역임하는 등 지역 유지로 활동하였다.[43] 한편 영동 유지 제씨들은 1910년 지정 사립보통학교를 세워 운영하기도 하였다.[44] 그러나 영동 지역은 물론 충북의 경우, 상대적으로 사립학교 설립운동이 미약했으며, 체제 순응적 모습을 보이고 있어 교육구국운동의 성격을 찾아보기는 힘들다는 지적[45]도 있어 좀 더 면밀한 검토가 요구된다.

영동 지역에서 전개된 국권회복운동에서 또 논의해야 할 것은 국채보상운동이다. 충북에서 국채보상운동에 가장 먼저 호응한 지역은 옥천이었다. 이규연(李圭淵) 등 옥천 유지 21명은 1907년 3월 3일 '국채보상단연의무회'를 조직하고 취지서를 발표하였다.[46] 영동 지역도 곧 국채보상운동에 적극 호응하였다. 전 참봉 정범석(鄭範錫), 전 의관 최창한(崔昌翰) 등은 3월 3일 읍내

장터에서 군중을 모아 놓고 국채보상에 관한 연설을 하였고, 현장에서 99원 70전이 모금되었다. 발기인들은 회의소를 차리고 이를 군내에 널리 알려 자원 출연자를 기다리기로 하고, 신문지상에 광고를 게재하였다.[47]

정범석 등 18명 명의로 발표한 「충청북도영동군국채보상운동취지서」는 국채를 갚지 못해 이자가 해마다 늘어나면 전국 강토는 일본의 소유가 되고, 온 동포는 일본의 노예를 면치 못할 것이라고 하며 각자 힘 닿는 데까지 의연하여 국채를 갚자고 호소하였다.[48]

영동 지역민의 국채보상운동 참여는 일제 침략의 심각성을 느끼고 이에 대응하고자 한 민족운동의 성격을 지니고 있다. 다만, 계몽운동이라 하더라도 단순한 근대주의 범주에서 민지계발 정도에 머문다면 한말의 상황에서 별다른 의미를 지닐 수 없다. 따라서 망국 사태 앞에 '구국'이란 적극적 자세와 행동양식만이 역사 발전적 의미를 갖는다는 견해[49]는 한말 계몽운동의 지향을 시사한다.

3. 3 · 1운동

1) 영동 3 · 1운동 개황

영동의 3 · 1운동 개황을 알려주는 고전적 자료는 대한민국임시정부가 편찬한 『한일관계사료집』과 이를 바탕으로 저술한 박은식의 『한국독립운동지혈사』 및 김병조의 『한국독립운동사략 상편』이다. 『한일관계사료집』의 「독립운동일람표」에는 영동에서 3월 30일 1천 명이 회집하여 시위를 벌인 것으로 기록되어 있다. 그런데 다른 지역과는 달리 사망수 · 피상수 · 피수수 · 주모단체에 관한 기록이 전혀 없다.[50] 이 자료는 임시정부가 최초로

3·1운동의 집계와 통계를 하였다는 점에서 의미가 크다.[51]

『한국독립운동지혈사』의 기록은 조금 더 구체적이다. 여기에는 영동에서 2회에 걸쳐 1천명이 회집하여 만세시위를 벌였고, 이로 말미암아 사망 25명, 피상 47명이 발생하였다고 기록되어 있다. 피수인수는 누락되어 있는데, 사망과 피상자 수만 두고 보면 도내에서 옥천 다음으로 많은 희생이 발생한 지역이라 할 수 있다.[52] 『한국독립운동사략 상편』에는 영동 참가자 수가 다른 자료보다 많이 기록되어 있다. 여기에는 3월에 1천명, 4월에 1천명 등 영동에서는 모두 2천명이 만세시위에 참가한 것으로 되어 있다.[53]

한편 일제 헌병 보고 자료를 종합해 보면 3·1운동 당시 충북에서는 모두 38회의 만세시위가 있었음을 알 수 있다. 물론 일제측 보고는 일정 규모 이상의 시위를 대상으로 하였기 때문에 소규모 시위 등은 누락된 것이 많다.[54] 이 가운데 영동의 만세시위를 정리하면 다음의 표와 같다.[55]

〈일제 헌병 기록에 나타난 영동 3·1운동 통계〉

월일	지역	군중수	출동병력	발포개수	사상자수
3. 29	학산 서산	200			
4. 3	양강 괴목	2,000[56]			
4. 3	학산 서산	300	5	1	
4. 4	영동	2,000			14
4. 6	영동 추풍령	300			

표에 의하면 영동에서는 5회의 만세시위가 발생하였음을 알 수 있다. 그런데 영동 지역 사상자 수에 관한 조선군사령관의 보고 내용은 위의 경무총감부나 헌병사령관의 보고와는 다르다. 즉 충북에서는 7회에 걸쳐 군대의 발포가 있었는데, 영동에서 2차의 군대 출동과 발포가 있었다는 것이다. 이에 의하면, 영동에서는 4월 3일의 학산 서산 시위와, 4월 4일의 영동읍 시위에서

사상자가 발생하였음을 알 수 있다. 특히 4월 4일의 영동읍 장날 시위에서는 7명이 사망하고 12명이 부상당하는 큰 희생이 있었음을 알 수 있다.[57]

그런데 영동에서 가장 큰 시위로서 다수의 사상자가 발생한 4월 4일의 영동읍 시위와 4월 16일 학산면에서 전개된 만세시위 관련자의 재판판결문이 전혀 남아 있지 않다.[58] 또한 양산면 가곡리 인천 이씨가 주도한 3월 29일 학산 서산 시위와, 매곡면에서 출발하여 추풍령까지 진출하여 헌병분견소를 소각하였던 격렬한 시위도 지방법원 판결문이 아닌 복심법원과 고등법원의 판결문만 남아 있어 구체적인 시위 양상은 알 수 없다. 따라서 이 지역의 만세시위 양상은 후대의 견문 자료에 의존하는 수밖에 없다.[59]

2) 양산면 갓골 인천 이씨 문중이 주도한 학산면 시위

양산면 가곡리는 가지골(갓골)이라 불리는데, 인천 이씨가 세거해 온 마을이다. 3·1운동 당시는 3백여 호에 달하며 성세를 이루었는데, 지금은 많이 줄어 150여 호 정도이나, 여전히 집성촌을 유지하고 있다.[60]

갓골 인천 이씨의 연로한 종인들은 각지에서 전개되는 만세시위 소식을 듣고, 젊은 자질들을 격려하여 만세운동을 펼치고자 하였다. 3월 29일, 이에 부응한 이채연(李彩然) 등이 만세운동을 계획하였고, 보통학교 학생 이흥연(李興然)과 이성주(李聖周)가 판자에 '대한독립만세'를 대서특필하여 마을 앞 큰길가에 세우고 만세를 부르려던 차에 일경에 발각되어 인근의 학산주재소로 연행 당하였다. 분개한 종인 수십 인이 면민들과 함께 10여 리 떨어진 학산면 주재소로 몰려가 독립만세를 외쳤다.[61]

마침 그때, 영동과 무주 간 도로 공사에 동원된 수많은 인부들도 만세시위 대열에 합세하였다. 일부 흥분한 시위대는 주재소 건물을 파괴하고 전화기를 부수며 연행 학생의 석방을 요구하였다. 겁에 질린 일경은 자신들도 태극기를 들고 만세를 따라 부르며 연행한 학생을 석방하였다. 이후 일제는 대대적인 체포에 나서 이채연 등을 재판에 회부하였다. 이때 이헌주·이관연·이기주 3인은 피신하여 객지를 전전하다가 피체를 모면하고 만년에 귀가하였다고 한다.[62] 이채연 등은 7월 28일 경성복심법원에서 소요 및 보안법 위반으로 2~3년형을 선고받고 상고하였으나 기각 당하였다.[63]

3) 식민지 경제정책에 반발한 학산면 시위

학산면은 서산(鋤山) 경찰주재소가 위치해 있는 곳으로 영동 만세시위의 중심지였다. 학산 장날인 4월 3일 낮과 밤에 연속하여 만세운동이 전개되었다. 오후 4시 무렵부터 서산장터에 만세함성이 터져 나왔고, 6시경 끝났다.[64] 이 시위에서 주목되는 것은 군중들이 학산면장 여규원에게 독립만세를 부를 것을 권유하여 함께 외쳤다는 사실이다.[65]

오후 8시경 군중들은 다시 면사무소로 몰려갔다. 시위를 주도한 이는 학산면 지내리에 거주하는 양봉식(梁鳳植)이었다. 그는 면사무소에서 2백여 명의 선두에 서서 만세를 고창하고 강제 배부를 위해 임시로 심어 둔 뽕나무 묘목을 뽑아 내버리며 시위를 지휘하였다. 그는 자신을 '전라북도 군산부에 거주하는 국민 대표자'라고 칭하며, "바야흐로 국민들은 좁쌀을 사먹기조차 어려운 판에 값비싼 뽕나무 묘목을 배포하려 함은 부당한 처사인즉 이를 처분해야 한다."고 말하였다. 그는 군중을 독려하여 구내에 심어 둔 뽕나무 묘목 28,000본을 뽑아 흩어버리고, 이를 정문 도로로 끌어내 불질러버렸다.[66] 사태가 심각해지자 일본군 보병 80연대가 응원 출동, 사격을 감행하여 10여 명의 사상자가 발생하였다.[67]

시위 참가자들의 재판 판결문에는 당시 군중들이 파기한 묘목은 뽕나무 28,000본으로 기록되어 있다. 그런데 또 다른 일제측 기록에는 군중이 파기한 묘목은 뽕나무 28,000본과 소나무 묘목 10,000본 등 38,000본으로 되어 있다.[68]

일제는 이 사태를 만세시위가 산업에 미칠 영향이란 점에서 매우 중시하였다. 일제는 영동 학산면 시위 형태를 당국이 식림을 강요하여 토지가 없는 주민들에게까지 묘목을 강매하고 대금을 징수한 때문이라고 분석하였다. 당시 청주에서는 뽕나무 묘목 59만 2백 그루를 각 면에 배부하여 심을 것을 장려하였으나, 만세시위 때문에 늦어져 1할이 고사하였고, 미호천 연안에 강제식림을 시작하였으나, 역시 만세시위로 늦어져 4할이 고사하였다. 또한 청주군에서는 육지면 재배를 거부하여 예년보다 약 3할이 줄어들기도 하였다. 전국적으로도 만세시위는 뽕나무 배부와 식재에 영향을 주었다. 양주군에서도 뽕나무 묘목을 반납하려는 사람이 있었고, 봉화군에서도 일단 묘목을 수령하였다가 야간에 몰래 면사무소에 두고 간 사람이 있었다. 충남과 강원도에서도 배부와 식재의 차질 사례가 보고되었다. 그러나 영동 학산면 시위처럼 일제의 식민지 경제정책을 정면으로 거부하며 격렬하게 저항한 사례는 찾아볼 수 없다.[69]

한편 4월 16일 학산 서산주재소에서 벌어진 만세시위도 일제의 식민지 정책과 관련이 있다. 학산면 지내리에 거주하며 서당에서 동문수학했던 김승림 · 여규병 · 정화중 · 박두업 등은 만세시위를 펼치기로 계획하고 태극기와 깃발을 준비하고 동지 규합에 나섰다. 이들은 마침 영동-무주 간 도로 부역 공사에 나선 군중들과 함께 서산주재소를 습격하여 파괴하는 등 격렬히 항쟁하였다.[70] 이처럼 도로 부역공사에 동원된 사람들이 시위 군중으로 나서 격렬히 항쟁한 것은 부역 동원이라는 일제 식민지 정책에 대한 저항으

로 평가된다.[71]

4) 추풍령 헌병분견소를 불지른 매곡면 시위

매곡면에서는 4월 2일부터 6일까지 5일 동안 연속으로 만세시위가 벌어졌다. 안준 · 장복철 · 안병문 · 김용선 · 임봉춘 등은 4월 2일 밤나무 양묘장에 작업하러 모인 사람들을 선도하여 이끌고 만세시위를 벌이며 면사무소로 행진하였다. 그들은 면장과 직원을 설득하여 함께 만세를 외쳤다. 3일 밤에는 1백여 명의 군중이 면소재지인 노천리에서 만세를 불렀다. 이때 그곳에 거주하던 일본인도 만세를 따라 불렀다.[72]

4일 오전 11시경에는 8백여 명의 군중들이 면사무소에 집결하여 독립선언서를 낭독하고 독립만세를 고창하였다. 이를 진압하기 위해 추풍령 분견소에서 헌병이 출동하여 안광덕 · 임진규 · 남도학 등 주도자를 체포하여 연행해 갔다. 이에 분노한 군중들은 추풍령 헌병분견소로 달려가 구금자의 석방을 요구하며 이튿날 새벽 5시까지 시위를 벌이다 해산하였다. 그런데 이날 밤 10시 30분경 헌병분견소 숙사가 전소되는 일이 발생하였다. 이 화재는 6일 0시 30분경 진화되었는데, 일제는 화재의 원인을 '폭민의 방화'로 보고하였다.[73]

매곡면 만세시위는 6일에도 계속되었다. 이날 오전 11시경, 안준 등 3백여 군중은 대형 '독립기'를 앞세우고 독립만세를 외치며 다시 헌병분견소로 행진하였다. 그러나 일제의 탄압으로 4명이 피체되고 해산 당하였다.[74]

매곡시위는 영동군에서 보기 드문 연속 시위였다. 따라서 군내에서 가장 많은 9명이 재판에 회부되어 옥고를 치렀다. 이들은 4월 23일 공주지방법원 대전지청에서 보안법위반혐의로 징역형을 선고받고 법정투쟁을 벌였으

나, 7월 5일 고등법원에서 기각당해 1년~1년 4월형이 확정되어 옥고를 치렀다.[75]

5) 기타 시위

이들 지역 외에도 군내에서 시위가 더 일어났다. 4월 3일 양강면 괴목리 경찰관 주재소에서 200여 명의 군중이 집결하여 만세시위를 벌였다.[76] 이날 박중옥과 김용문 등은 군중들과 함께 면사무소 부근에서 시위를 벌이다가 괴목리 주재소로 달려가 순사보 김영환을 구타하는 등 시위를 벌이다 8명이 피체되었다.[77]

4월 4일에는 영동읍 장터에서 대대적인 시위가 전개되었다. 박성하·한의교·정성백·장인득·김태규·정우문 등은 영동 장날인 4월 4일을 거사일로 정하고, 선언서와 태극기를 인쇄·제작하였다. 이들은 오후 2시, 장터에서 2천여 명의 시위 군중을 이끌고 만세시위를 전개하였다. 이 때 일본 군경이 출동하여 발포를 감행하여 6명이 순국하고 8명이 부상하였다.[78] 이 시위를 주도한 김태규·장인득·한광교 3인이 포상되었으나, 희생자와 부상자가 밝혀지지 않았을 뿐만 아니라, 판결문조차 남아 있지 않아 그 실상을 제대로 알 수 없다.[79]

4. 청년운동

1) 영동청년회의 조직

3·1운동 이후 전국적으로 청년운동이 활발하게 전개되었다. 영동청년

회는 1920년 8월 창립되었는데, 창립식에는 다수의 청년이 운집하였고, 의연금도 많이 거출되었다.[80] 초대 회장은 육병세(陸炳世), 2대 회장은 장준(張俊)이 맡았고, 부서는 체육부·덕육부·지육부(학예부)·산업부를 두었다. 창립 후 영동청년회는 계몽단체로서 소인극단 순회공연, 강연회, 체육대회 개최, 토산물장려운동 등을 통해 지역의 문화운동을 주도하였다.[81]

그러나 '창립된 지 이미 삼개 성상을 경과하였으나 내용과 사업이 별무가관(別無可觀)'이라는 지적[82]에서 알 수 있듯이 활동이 활발하지는 못하였다. 영동청년회는 1923년 4월 28일 개최된 제5회 정기총회에서 지도체제를 회장제에서 집행위원제로 개정하며 변화를 도모하였다. 이때 선출된 집행위원은 장준·김행하·육병세·박건하·송기헌·송순헌·김덕중·이경로·이일영·김극수 등 10인이었다.[83] 그러나 집행위원이 선출된 지 불과 3개월 만에 전원이 총사직하고 새로운 집행위원으로 교체되었다. 이는 외형상 청년회관 신축에 들어간 경비 마련을 둘러싸고 조성된 갈등 때문이었는데, 실상은 계급 대립의 결과였다.

영동청년회가 부진했고 내부의 갈등이 있었던 가장 중요한 원인은 사회경제적으로 이질적 집단으로 구성된 간부 구성상의 문제 때문이었다. 즉, 영동청년회관 건축에 들어간 부채를 모금하기 위해서는 '자본가', '유산계급'의 증오를 받는 '무산자'로 구성된 집행위원으로는 해결책이 난망하므로 '유산가'로 집행위원을 개선하였다는 것이다. 해임된 집행위원은 장준·김행하·박건하·이일영·김극수 5인이었고, 유임된 집행위원은 육병세·송기헌·송순헌·김덕중·이경로 5인이었으며, 송진헌·송명헌·전덕표·정환수·손재하 5인이 새로운 집행위원으로 선임되었다.[84]

해임된 집행위원은 가난한 농민(장준, 이일영), 신문기자(김극수·김행하·박건하)로서 자본가와는 거리가 먼 사람들이었다. 반면 유임되거나 새로 선임된 집행위원은 면장이나 금융기관장 출신(육병세·이경로), 지주나 공영사 사장 또는 주주(송기헌·김덕중·송진헌·송순헌), 미곡상(손재하), 면협의원(정환수), 양조장 경영(전덕표) 등 일제 식민통치기관 근무자나 협조자, 또는 지주나 부호였다.[85]

새로운 집행위원은 전원 '유산가'로 구성되었다. 이에 초기 영동청년회를 이끌던 '무산가'이자, 소작운동을 주도하여 지주와 유산계급의 증오의 대상이 되었던 장준 등은 새로운 방향을 모색해야 했다. 결국 이들은 출신과 이념, 지향이 상충되는 계층으로서 다른 길을 걸을 수밖에 없었다.

2) 칠월회(七月會) 분립

장준 등은 이해 7월 영동청년회를 탈퇴하였다. 이들은 이미 1923년 2월 3일 조직된 영동 소작인상조회[86] 창립과 활동에 주도적 역할을 하며, 지주 등 자본가 계층의 간부들과는 다른 행보를 하고 있었다.

당시 이들이 사상적으로 사회주의 사상을 수용하게 된 결정적인 계기가 있었다. 그것은 1923년 3월 24일부터 30일까지 서울청년회 주최로 전국 94개 청년 단체가 참여한 전조선청년당대회에 참여하게 된 것이다. 당시 영동청년회에서는 육병세와 김극수가 대표로 참가하였다. 이 대회는 선언문을 발표하여 불합리한 경제조직과 사회제도, 이에 부속된 부르주아적 모든 문화를 근본적으로 타파하고 빈부 격차와 계급 알력이 없는 신사회를 목표로 할 것을 선언하였다. 선언문은 계급의식으로 각성한 무산계급의 대동단결과 조직적 훈련으로 '지배압복 유산계급'을 공포 전율케 할 것을 확신하였다.[87] 이에 의해 각지 청년회는 사회주의 이념에 따라 대중적 해방운동의 전위대가 되고자 하였다.

영동청년회를 탈퇴한 장준 등은 김극수 등과 함께 칠월회를 분립 조직하였다. 칠월회는 7월에 조직하였다 하여 붙여진 이름인데, 사상 문제 연구를 주안으로 하는 사상단체였다. 조직 당시 강령이나 규약 등이 있었던 듯하나, 남아 있지 않아 정확한 조직이나 실상은 알 수 없다. 칠월회는 사회주의 사상을 수용하고 영동 지역 사회운동을 주도하는 단체가 되었다. 이후 장준은 서울에서 조선노농총동맹 겸 조선청년총동맹이 조직될 때 참가하고 돌아와 운동의 방향을 민족운동에서 계급운동으로 전환하였다. 장준과 김득수는 1925년 다시 영동청년회에 가입하여 실권을 장악하였다.[88]

칠월회는 한동안 침체되어 있다가 1926년 5월 17일 부흥총회를 개최하였다. 이들이 부흥총회를 개최한 까닭은 '사상 순화', 즉 사회주의 사상 강화를 위해서였다. 이들은 선언, 강령, 규약의 수정안을 통과시키고 임원 선거를 하였다. 이를 통해 칠월회의 조직과 강령 등을 유추해 볼 수 있다. 이날 선출된 칠월회 위원은 장준·김극수·장철·홍순갑·김태수·강전·최진 등 7인이었다. 칠월회의 강령은 다음의 3개 조항으로 되어 있다.

1. 아등은 사회운동의 선구자가 되기를 기함
1. 아등은 대중의 합리적 사회생활의 획득을 기함
1. 아등은 해방운동상에 재한 실제적 이익을 위하여 노력함[89]

그런데 칠월회의 부흥총회가 있은 지 얼마 지나지 않은 6월 7일, 칠월회 간부 장준이 영동경찰서에 구금되었다. 8일에는 영동경찰서 고등계 형사 등 4인이 영동청년회, 칠월회, 노농동맹, 평문구락부, 군소년회를 일제 수색하여 서류를 압수해 갔으며, 10일에는 영동청년회 간부 김태수를 검거하였다.[90] 이 같은 영동경찰서의 잇단 탄압의 정확한 사유는 알 수 없으나, 장준이 구금되고 칠월회 사무실이 수색당한 사실로 미루어 보면 칠월회 부흥 총회를 계기로 영동 내 사회주의 사상의 확산을 차단하려 한 조치로 판단된다. 이후 칠월회 활동은 찾아볼 수 없다. 다만, 이듬해 장준이 영동청년연맹 사건으로 피체될 때 영동청년회 칠월회 소속으로 소개되었다.[91] 이로써 보면 칠월회는 영동청년회의 외곽 사상단체로 계속 존재했던 것으로 이해된다. 즉, 장준 등이 영동청년회를 탈퇴하여 조직하였을 때는 별개의 사상 단체로 존재하다가, 이들이 재가입하고 난 후는 외곽 단체로 존재한 것으로 판단된다.

3) 영동청년연맹 결성과 영동청년회사건

장준 등은 1926년 10월 18일, 창립대회를 열고 영동청년연맹을 발족시켰다. 당시 영동군에는 영동청년회를 비롯하여 양강청년회(설립일 미상, 장준, 장철)·용화청년회(1923년 말경)·황간청년회(1925. 3. 14, 최판홍, 추교경) 및 영동노동조합(1926.5) 등 5개의 청년단체가 있었다. 이들 청년 단체들은 10~70명의 회원을 보유하고 각각 활동하고 있었다. 그러나 각자 활동하였기 때문에 연락시 비밀유지 등이 어려워 목적 수행이 어렵게 되자, 각 청년회를 통솔할 강력한 통합 단체의 출현이 요구되었다. 이에 장준 등이 5개 청년회 대표들을 초청하여 영동청년연맹 창립대회를 개최한 것이다. 이날 참석한 지역 간부는 다음과 같다.

- 양강청년회 : 장준, 장철
- 영동청년회 : 김극수, 김태수, 이관직
- 황간청년회 : 최판홍, 추교경[92]

이들은 창립총회에서 강령과 규약을 의결하고 임원을 선출하였다. 사무소는 영동청년회관으로 하였다. 창립 이후 영동청년연맹의 활동상은 자료의 결핍으로 알 수 없다. 그러나 1927년 8월, 장준 등 영동청년연맹회원 13명이 적화운동, 공산주의 선전을 이유로 치안유지법 위반 혐의로 구속되어 대전형무소로 구금되었다. 일제는 이른바 '영동청년회사건'의 보도를 통제하다가 8월 28일에야 해금할 정도로 주시하였다.[93] 이 가운데 장준·김태수·김관직·최판홍·장철·추교경·김극수 등 7명은 공주지방법원에서 비공개로 예심공판을 받았다.[94]

1928년 2월 21일 공주지방법원에서 열린 심리 때에는 '영동의 청년을 모두 잡아 간' 사건답게 정사복 경찰이 법정을 엄중히 경계하고, 방청 금지 조치를 내렸다.[95] 장준 등 7인은 3월 15일 공주지방법원에서 치안유지법 위반으로 재판을 받아 무죄 판결을 받았으나, 원심 검사가 공소를 제기하였다. 그러나 6월 20일 경성복심법원에서 '공소 사실이 범죄 증명 없음'으로 무죄가 확정되어 방면될 수 있었다.[96]

결국 '영동청년회사건'은 일제 사법부에 의해 경찰과 검찰의 무리한 수사와 기소라는 사실이 확인되었다. 일제 검찰과 경찰이 이처럼 무리수를 둔 까닭이 있다. 그것은 1927년 제3차 조선공산당과 영동청년연맹이 관련되었기 때문이다. 1927년 5, 6월경 제3차 조선공산당 충청남북도 당 책임비서로 장준이, 공청 책임비서로 김두수가 선정되었고, 최판홍과 이성춘이 영동 야체이카 회원이 되는 등 영동청년연맹회원이 조선공산당의 주요 지역 간부로 선임되었던 것이다.[97] 이에 일제는 조선공산당의 조직 확대를 차단하기 위해 '영동청년회사건'을 조작 날조하였던 것이다.

4) 영동청년동맹의 결성

'영동청년회사건'으로 장준 등이 구금되어 재판을 받는 10개월 동안 영동의 사회주의운동은 크게 위축되었다. 이들이 무죄 방면되고 나서도 일제의 감시와 탄압으로 곧 재기하기는 어려운 상황이었다.

그러나 1929년 2월 14일 영동청년동맹이 창립되었다. 이날 선임된 집행부는 다음과 같다.

> 집행위원장 : 김태수
> 집행위원 : 여봉현 · 손순홍 · 김동신 · 김남수 · 최완근 · 추교성 등 10인
> 검사위원 : 김용각 · 오중순 등 3인
> 부서(장) : 서무재정부(이범ㅇ), 조직선전부(여봉현), 조사연구부(김동신),
> 교양부(추교정), 체육부(손순홍), 여자부(김남수), 소년부(김도용)[98]

영동청년동맹은 사회적 훈련과 자체 교양에 관한 일반사업, 농촌문맹 퇴치사업, 체육 및 보건에 관한 사업, 농촌부인 교양에 관한 사업, 봉건적 악습 및 일체 미신타파 등의 사업을 결의하였다. 그런데 이전의 연맹 당시와 지도부가 많이 바뀐 것이 주목된다. 연맹을 주도했던 장준은 청년동맹에는 전면에 나서지 않되, '특별회원'의 자격으로 배후에서 지원하였다. 대신 장준은 농민조합운동을 주도하며[99] 청년동맹은 김태수에게 일임하였다.[100]

이후 김태수는 영동청년동맹을 주도하며 조선청년총동맹 집행위원으로 참여하였다.[101] 영동청년동맹은 3개의 지부를 결성하였다. 2월 24일에는 영동면지부(위원장; 김용각)를 설립하였고, 12월 15일에는 황간면지부(위원장; 손순홍)를 설립하였다.[102] 이후 1930년 9월 7일 용화면 월전리 영신강습소에서

용화지부가 결성되었다.[103]

영동청년동맹은 이전의 연맹보다 더욱 심한 탄압을 받았다. 일제는 회의에 임석하여 축문과 축사를 낭독하지 못하게 하거나, 아예 회의를 금지하였다. 1930년 4월 30일 영동청년동맹 정기총회에 임석한 일본 경찰은 다른 연맹에서 보내온 축문을 낭독하고 축사가 진행되는 동안 주의와 중지를 연발하였고, 토의사항을 금지시켰다.[104] 이해 9월 중순경에는 임시총회에서 이의수가 국제정세에 대해 보고하는 도중, 임석 경관에게 중지당하고 연행되어 보안법 위반으로 대전지청에서 재판에 회부되기도 하였다.[105] 10월 10일 개최된 임시회의 때에도 광주 등 3개 동맹에서 보내온 축전 내용이 불온하다는 구실로 임석 경관에 압수당하였고, 세계정세를 보고하던 본부 동맹원 이희찬이 중지당하고 3일간 구금당하였다.[106] 집행위원장 김태수는 경성에서 개최할 조선청년총동맹 준비위원으로서 상경하고자 하였으나, 영동경찰서의 금족령 조치로 상경이 저지당하였다.[107]

일제의 탄압은 지부에서도 행해졌다. 용화지부 설립대회 때 임석 경관은 황간지부에서 보내온 축문이 불온하다고 압수하였고, 축사를 2인만 하도록 강제하여 참석자로부터 항의를 받기도 하였다.[108] 황간지부는 지부를 중상 모욕하는 자의 성토회를 개최하려다가 황간주재소로부터 금지 당하였다.[109]

1930년대로 들어오며 영동청년동맹은 사회운동으로 영역을 확대해 갔다. 그 대표적인 예가 신간회 지회 설립운동이었다. 영동은 충북에서 가장 앞선 1927년 6월 설립 준비위원회를 개최하고 준비위원을 선정하며 신간회 지회 설립에 호응하였다.[110] 그러나 이 운동은 성공하지 못하였다. 이는 장준 등이 '영동청년회사건'으로 구속되며 중지되었기 때문이다. 영동의 청년들이 다시 신간회 지회 설립에 나선 것은 1930년 1월로, 후술할 사회운동자간친회와도 연관이 있다. 이들은 1월 3일 준비위원회를 열고 설립 촉성위원을 선임하는 한편, 2월 20일을 지회 설립일로 결정하였다.[111] 그러나 이 또한 일경의 금지 조치로 실행하지 못하였다.[112] 두 차례에 걸친 신간회 지회 설립운동은 대부분 영동청년동맹회원에 의해 주도되었다. 당시 충북 5개 군에 신간회 지회가 설립되었으나, 결국 영동은 설립하지 못하고 만 것이다.[113]

영동이 충북에서 가장 일찍 신간회 지회 설립을 추진하였으나, 실행하지 못한 것은 그만큼 영동 지역의 사회운동에 대한 일제의 탄압이 극심했음을 보여주는 것이다. 이는 다른 지역보다 사회주의적 성향이 농후한 데 대한 일제의 대응이었다. 이후 영동의 사회운동은 위축되었으나, 사회주의적 성향은 더욱 노골화되었다. 이는 혁신적 농민조합운동과 연계되었기 때문이다.

영동농민조합과 청년동맹은 동일체였다. 당시 언론에서 '영동농민조합 청년동맹'이라 병칭하며 회의 사실을 보도한 것은 이를 입증한다.[114] 실제 1930년대 영동의 청년운동과 농민조합운동 주도자들은 교차 중복된다. 청년동맹 간부인 김태수·김용각·최판홍·이희찬 등이 농민조합의 집행위원을 맡았던 것이 그 예이다.[115] 따라서 이 시기 청년운동과 농민조합운동은 반드시 연계하여 논의하여야 한다.

5. 노농운동

1) 영동소작인상조회의 창립

1923년 1월 31일, 2백여 명의 소작인이 영동소작인상조회를 창립하였다.

영동에서 처음으로 농민단체가 조직된 것이다. 당초 모임의 취지는 조선소작인회상조회 영동지회를 결성하고자 한 것이다.[116] 그러나 장준의 제안에 따라 독자적인 영동소작인상조회로 변경하여 창립한 것이다. 이는 영동 지역 소작운동이 일찍이 사회주의적 성향을 지녔음을 알려주는 것이다. 창립 총회에서는 소작료와 소작권 등 10개 항을 결의하였다. 결의사항 가운데에는 상당히 파격적이고 지주가 수용하기 어려운 내용들이 많았다. 또한 임원 선거를 하여, 회장 육상필, 부회장 신현수, 이사 장철·정기석·양재완, 감사 최지한·송명헌·이복행, 평의원 13인을 선출하였다.[117]

소작인상조회의 창립총회와 결의가 있고 난 지 불과 일주일 만인 2월 8일, 영동의 지주 5, 60명이 회의를 갖고 소작인상조회가 결의한 사항에 대해 똑같은 10개 항의 형태로 결의하였다.[118] 지주들이 소작인의 동향에 신속히 대응한 것도 놀라운 일이나, 일부만 제외하고는 소작인의 요구사항을 전폭적으로 수용하고 있어 주목된다. 이를 비교해 보면 무모조(無毛租)에서 8두를 1석으로 해달라는 소작인의 요구에 대해 지주는 9두를 1석으로 하자고 수정 결의하였다. 소작료 운반 거리와 천재지변에 따른 방축공사비 액수에서도 약간의 견해차가 있었다. 또한 소작권 이동에 대한 소작인의 귀책사유를 소작인은 소작료의 태납으로 제시하였으나, 지주는 체납으로 수정하였다. 그러나 이는 별로 중요한 의견 차이가 아니었다. 중요한 것은 소작인의 권리가 대폭 증대되고, 지주가 대폭 양보하였다는 사실이다. 이는 향후 영동 지역 소작운동의 향방을 가늠케 해주는 것이다. 당시 영동 지역 소작인의 요구와 지주의 대응을 사항 별로 비교하면 다음 표와 같다.

요구사항	소작인의 결의	지주의 결의
小作料	賭租에 따르되 無毛租는 8斗로써 1石으로 간주함	賭租에 따르되 無毛租는 9斗로써 1石으로 간주함
地稅와 公課金	지주가 부담	지주가 부담
斗量	반드시 斗槪 사용	반드시 斗槪 사용
煙草	소작인이 취득	소작인이 취득
斗稅	철폐	철폐
小作料 운반	10리 이상 불응	20리까지 무료
천재지변에 따른 防築 공사비	1원 이상일 때 지주 부담	3원 이상일 때 지주 부담
小作權 이동(小作人 귀책)	소작료 怠納, 소작지를 황폐케 하거나 중간 소작할 경우	소작료 滯納, 소작지를 황폐케 하거나 중간 소작할 경우
地主, 舍音에 대한 무상 노동	절대 불가	절대 불가
小作人 자격과 규모	지역 주민 본위, 면적 균등	지역 주민 본위, 면적 균등

　영동소작인상조회는 군내 지부를 설립하지는 않았으나, 11개 면의 각 마을에 임원을 두어 단결을 공고히 하였다.[119] 이들은 상조회 취지를 대대적으로 선전하기 위해 3월에 각 면별로 순회강연을 실시했는데, 강사는 장철·육상필·김병찬·이복재였다.[120]

　이들은 4월 14일, 수백 명의 농부들이 영동 장날 장터에 모여 지주를 공격하는 연설을 한 뒤, 각각 어깨에 '공존공영 분배공평', '일치단결', '생산은 소작인의 피땀' 등의 구호를 써 붙이고 북을 치며 시위를 벌였다.[121] 소작인의 구호 중 '공존공영과 분배공평'은 주목된다. 당시 영동 농민들의 '계급사상이 격렬'해지고 있다고 보도한 언론의 진단은 정확했다. 이는 단순한 소작운동 차원에서 무산자운동으로 확대 전이되는 과정을 반영한다 할 수 있다.

2) 영동노농동맹회(永同勞農同盟會)로 개칭

1923년 8월 30일, 영동소작인상조회 임시총회가 개최되었다. 이날 규칙 개정이 있었는데, 회원 자격에 대해 논의가 있었다. 즉, 소작인만 입회 자격이 있음은 만족할 수 없다며 "처지가 같은 소작인 이외의 무산자도 일치단결하여 착취계급인 유산자에 대항할 필요가 있다"는 김두수의 의견이 제기된 것이다. 이에 회원들은 회명을 영동노농동맹회로 변경하기로 하고, 규칙 개정위원 장준으로부터 개정안에 대해 설명을 듣고 통과시켰다.

영동소작인상조회가 조직된 지 7개월만의 일이다. 개정된 규칙의 골자는 일반 무산자도 가입을 허용하고, 종래 회장제에서 위원제로 바꾸는 것이었다. 이날 선임된 위원은 장준 · 장철 · 김행하 · 박건하 · 함병열 · 정기석 · 김극수 · 김병찬 · 손상욱이었다.[122]

이는 농민운동에서 노농운동으로의 확대 발전을 의미한다. 영동노농동맹회는 곧 회관 내에 노동자와 소작인을 교육시키기 위한 노동야학을 개설함으로써 사업을 확대해 나갔다. 그런데 창립 직후인 9월 2일 '국제청년 데이' 기념행사를 기획하고 주관한 것은 특별한 의미가 있다. 기념행사로서 회원들은 주간에 시내에 선전 삐라를 살포하고 야간에 청년회관에서 연설회를 개최했다. 연제와 연사는 '자본주의의 비밀'(장철), '국제청년 데이와 조선'(김두수), '남의 힘을 먹는 자는 죄악'(강우진), '영장이냐 축생이냐'(권구현) 등이었다. 이 행사는 국내는 물론 동양에서도 처음 열리는 국제 무산자 청년 기념행사였다.[123] 국제청년 데이를 영동의 운동자들이 처음 개최한 것은 이 지역 사상운동이 우리 민족운동사에서 지니는 선구성으로 평가할 수 있을 것이다. 그런 활동이 가능했던 것은 칠월회 활동의 소산으로 평가할 수 있다.[124]

영동노농동맹회의 회원은 점차 증가하여 4, 5천명에 달하였다. 이들의 활동상과 관심사항은 이듬해 3월 14일 개최된 제2회 정기총회 결의사항을 통해 알 수 있다. 이날 결의사항은 다음과 같다.

> 1. 소작료 이동에 대하여는 절대로 공동 경작을 할 일.
> 1. 남봉(濫捧)한 소작료에 대하여는 절대로 수회(收回)할 일.
> 1. 강징(强徵)한 지세와 공과에 대하여는 필히 반환케 할 일.
> 1. 악덕 지주와 악덕 마름에 대하여는 성토 연설회를 열어 일반 사회에 공포할 일.[125]

이로써 보면 영동노농동맹회는 회원을 무산자 노동자까지 확대하고 명칭을 바꿨어도 여전히 활동은 소작인상조회의 범주를 크게 벗어나지 못하고 있음을 알 수 있다. 이는 당시 영동 지역 농민운동과 노동운동이 제대로 분화하지 못한 현상에 기인한다. 장준은 영동노농동맹회 대표로서 조선노농총동맹 집행위원으로 참여하며 중앙과의 연계 하에 활동하였으나,[126] 1924년 이후 별다른 활동은 찾아볼 수 없다.

3) 영동농민조합의 창립

1920년대 중반, 영동의 사회운동은 침체에 빠졌다. 김극수는 1925년의 영동 지역의 사회운동은 청년운동 외에는 '아무것도 보잘 것 없다'고 하며, 한동안 격렬하던 노농운동이 침체된 원인으로 '반동세력의 압박'을 꼽았다.[127] 반동세력이란 지주와 일제를 지칭하는 것으로 이해된다. 이후 사정은 더욱 악화되었다. 특히 1927년 8월 '영동청년회사건'은 청년운동마저 침체되게 만들었다.

그러나 1928년 6월, 구속되었던 청년연맹회원들이 무죄 방면되자 상황은 반전하였다. 1929년 1월, 영동 지역 사회운동가들은 '사회운동자간친회'를 갖고 향후 방안을 모색하였다. 2월 14일 발족한 영동청년동맹의 결성은 그 결실이었다. 이어 4월 26일, 영동농민조합이 창립되었다. 그 모태가 된 것은 영동노동청년회였다.[128]

영동농민조합의 초창기 활동은 기록이 불비하여 알 수 없다. 그런데 이듬해 2월 임시대회가 일경의 제지로 무산된 사실로 미루어 보아 일제의 탄압이 혹심했음을 알 수 있다. 당시 언론은 이 사건을 일제에 의한 집회 금지의 대표적 사례로서 사설에서 다룰 정도였다.[129]

1930년 4월 1일, 정기대회가 개최되어 장준을 집행위원장에 선임하였다.[130] 이해 5월 18일에는 황간지부를 설치하여 조직의 확대와 회원의 교양 중진을 꾀하였고,[131] 이듬해 4월, 용화면 일대 소작인 20여 명이 소작권 박탈에 항의하여 쟁의를 일으키자 진상조사위원을 파견하는 등의 활동을 펼쳤다.[132] 1931년 4월 5일에는 다시 회의를 열고 일체 공과금의 지주 부담 확립과, 면화 공동판매제 폐지 등 22개 항을 결의하였다.[133]

장준에 이어 집행위원장을 맡은 최판홍은 1) 공고한 단결력으로 무산 농민 대중의 생활 향상을 기하고, 2) 일상투쟁을 통해 무산 농민 대중의 경제적 · 사회적 당면 이익의 획득을 기하며, 3) 무산 농민 대중의 의식적 교양을 철저하게 도모하는 동시에 고루한 봉건적 유풍의 초멸을 기한다는 등 3대 강령을 정하였다. 그는 활발하지 못한 영동농민조합을 활성화시키기 위해 지하화할 것을 주장하였다. 장준은 비상준비금을 마련하였다가 동지가 일제에 검거되거나, 소작쟁의와 동맹파업이 발생했을 때 구조하고 후원하고자 모금운동을 벌이기도 하였다. 김태수와 이희수 등은 유산계급에 대해 무산계급이 투쟁하여 러시아와 같은 무산자 낙토를 건설할 것을 주장하였다. 즉, 영동농민조합은 주도 인사들에 의해 무산 농민 대중의 계급투쟁적 의식 각성을 촉구하고, 조합 내에 이를 수행할 비밀결사체의 출현을 기대하기에 이른 것이다.[134]

　1932년 1월 14일 제1회 집행위원회가 개최되었고, 청년위원회 촉성이 결의되어 이희수가 청년위원장에 선임되었다.[135] 이는 영동농민조합 노선의 변화를 의미한다. 당시 이희수는 대구 조선공산당주의자협의회 책임자 권대형과 연락을 취하고 있었는데, 그로부터 영동농민조합 내에 '좌익농민조합건설위원회'를 조직하기 위해 별도의 청년위원회를 조직하도록 지시받았다. 그는 집행위원장 최판홍과 협의하여 청년위원회를 조직하고 자신이 위원장이 되었으며, 황간지부가 결성되자, 여기에도 청년위원회를 두도록 하였다.[136] 즉 영동농민조합이 더욱 공산주의 이념과 조직으로 전환하였던 것이다.

4) 적색영동농민조합사건

　1932년 2월 22일, 오전 6시부터 영동경찰서 형사대는 옥천경찰서와 협력하여 영동농민조합을 비롯하여 소비조합, 조선일보와 동아일보 지국, 기타 사회단체 등 수십 처를 수색하여 장준 등 30여 명을 체포하였다. 피체된 인사들은 영동과 옥천경찰서에 분산 감금되어 일체의 면회가 불허된 상태에서 밤낮으로 취조를 받았다. 체포의 바람은 추풍령과 전북에까지 미쳤다. 당시 언론은 이를 '남조선 일대를 진동시키는 영동서의 남녀 청년 대검거 사건'이라며 연일 상세히 보도하였다.[137] 이는 영동농민조합운동이 공산주의적 성격을 강화한 것에 대한 일제의 탄압이었다.

피체된 인사들은 면회는 물론 서신 연락이 금지되는 등 대전형무소에서 기결수보다 가혹한 취급을 당하며 심문을 받았다.[138] 6월 1일 종국 결과, 수리 인원 28명 가운데 장준 등 11명이 기소되어 공주지방법원 대전지청에서 예심을 받고 11월 5일 공주형무소로 이감되었다. 이 무렵 언론을 통해 이들의 혐의 사실이 공표되었다.[139]

그런데 이들의 공판은 판사 출장 등을 이유로 두 번이나 연기되었다가, 3월 28일 공주지방법원에서 개정하였다.[140] 장준은 개정 벽두에 재판장에게 면회와 서신 금지 이유를 따지고 완화해 줄 것을 요구하여 재판장으로부터 고려하여 허가하겠다는 답을 얻어냈다.[141] 그러나 6월 13일, 장준 등 11명 전원은 공주지방법원에서 치안유지법 위반 혐의로 유죄판결을 받았다. 이들에게 처분된 징역형은 장준 2년(5년 집행유예), 최판홍 4년, 손순홍·최용근·김태수·이희수 각 3년, 추교경·민원식·김용찬 2년 반, 김두수 2년, 민공호 1년 반이었다.[142] 이들 가운데 장준을 제외한 전원이 공소하였고, 검사가 장준과 민공호를 공소함은 물론 나머지 사람들도 모두 부대 공소함으로써 복심법원으로 이관되었다.[143]

경성복심법원의 공판은 이듬해 7월에야 시작되었다. 언론은 1심 판결 후 1년이나 걸린 사건이라고 지적하며 이 공판을 주목하였다.[144] 7월 6일부터 공소공판이 개정되었고 9일 검사의 구형이 있었다. 검사의 구형량은 장준·최판홍·추교경·김태수·손순홍 각 5년, 김두수·김용찬·이희수·민공호 각 4년, 최용근·민원식 3년 반으로, 1심 판결보다 훨씬 과중한 것이었다. 당시 언론은 복심법원 구형량을 1심 판결과 대비하여 보도하기도 하였다.[145] 결국 7월 20일 경성복심법원의 판결이 있었는데, 거의 1심대로 확정하되, 최용근이 3년에서 2년으로 감형되는 대신 장준은 집행유예가 아닌 징역형 처분을 받았다.[146]

당시 언론은 이 사건을 영동농민조합사건, 농조중심 적우회사건, 영동적
우동맹사건, 영동적색농조사건, 영동농조 비밀결사사건 등 다양한 이름으
로 부르며 비중 있게 보도하였다. 일제는 「조선중대사상사건」 보고에서 '적
색영동농민조합사건'으로 명명하였다.[147]

이 사건은 영동농민조합의 일부 간부들이 조선공산당 재건운동과 연계
하여 조합 내에 '좌익 블럭'을 형성하여 혁명적 농민조합으로 전환을 시도하
는 과정에서 일제의 탄압을 받은 것이었다. 여기에서 주목할 것은 '좌익농
민조합건설위원회'를 조직하기 위해 조합 내에 별도의 청년위원회를 설치
한 사실이다. 영동농민조합사건에 '적우'나 '적색'을 붙이고, 이를 비밀결사
형태로 파악한 것은 곧 청년위원회의 존재 때문으로 이해된다. 그러나 이
계획은 일제의 탄압으로 좌절되기에 이르렀다. 이로 말미암아 1930년대 중
반 이후 영동의 사회운동은 거의 찾아 볼 수 없으며, 주도 인사들의 활동도
중단되고 말았다.

6. 맺는 말

이 글은 한말 이래 충북 영동 지역에서 전개된 민족운동을 논의한 것이
다. 이상을 요약하면 다음과 같다.

영동 일대에서는 군대해산 이후인 1907년 9월경부터 의병이 본격적으로
활동하였다. 그 중심은 황간군 상촌면으로서, 인근의 금산과 무주의 의병과
함께 수시로 출몰하였다. 일제는 이해 9월 말 증파된 일본군 14연대의 소대
병력을 영동에 수비대로 주둔시키며 영동은 물론 금산 일원을 수비하게 하
였다. 1909년 의병의 활동은 더욱 활발해졌고, 8월에 '영국사 의병'이 조직되
기도 하였다. 10월에 발생한 문태수 의진의 이원역 폭파 사건은 일제가 영

동 일원 의병을 대대적으로 탄압하는 계기가 되었다. 영동 지역에서는 충북에서는 가장 늦은 1910년 6월경까지 의병 활동 기사가 간헐적으로 보인다.

1906년 덕명학교 설립을 시작으로 영동에서는 조양학교, 광흥강습소, 지정 사립보통학교 등이 설립되었다. 1909년 12월 10일을 전후하여 영동에 설립된 기호흥학회 지회는 사립학교 설립운동을 지원하였으나, 그리 활발하지는 못하였다. 한편 영동은 국채보상운동에 부응하였는데, 계몽운동이 점차 민족운동의 성격을 지니게 되는 것으로 이해된다.

3·1운동 당시 영동에서는 5회의 만세운동이 일어났고, 학산면 서산주재소와 영동읍에서 일본군의 발포로 다수의 사상자가 발생하였다. 영동의 3·1운동 가운데 양산면 갓골 인천 이씨 문중이 주도한 3월 29일의 학산 시위, 4월 3일 학산면사무소에서 양봉식 등이 뽕나무 묘목을 소각하며 일제의 식민지 경제정책에 저항한 시위, 4월 2일부터 6일까지 추풍령 헌병분견소를 불 지르며 격렬히 진행된 매곡면 시위, 다수의 희생자가 발생한 4월 4일의 영동읍 시위 등은 특기할 만하다.

1920년 8월 조직된 영동청년회는 유산계급과 무산계급의 갈등으로 1923년 7월, 장준 등의 혁신적 무산 청년들이 사상단체인 칠월회를 분립해 이탈하였다. 장준 등은 군내 5개 청년회를 통합하여 1926년 10월 영동청년연맹을 발족시켰다. 그러나 일제는 이듬해 8월, 공산주의운동 차단을 위해 연맹 간부들을 구속시키는 '영동청년회사건'을 일으켰다. 결국 7명의 연맹 간부들은 무죄 방면되었으나, 10개월이나 구속되어 고초를 겪었고, 영동 지역의 사회운동은 큰 타격을 받았다. 1929년 2월 영동청년동맹이 창립되어 지부를 설치하며 활동을 재개하였으나, 더욱 혹독한 일제의 탄압을 받았다. 그 결과 영동청년동맹이 주축이 되어 충북에서 가장 빠른 1927년 6월 신간회지회 설립을 추진하였으나, 끝내 실패하고 말았다. 영동청년연맹과 영동농민조합의 간부들은 교차 중복되며, 영동의 사회운동을 주도하였다.

1923년 1월 영동소작인상조회 창립을 시작으로 농민운동이 전개되었다. 소작인들의 요구에 지주들이 신속하게 대응하며 전폭 수용한 것은 주목된다. 소작인들의 '공존공영 분배공평' 요구는 소작운동 차원에서 무산자운동으로 확대되는 양상으로 발전한 것을 의미한다. 이 회는 1923년 8월, 영동노농동맹으로 개칭하였으나, 이전의 활동 범주를 넘지 못하였다. 이는 농민운동과 노동운동이 분화하지 못한 지역적 상황을 알려준다. 1929년 4월 영동농민조합이 결성되었고, 공산주의 조직으로 전환하며 무산 농민 대중의 계급투쟁을 강화하였다. 1932년 2월, 일제는 '남조선 일대를 진동'시키는 '적색영동농민조합사건'을 야기하여 11명을 중형에 처했다. 결국 1930년대 중반 이후 영동 지역의 사회운동은 거의 찾아볼 수 없으며, 주도 인사들의 활동도 중단되고 말았다.

이 글을 통해 영동 지역 민족운동의 실상이 부분적이나마 해명되었을 것으로 기대한다. 다만, 주도계층의 사회경제적 실태, 운동계열 간 유기적 연계 파악 등은 다음 과제로 미룬다.

영동 동학농민혁명에 대한 인문지리학적 고찰

조 극 훈
경기대학교 교수

1. 영동 동학농민혁명 연구의 현재

영동 동학농민혁명에 대한 연구는 용산장터를 중심으로 한 동학농민군들의 이동 경로와 전투 과정, 그리고 그 원인과 의의 등을 규명하는 방향으로 진행되었다. 역사적 사실과 그해석을 중심으로 진행된 이러한 연구는 충청도 지역 동학농민혁명 연구와 함께 영동 지역 동학농민혁명을 이해하는 데 자료를 제공했다.[1] 이러한 연구 성과에도 불구하고 동학농민혁명을 그 지역의 지리적 환경과 인문자산을 통해서 전체적으로 이해하려는 노력은 많지 않다. 인문지리학은 특정 지역의 역사를 그 지역의 지리적 환경 뿐만 아니라 그 지역의 인문자산을 통해서 연구하는 것으로 그 역사의 경향이나 패턴 또는 법칙을 밝히려는 학문이다. 인문지리학적 관점은 과거와 현재 그리고 미래를 상호 연관성에서 이해하려고 하기 때문에 그 이해의 지평이 넓고 과거와 현재의 대화를 통해서 미래적 가치를 창출하는 데 도움이 된다.

이 글에서는 영동 동학농민혁명을 인문지리학적 관점에서 해석함으로써 그의 정신적 가치와 계승 발전할 수 있는 현대적 의의를 제시하고자 한다. 이러한 접근법에는 두 가지 특징이 있다. 첫째는 영동 동학농민혁명을 그 자체로만 다루지 않고 영동의 지리적 환경과 인문적 요소들과의 연관성에서 다룬다는 점이다. 둘째는 정신사의 관점에서 접근한다는 점이다. 가령 영동 동학을 난계 음악의 예악(禮樂)의 흐름에서 파악하고 두 학문의 정신사적 맥락에서 동학에 접근하는 방법이다. 그렇게 되면 영동 동학은 전체적인 정신사 속에 흐르고 있는 개별적인 사건으로 객관화할 수 있어 다른 여러 사건들과의 연관성에서 이해할 수 있는 장점이 있다.

이러한 관점에서 먼저, 영동 인문지리학의 개념과 그 내용을 배경지식으로 제시한다. 이와 함께 영동의 지리적 특성과 영동 지역 출신 인물들을 살펴본다. 특히 우리나라 3대 악성 중의 한 사람으로 불리는 난계 박연의 음악정신에 주목한다. 난계 박연의 음악정신을 동학의 정신과 관련지어 논의하기 위해서다. 다음으로는 영동 동학혁명 참여 인물을 중심으로 영동 동학농민혁명을 간단하게 살펴본 다음 동학의 정신을 삼경과 사인여천을 중심으로 제시한다. 생명과 평화, 그리고 평등을 동학 정신의 키워드로 삼아 이를 난계의 음악정신과 관련지어 논의하고 다시 영동의 정신으로 추론하기 위해서다. 마지막으로 영동의 정신을 추론하고 영동 동학농민혁명의 정신을 미래적으로 계승하기 위한 전략인 동학의 글로컬리제이션 논리를 제시한다.

2. 영동 인문지리학의 개념 이해

이 글은 인문지리학적 관점에서 영동 동학농민혁명의 정신과 그 의의를 현대적으로 계승하기 위한 방법을 모색하는 데 그 목적이 있다. 이 장에서는 먼저 인문지리학의 핵심 개념을 제시하고, 이에 근거하여 영동 지역의 유래와 특징을 살펴보면서 이 지역 출신 인물들과 그들의 정신을 논의한다. 이러한 선행 연구를 통해서 영동의 인문지리학이 영동의 동학농민혁명 및 그 정신을 총체적으로 이해하는데 적절한 방법임을 제시하고자 한다. 특히 영동 출신으로 우리나라의 3대 악성 중의 한 사람으로 불리는 난계 박연의 음악과 그 철학에 주목하고자 한다. 박연은 궁중 음악인 아악의 기초를 예악의 관점에서 정립하고자 하였고 그 정신적 유산이 오늘날 영동 난계음악축제와 같은 문화적 유산으로 계승되고 있기 때문이다.

1) 인문지리학(人文地理學)의 이해

일반적으로 지리학(地理學)은 '땅(地)의 이(理)치를 밝히는 학(學)문'이다. 땅은 인간에 의해 영향을 받지 않은 자연생태계와 인간에 의해 변형 창출되는 장소라는 두 가지 의미를 지닌다. 즉 땅은 자연환경과 인문환경으로 구분된다. "지리학이 연구하고자 하는 땅이나 지역은 육계(陸界), 수계(水界), 기계(氣界) 그리고 생태계로 구성된 자연체로서의 지표가 아니라 인간이 그 지표를 서식처로 하여 살아가면서 인간에 의해 창출되고 변화하는 곳이다. 즉 땅이나 지역은 인간 생활이 이루어지고 사회조직이 발전해가는 장(場)이라고 할 수 있다." 이처럼 땅은 "장"이라는 의미뿐만 아니라 "장소"나 "공간"이라는 의미로도 사용된다. 장소는 "땅의 지역적 의미와 상징성"을 기술할 때 사용하는 용어이며, "공간"은 "땅의 지역적 개념을 추상화"하여 사용하는 용어이다. 특히 장소는 해당 지역의 특수한 의미와 상징을 이해하는 데 중요한 개념으로 인문지리학에서 자주 쓰이는 용어이다.[2]

인문지리학의 창시자로 알려진 칼 리터(C. Ritter)는 인간과 자연을 하나의 틀 속에서 파악하려고 하였다. 그는 "인류사와 인간의 성장 과정을 동일한 원리에 따라 진행되는 것"으로 이해하고 그 방법론으로 "목적론"을 제시하였다. 어떤 현상을 원인과 결과 간의 인과관계를 통해서 설명하는 방식이 아니라, 하나의 현상이 다른 현상들과 연관성을 맺고 있음과 그 패턴을 이해하고자 하는 방식이다. 그는 지리학의 연구의 목적은 "자연의 모든 다양성 아래에 놓여있는 일반적 법칙을 추구하고, 개개의 사실과 그 사실들과의 연관성을 파악하며, 통일성과 조화를 밝히는 것"이라고 보았다.[3]

〈인문지리학의 패러다임〉[4]

구분	세계관(인식론)	연구분야(존재론)	연구방법(방법론)
지역연구	지역의 차이	지역	지역특성 기술
경관연구	경관의 차이	경관	경관해석
공간분석	합리주의, 실증주의	공간조직	과학적 분석
인간주의	주관적 의미 해석	인지적 장소	의미진술의 해석
사회이론	구조와 맥락	사회구조(구성)	변증법과 담론

패턴, 법칙, 목적론, 통일성, 연관성, 조화와 같은 인문지리학의 용어들은 결국 인문지리 현상에 대한 전체론적인 인식을 의미한다. "전체론적인 입장에서 인간주의 사고 경향을 견지하거나 하나의 상관적 틀 속에서 살아 있는 모든 현상을 파악하려"[5]고 한 이러한 인식방법은 철학의 인식방법과 밀접한 연관이 있다. 지리학의 발전사가 철학에서 인식론과 방법론의 발전사와 상관하여 진행되듯이, 총체적 인식은 과학적 실증주의에 대한 반발에서 나온 것이다.

지금까지 논의를 종합하면, 인문지리학(human geography)은 개별적인 지리적 현상들을 일정한 패턴이나 법칙에 따라서 파악하는 학문이며, 그 인식방식은 지리적 현상들의 총체성을 파악하기 위한 목적론이다. 여기에서 주목할 점은 지리 현상들을 일정한 목적과 법칙에 따라서 파악하려고 한다는 점이다.

2) 영동의 인문지리적 요소

영동(永同)의 명칭은 이수(二水)와 길동(吉同)에서 유래한다고 한다. 두 강이 합류하여 하나가 된다는 의미로 해석될 수 있는 영동의 지명은 영동군에 따르면 다음과 같은 유래가 있다고 한다. 충청북도의 최남단에 위치하고 있는 영동군은 원래 길동(吉洞), 계주(稽州), 영산(永山), 계산(稽山)으로 불리었다. 군청 소재지인 영동읍에는 주곡천(主谷川)과 양정천(楊亭川)의 이수(二水)가 합류하여 영동천(永同川)을 이루고 있는데, 이 이수(二水)를 한 글자로 표기하면 영(永)자가 된다. 신라시대 이름인 길동의 길(吉)도 이두문에 따라 발음하면 길=永이 된다.

연혁을 살펴보면 고려 성종 14년(995)때 계주자사(稽州刺史)를 두었으며, 1914년에 부령(府令) 제111호(1913.12.29 공포) 부·군·면(府·郡·面) 폐합령에 의하여 황간군(黃澗郡), 옥천군(沃川郡) 및 경상도 상주군(尙州郡) 일부를 합병하여 영동(永同), 용산(龍山), 심천(深川), 양강(楊江), 양산(陽山), 용화(龍化), 학산(鶴山), 황간(黃澗), 매곡(梅谷), 상촌(上村), 황금(黃金)의 11개 면으로 개편하였다고 한다. 그리고 부령 제221호(1940.11.01)에 의해 영동면(永同面)이 읍(邑)으로 승격, 1읍 10면으로 오늘에 이르고 있다.[6] 이처럼 영동이라는 장소는 두 물이 합류되어 하나가 됨으로써 영원하다는 상징성을 의미한다.

영동은 1개의 읍과 10개의 면으로 편재되어 있다. 영동읍 바로 위에 있는 용산면은 영동 동학농민혁명의 격전지로서 그 역사적 상징이 더 깊은 장소이다. 용산면은 1894년 동학농민혁명군이 체류했던 곳으로 그 역사적 의미가 크다. 용산은 암룡과 숫룡이 엎드려서 하늘을 바라보고 물을 먹는 형상이라고 하며, 암룡은 남쪽으로 뻗고, 숫룡은 북쪽으로 뻗어서 천관산(天冠山)을 향하고 있다. 특히 용산 북쪽에 있는 천관산을 넘으면 문암리가 나오는데, 문암리는 최시형이 살던 집이 있는 마을로서 대접주들이 모여 중요한 문제를 결정했기 때문에 교단 역할을 했던 곳이라고 한다.[7] 용산은 지도상에서 중앙 상단에 위치하고 있다.

영동 출신 인물로는 고구려 때 칠현금에 능했던 왕산악과 12월을 상징하여 가야금을 만든 우륵 등과 함께 우리나라 3대 악성(樂聖) 중의 한 사람인 박연(朴堧)을 들 수 있다. 그는 조선왕조 세종 때 궁중 음악인 아악의 기초를 확립하였다. 특히 세종 때 석경을 만들어 관습도감제조(慣習都監提調)가 되어 음악을 새롭게 정립하였다. 조선시대의 인물로는 세조 때 금강경을 번역하는 등 불교를 중흥시키는 데 공을 세운 신미대사(信眉大師, 慧覺尊者)와 조선 문장 8대가 중의 한 사람인 김수온(金守溫) 등이 있다.[8] 또한 임진왜란이 일어나자 의병을 일으켜 추풍령에서 적을 물리친 장지현(張智賢)과 을사조약에 반대하다 자결한 이건석(李建奭), 송병선(宋秉璿), 송병순(宋秉珣) 등이 있으며, 대한민국 임시정부에서 활약한 홍진(洪震) 등이 있다.

〈영동 출신 주요 인물사〉[9]

이름	활동내용	분야
박연(朴堧) (1378~1458)	3대 악성(樂聖)의 한 사람으로 세종 때 왕명을 받들어 석경을 만들어 관습도감제조(慣習都監提調)가 됨 편경의 음정을 맞출 정확한 율관(律管)을 제작하기 위한 시험 제작, 상소문 올림 39편의 상소문 등이 실린 『난계유고(蘭溪遺藁)』가 있음	세종 때의 음악이론가
신미대사(信眉大師,慧覺尊者) (1403~1480)	복천사(福泉寺) 중수선교도총섭(禪敎都摠攝)에 임명됨 1461년 훈민정음 보급을 위해 간경도감을 설치할 당시 이를 주관 〈법화경〉·〈반야심경〉·〈영가집〉 언해 저술로는 『금강경오가해설의 金剛經五家解說誼』	세조 때의 승려
김수온(金守溫) (1410~1481)	김수온은 조선 문장 8대가 중의 한 사람 신미대사의 동생으로 불경에 통달하고 제자백가(諸子百家)·육경(六經)에 해박 『치평요람(治平要覽)』·『의방유취(醫方類聚)』 등 편찬	조선 초기의 문신·학자

장지현(張智賢) (1536~1593)	1592년 임진왜란 때 경상도관찰사 윤선각(尹先覺)에 의하여 그의 용맹을 인정받아 비장(裨將)으로 임명 황간의 추풍령에서 적을 요격하던 중 금산방면에서 공격해 온 왜장 구로다(黑田長政) 군사의 협공을 받아 그의 사촌동생 장호현(張好賢)과 함께 전사함	조선 중기의 의병장
이건석(李建奭) (1852-1906)	을사조약 반대 토역·항일·복권에 관한 소를 올림 친일파인 박제순(朴齊純)·조중응(趙重應) 등을 주살하려다 가 일본헌병에 붙잡혀 복역 중 단식으로 순사	독립운동가
송병선(宋秉璿) (1836-1905)	을사조약을 반대하다 자결 송시열의 9대손으로 성리학과 예악 연구 저술로는 『연재집(淵齋集)』과 『근사속록(近思續錄)』, 『패동 연원록(浿東淵源錄)』, 『무계만집(武溪謾集)』 등	학자, 국가유공자, 순 국지사
송병순(宋秉珣) (1839-1912)	송병선의 아우로 을사조약을 반대하다 자결 송시열의 9대손으로 성리학과 예악 연구 저술로는 『독서만집(讀書漫錄)』과 『학문삼요(學問三要)』, 『사 례축식(四禮祝式)』, 『용학보의(庸學補疑)』 등	충신, 국가유공자, 순 국지사
홍진(洪震) (1877-1946)	1898년 법관양성소를 졸업한 뒤 평리원(平理院) 판사, 충주 재판소 검사 역임. 한일합병 이후 애국지사 변론. 상해임시정부에서 법제위원장으로 활동 독립운동단체의 통일 도모, 한국광복군 창설에 이바지	독립운동가, 검사

"특정 지역의 정신이나 풍속은 그 지형적 영향과 더불어 사실상 그 지역 인물들의 업적과 이를 기리는 후예들의 태도와 기풍을 통해서도 강하게 형성"[10]되는 것처럼, 영동 지역의 자연지리와 인문지리적 요소가 영동의 장소성을 형성하는 역할을 했을 것이다. 영동 출신의 인물들의 공통점은 정의와 가치가 실현되는 사회를 만들기 위하여 실천했던 인물들이라는 점이다. 박연은 악성으로 통하지만 향악의 문제점을 바로잡고 아악을 정리하기 위하여 수많은 상소를 올렸다. 상소에 의해서 예악을 정비할 수 있었다. 박연, 신미대사, 김수온, 장지현, 이건석, 송병선, 송병순, 홍진 등은 비록 그 시기나 활동분야와 그 역할이 서로 다르지만, 이들은 영동 지역 출신으로 종교와 학문 그리고 실천 분야에서 현존 사회를 개선하기 위하여 노력했다는 점에서 공통점이 있다.

영동군에 의하면 영동 지역은 예향이며, 농특산물의 생산지이며, 국토 중심의 개발 잠재력이 풍부한 고장이다.

〈영동 지역 특성〉[11]

특성	내용
전통과 자연이 어우러진 예향	난계국악축제, 양산가(陽山歌) 발상지, 문화재 49점 난계국악단, 난계국악박물관, 난계국악기 제작촌, 난계 국악기 체험전수관
전국 제일의 고품질 농특산물 생산지	포도·감·호두·사과·배(전국 생산량의 6~11%) 표고버섯 ⇒ 전국 제일의 집산지
국토 중심의 개발 잠재력이 풍부한 고장	물한계곡 등 산수관광자원, 금강의 수자원 경부철도·고속도로, 4번, 19번국도 등 교통의 요충지

　영동 지역의 위와 같은 특성은 영동 출신 인물들과 함께 영동의 인문지리를 형성하는 중요한 요소들이다. 영동이 두 강의 합류를 통한 하나의 통일성을 상징하듯, 예향으로 상징되는 음악적 분위기와 자연 지리적 요소들은 다른 지역에서는 찾아보기 힘든 영동의 장소성을 대표한다.

　특히 위와 같은 영동의 장소성은 동학의 정신과 관련하여 해석한다면 모심과 살림의 땅이라고 볼 수 있을 것이다. 영동이라는 지역의 명칭과 함께 난계 박연 음악의 예악적인 성격에서 모심을, 이 지역 출신의 독립운동가의 활동을 통해서 살림의 상징을 알 수 있기 때문이다. 모심은 존재의 근본 원리를 받아들이고 섬기라는 것을 말한다. 좋은 음악의 원리를 음양의 합일과 마음의 조화라고 한 것은 이러한 존재의 원리를 표현하는 것이기 때문이다. 또한 살림은 섬겨진 원리가 왜곡되지 않도록 이 원리를 사회 역사 문화적 환경으로 표현하는 것을 말한다. 뒤에서 서술할 영동 동학혁명 지도자를 비롯하여 의병장과 독립운동가들은 모심을 살림으로 실천하려 했던 의미와 상징을 보여주기 때문이다.

3) 난계 박연

(1) 난계 박연의 삶과 활동

박연(蘭溪 朴堧, 1378-1458)은 1378년(고려 우왕 4년) 지금의 충청북도 영동군 심천면 고당리 308번지에서 태어났다. 특히 적(笛)의 명 연주가였으며 조선 초 미비한 궁정 음악을 정비하여 고구려의 왕산악(王山岳), 신라의 우륵(于勒)과 함께 3대 악성(樂聖)으로 불린다. 그는 아주 총명하고 학문이 탁월하였으며, 효심이 지극하여 시묘를 6년 동안 하여 1402년(조선 태종 2)에 조정에서 효자정려(孝子旌閭, 효자를 기리기 위해 그 동네에 정문을 세워 표창하는 일)가 내려졌다. 1405년(태종 5)에 생원시에 급제하고 1411년 문과에 제1위(장원)로 등과하였다. 세종이 대군 시절 세자시강원 문학으로 세종을 가르쳤다. 집현전 교리(敎理)를 거쳐 지평(持平)·문학(文學)대제학을 역임하였다.

세종이 즉위한 뒤 악학별좌(樂學別坐)에 임명되어 음악에 관한 일을 맡아보았다. 당시 불완전한 악기 조율(調律)의 정리와 악보 찬집(撰集)의 필요성을 상소하여 허락을 얻고, 1427년(세종 9) 편경 12매를 제작, 자작한 12율관(律管)에 의거한 정확한 음률로 연주케 했고 3년 후 다시 미비한 율관을 수정했다. 또한 조정의 조회 때 사용하던 향악을 폐하고 아악의 사용을 건의하여 실행케 했다. 세종실록 9년 5월 15일조 기사를 보면 악학별좌(樂學別坐) 봉상판관(奉常判官)으로 1개의 틀에 12개 달린 석경(石磬)을 새로 만들어 올렸다고 기록되어 있다. 그리고 세종실록 1428년 2월 20일 조 기사에는 세종으로부터 세상일에 통달한 학자라는 평을 얻었다. 1431년 남급(南汲)·정양(鄭穰)과 회례(會禮)에도 아악을 채택케 하고, 조회와 회례에서 종전까지 기생이 추던 춤을 무동(舞童)으로 대치하여 문무이무(文武二舞)의 작변지절(作變之節)과 속부남악지기(俗部男樂之伎)를 추게 하여 궁정 음악과 예법을 전반

적으로 개혁했다.[12]

(2) 박연의 음악세계

좋은 음악은 우리의 영혼을 맑고 고요하게 만든다. 악이 사물의 질서를 표현하고 있기 때문이다. 반면에 그렇지 못한 음악은 오히려 영혼을 혼란하고 무질서하게 만든다. 좋은 음악은 사람의 영혼을 맑게 하고 사회 질서를 유지하는 기능을 한다.

박연은 아악(雅樂)을 정리하고 예악(禮樂)을 정립함으로써 음악의 사회적 역할을 실현하고자 하였다. 예악은 "일체의 강제성을 배제하고 도덕(예)과 예술(악)로써 자율적으로 화합하는 이상사회를 구현하려 했던 시대의 규범이다."[13] 그는 좋은 음악의 기준으로 "음양(陰陽)의 조화와 어울림, 배합(配合)과 합(合)의 원리"[14]를 제시하였다. 음양의 조화와 어울림 그리고 그 배합에 공명한 음악이 좋은 음악이다. 이런 의미에서 '악(樂)'은 사사로운 개인적인 감정을 가르치는 것에 치우치지 않는다. 오히려 천지의 본래적인 모습을 그대로 투영하기 때문에 '악'을 느끼고 또한 반응하기 이전의 본연의 상태는 언제나 '중(中)'의 상태를 유지한다. 그리고 이 상태가 밖으로 표출되면서 내면의 '중'은 미동도 없던 자신의 감정이 점차 외부의 다양한 상황에 반응한다. 하지만 이때 느끼고 반응한다는 것은 도덕가치 기준, 즉 절도에서 벗어나지 않는[中節] 이른바 '화(和)'의 상태의 유지를 의미한다. 따라서 '악'은 인간의 감정의 근원이면서 가치판단의 척도로서의 역할을 충실히 드러낸다.[15]

그는 예악을 통해서 시공을 초월한 음악의 보편성을 찾고자 하였다. 음악의 보편성은 소리의 보편성을 넘어서서 "우주의 질서와 조화를 근원으로 하여, 음악으로써 인류의 질서와 모상에까지 이른 것이다."[16] 이를 통해서 인류의 보편적인 도덕적 가치가 실현되기를 바랐다. 원래 예악은 "인류의 도덕 질서의 틀로서 예를 이상적 가치체계로 설정하고, 악으로 인심을 교화함으로써 인류의 이상사회를 실현시킬 수 있다는 믿음의 체계이다."[17] 음악이 이러한 인류의 도덕질서를 표현하기 위해서는 그 소리가 오음의 바른 소리, 즉 정성(正聲)이어야 하며, 천인관계의 기본원칙을 표현하고 정명(正名)을 통해서 혼란해질 수 있는 음악의 근본으로 삼아야 한다.[18]

음양의 조화와 어울림, 정성과 정명은 음악의 보편적 가치를 표현하는 덕목이다. 음양의 조화와 어울림은 우주의 가치이며 정성과 정명은 도덕의 가치이다. 좋은 음악은 이러한 두 가치를 조화롭게 표현하는 음악이다. 박연의 음악에서 표현된 우주의 질서는 생명이고 그 질서가 사회적으로 조화롭게 표현되었을 때 평화를 가져온다. 생명과 평화는 사실 박연이 궁극적으로 추구하고자 했던 음악의 목적이었다.

그러나 예악은 유교적인 근본원리이다. 음악을 통해서 우주의 질서와 정성과 정명을 실천하고자 했던 그의 음악 세계는 결국 현존 사회질서를 유지하기 위한 수단으로 사용될 수 있다. 그에 반해서 동학농민혁명은 억압으로부터의 해방과 불평등의 타파를 통해서 생명과 평화의 세상을 만들자는 것이었다. 예학과 동학은 서로 모순된 것처럼 보인다. 한편에서는 현존 사회 속에서 생명과 평화를 실천하고자 했던 데 반하여, 다른 한편에서는 사회개혁을 통해서 실천하고자 하였다. 이러한 차이를 어떻게 이해해야 하는가?

이 글에서는 이를 변증법적 논리로 해석하고자 한다. 조선시대의 예악과 조선후기의 동학은 성격이 다른 학문인 것처럼 보이지만 인문지리학적 관점에서 양자간의 연관성을 살펴볼 수 있을 것이다. 양자는 부정적인 관계이지만 예악은 동학에 의해 소멸된 부정이 아니라 오히려 동학에 의해 더욱 지양된 형태로 보존되어 있으며, 예악과 동학은 제3의 형태로 나타나게 될 것이다. 우리는 이를 동학의 글로컬리제이션이라는 주제로 논의하고자 한다.

3. 영동 동학농민혁명과 동학사상

1) 영동 동학농민혁명의 전개

영동 지역의 동학은 창도 초기부터 조재벽 대접주를 비롯하여 송일회, 손해창, 백학길 등 지도자급에 의해 활발하였다.[19] 이들의 활동 사항에 관해서는 동학농민혁명기념재단에 일부 자료가 남아 있다. 이곳 영동 출신 동학농민혁명 참여자로는 현재 약 24명의 활동 기록이 정리되어 있다. 24명 중 접주는 조재벽을 비롯하여 조경환, 김종무, 백학운, 백학길, 배순안, 이판석, 이관봉, 손광오 등 9명이고, 동학농민군 지도자는 이상신, 신윤석, 김사문, 최원식, 깅홍업, 김경학 등 6명이다. 그 밖에 집강과 집사, 성찰 등 동학 활동가는 5명이다.

기록에 의하면 조재벽은 충청도 황간 출신 접주로서 1894년 10월 동학농민혁명 2차 봉기 시 전라도 진산에서 동학농민혁명에 참여했으며, 손해창은 1894년 충청도 영동에서 동학농민혁명에 참여하였다가 체포된 뒤 1895년 3월 '장일백(杖一百) 유삼천리(流三千里)'[20]의 처벌을 받은 것으로 기록되어 있고, 백학길은 접주로서 충청도 영동에서 동학농민혁명에 참여하였다가 1894년 10월 13일 충청도 보은에서 체포되어 처형된 것으로 기록되어 있지만, 송일회의 활동 기록은 남아 있지 않다.

<h3 align="center">⟨충청도 영동 지역 동학농민혁명 참여자⟩[21]</h3>

이름	활동내용	참여지역	출생	사망
손해창 (孫海昌)	손해창은 1894년 충청도 영동에서 동학농민혁명에 참여하였다가 체포된 뒤 1895년 3월 '장일백(杖一百) 유삼천리(流三千里)'의 처벌을 받음	충청도 영동	1870	
손광오 (孫光五)	손광오는 접주로서 1894년 11월(음 10) 충청도 영동에서 동학농민혁명에 참여함	충청도 영동		
김순석 (金順石)	김순석은 1894년 충청도 영동에서 동학농민혁명에 참여함	충청도 영동		
문백권 (文白權)	문백권은 1894년 충청도 영동에서 동학농민혁명에 참여하였다가 1897년 3월 체포됨	충청도 영동	1875	
김경학 (金慶學)	김경학은 동학농민군 지도자로서 충청도 영동에서 동학농민혁명에 참여하였다가 경상도 상주에서 체포되어 1894년 12월 22일 총살됨	충청도 영동 경상도 상주		1894. 12.22
김흥업 (金興業)	김흥업은 동학농민군 지도자로서 충청도 영동에서 동학농민혁명에 참여하였다가 경상도 상주에서 체포되어 1894년 12월 22일 총살됨	충청도 영동 경상도 상주		1894. 12.22
이관봉 (李寬奉)	이관봉은 접주로서 충청도 영동에서 동학농민혁명에 참여하여 전라도 금산을 공격하였으며 1895년 1월 9일 충청도 옥천 오정동에서 체포되어 처형됨	충청도 옥천·영동 전라도 금산		1895. 01.09
이판석 (李判石)	이판석은 접주로서 충청도 영동에서 동학농민혁명에 참여하여 전라도 금산을 공격하였으며 1895년 1월 9일 충청도 옥천 오정동에서 체포되어 처형됨	충청도 영동·옥천 전라도 금산		1895. 01.09
배순안 (裵順安)	배순안은 접주로서 충청도 영동에서 동학농민혁명에 참여하여 전라도 금산을 공격하였으며 1895년 1월 9일 충청도 옥천 오정동에서 체포되어 처형됨	충청도 옥천·영동 전라도 금산		1895. 01.09
박추호 (朴秋浩)	박추호는 성찰(省察)로서 충청도 영동에서 동학농민혁명에 참여하여 전라도 금산을 공격하였으며 1895년 1월 9일 충청도 옥천 오정동에서 체포되어 처형됨	충청도 옥천·영동 전라도 금산		1895. 01.09
김태평 (金太平)	김태평은 성찰(省察)로서 충청도 영동에서 동학농민혁명에 참여하여 전라도 금산을 공격하였으며 1895년 1월 9일 충청도 옥천 오정동에서 체포되어 처형됨	충청도 옥천·영동 전라도 금산		1895. 01.09
김철중 (金哲仲)	김철중은 접사(接司)로서 충청도 영동에서 동학농민혁명에 참여하여 전라도 금산을 공격하였으며 1895년 1월 9일 충청도 옥천 오정동에서 체포되어 처형됨	충청도 옥천·영동 전라도 금산		1895. 01.09
김고미(金古味)	김고미는 포수(砲手)로서 충청도 영동에서 동학농민혁명에 참여하여 전라도 금산을 공격하였으며 1895년 1월 9일 충청도 옥천 오정동에서 체포되어 처형됨	충청도 옥천·영동 전라도 금산		1895. 01.09

백학길 (白學吉)	백학길은 접주로서 충청도 영동에서 동학농민혁명에 참여하였다가 1894년 10월 13일 충청도 보은에서 체포되어 처형됨	충청도 영동·보은		1894. 10.13
강팔석 (姜八石)	강팔석은 1894년 충청도 영동에서 손해창 등을 이끌고 동학농민혁명에 참여함	충청도 영동		
백학운 (白學云)	백학운은 접주로 충청도 영동 지역에서 동학농민혁명에 참여하였다가 관군에게 체포되어 1894년 10월 28일 처형됨	충청도 영동·서산		1894. 10.28
최원식 (崔元植)	최원식은 1894년 충청도 영동에서 손인택과 함께 동학농민혁명 지도자로 활동함	충청도 영동		
손인택 (孫仁澤)	손인택은 1894년 동학농민혁명에 참여하여 충청도 영동집강으로 활동함	충청도 영동		
김사문 (金士文)	김사문은 동학농민군 지도자로서 충청도 황간에서 동학농민혁명에 참여하였다가 경상도 상주에서 체포되어 1894년 12월 22일 총살됨	충청도 황간 경상도 상주		1894. 12.22
김종무 (金鍾懋)	1894년 재기포시 접주로서 동학농민군을 이끌고 공주방면 전투에 참가하였으며, 이후 영동 용산에서 관군과 전투 도중 체포된 후 풀려남	충청도 영동	1860. 03.15	1907. 05.15
조재벽 (趙在璧)	조재벽은 충청도 황간 출신 접주로서 1894년 10월 동학농민혁명 2차 봉기 시 전라도 진산에서 동학농민혁명에 참여함	충청도 황간 전라도 진산		
이상신 (李尙信)	이상신은 동학농민군 지도자로서 충청도 황간에서 동학농민혁명에 참여하였다가 경상도 상주에서 체포되어 1894년 12월 22일 총살됨	충청도 황간 경상도 상주		1894. 12.22
신윤석 (申允石)	신윤석은 동학농민군 지도자로서 충청도 황간에서 동학농민혁명에 참여하였다가 경상도 상주에서 체포되어 1894년 12월 22일 총살됨	충청도 황간 경상도 상주		1894. 12.22
조경환 (趙景煥)	조경환은 접주로서 1894년 11월(음 10) 충청도 황간에서 동학농민혁명에 참여함	충청도 황간		

영동 동학혁명의 상징적인 장소는 용산장터로 가장 치열한 전투 장소였다. 당시 용산장터 싸움 상황은 상주 소모영장 김석중의 『소모일기(召募日記)』와 『토비대략(討匪大略)』에 비교적 상세하게 기록되었다.[22] 용산장터는 동학농민군에게는 유리한 입지조건을 갖추고 있었다. 그곳은 겨울 행군에 필요한 겨울옷을 만들어 입기 위한 오래 머물 장소와 휴식과 정비에 필요한 물자 공급에도 편리한 장소와 또한 음식 마련과 숙박에도 적합한 장소를 제공하였기 때문이다.[23]

영동의 동학농민혁명은 동학농민혁명사에서 중요한 역사적 의의가 있다. 우선 동학농민혁명의 역사적 의의에 대하여 신복룡은 '갑오혁명' 그 자체가 민족주의적 성격을 포함하고 있다는 점에 주목하고, 민족주의 분석의 기준으로 "애국심", "역사의 주체로서의 민중적 지지 기반의 심도", "근대화의 성취도" 등을 들고 있다.[24] 이이화는 폐정개혁의 분석 등을 통해 동학혁명의 의의를 "근대지향성"에 두고 농민군의 정치체제 구상이 전제 군주제가 아니라 "합의법에 따른 대의제, 또는 농민적 집단체제"임을 암시하고 있다고 보았다.[25]

한편 신영우는 영동 동학농민혁명의 의미를 분석하는 데 동학 교주 최시형과 통령 손병희를 비롯한 동학의 대접주들의 북접농민군 지도부 대거 참여 양상에 주목하고 그 상징성이 "동학농민혁명과 동학교단을 별개로 구분하는 시각"이 의미를 잃는다는 점을 지적하였다.[26] 특별하게 최시형과 손병희 등 동학의 핵심 지도부들의 대거 참여로 이 지역 동학농민혁명군은 동학의 이상에 대한 의식을 타 지역보다 강하게 자각하고 있을 것으로 추정된다.

2) 삼경(三敬)의 생명과 평화의 사상

동학농민혁명의 목적은 반봉건 반외세를 통해서 평등한 세상을 구현하는 것이었다. 영동 지역 동학농민혁명은 앞에서 언급한 것처럼 비교적 동학 접주들의 참여도가 높은 지역이었다. 그만큼 동학이 추구하는 이념과 밀접한 관계가 있는 곳이다. 난계 박연 등 이곳 영동 출신 인물들의 정신세계와 동학농민혁명의 지향점은 넓은 의미에서 볼 때 생명과 평화 그리고 평등으로 볼 수 있다. 물론 평등한 세상을 만들기 위해 새로운 질서를 추구했던 동학의 방법은 예악을 기준으로 무질서한 아악을 정리하고자 했던 박연 음악의 방법과 다르다. 그러나 영동의 인문지리학의 맥락에서 볼 때는 예악과 동학은 영동의 정신을 형성하는 두 계기로 서로 대립되면서도 지양되는 관계이다. 예악의 역할이 있고 동학의 역할이 있으며 양자의 부정과 종합의 논리에 의해 새로운 의미를 지닌 제2의 예악과 제2의 동학이 형성될 것이다. 예악과 동학은 개별적인 사건으로서가 아니라 보편적인 사상으로 지양되어 영동의 정신을 형성하는 것이며, 우리는 그 정신을 생명과 평화 그리고 평등에서 찾고자 한다.

동학의 생명과 평화의 사상은 수운 최제우의 시천주 사상을 계승한 해월 최시형의 삼경에서 발견할 수 있다. 수운 최제우의 시천주와 해월 최시형의 양천주는 모심과 살림의 의미를 대변한다. 지극한 정성으로 내유신령하고 외유기화의 정신으로 모심으로써 내 안의 생명을 자각하는 것이 모심이다. 이러한 모심을 통해서 타자의 생명까지도 소중히 하고 존경할 줄 아는 것이 바로 살림이다. 모심과 살림은 동학의 핵심 사상으로 삼경, 사인여천 등으로 표현된다. 하늘을 공경하고(敬天), 사람을 공경하고(敬人), 물건을 공경하라(敬物). 먼저 경천은 모든 존재의 근원자리인 한울에 대한 인식을 통해서 생명의 자리에 도달하는 것이다.

> 사람은 한울을 공경함으로써 자기의 영원한 생명을 알게 될 것이요, 한울을 공경함으로써 모든 사람과 만물이 다 나의 동포라는 전체의 진리를 깨달은 것이요, 한울을 공경함으로써 남을 위하여 희생하는 마음과 세상을 위하여 의무를 다할 마음이 생길 수 있나니, 그러므로 한울을 공경함은 모든 진리의 중심이 되는 부분을 움켜잡는 것이니라.[27]

한울은 모든 존재의 근원인 생명으로 한울을 공경하라는 것은 모든 존재를 평등한 존재로 모신다는 뜻이다. 개별적인 존재들은 그 현상의 측면에서는 서로 연관되어 있지 않고 서로간의 질서도 없는 독립적인 것으로 보이지만 한울 공경의 의미에서 보면 서로간의 연관성과 공통성이 존재한다는 것이다. 생명은 분리된 것이 아니라 서로 연관됨으로써 유지될 수 있는 것이다. 따라서 한울을 공경하는 것은 모든 존재의 근원자리인 생명에 대한 인식을 의미한다.

그러나 한울은 사람을 떠나 따로 있지 않으므로 경천은 사람을 공경하라는 경인과 자연스럽게 연결된다. 한울을 공경함은 허공을 향하여 상제를 공경하는 것이 아니라 내 마음을 공경하는 것이다.

한울을 공경함은 사람을 공경하는 행위에 의지하여 사실로 그 효과가 나타나는 것이니라. 한울만 공경하고 사람을 공경함이 없으면 이는 농사의 이치는 알되 실지로 종자를 땅에 뿌리지 않는 행위와 같으니….[28]

인간을 떠나 한울만을 공경하는 것은 마치 귀신을 공경하는 것이나 마찬가지이므로 한울 공경은 사람 공경과 다르지 않음을 보여준다. 사람 공경을 통해서 비로소 한울 공경은 구체화된다. 그러나 사람은 경천과 경인과 함께 물건을 공경하는 경물에까지 이르러야 최고의 덕을 인식할 수 있다.

사람은 한울을 공경함으로써 도덕의 최고 경지가 되지 못하고, 나아가 물건을 공경함에까지 이르러야 천지기화(天地氣化)의 덕에 합일될 수 있느니라.[29]

천지기화의 덕은 경천과 경인 그리고 경물이 종합될 때 인식될 수 있는 것이다. 특히 최고의 덕을 상제나 천으로 표현하지 않고 천지기화로 표현하는 것에 주목할 필요가 있다. 상제의 덕은 인간과 물건과 분리된 덕인 데 반하여 천지기화의 덕은 한울과 인간과 물건이 상호연관되어 생성되는 덕이다. 천(天)·지(地)·인(人) 삼재(三才) 연관성 여부가 상제의 덕과 천지기화의 덕을 가르는 기준이 된다. 따라서 연관성이 없는 상제의 덕은 죽음의 덕이며 연관성을 지닌 천지기화의 덕은 생명의 덕이라고 할 수 있다. 삼경은 인간과 물건과 분리된 공허하고 추상적인 상제의 덕을 지양하고 천지인 삼재가 유기적으로 연결되어 있음을 보여주는 천지기화의 생명의 덕을 강조하고 있는 동학의 생명사상의 일단을 보여주는 것으로 평가된다.

따라서 삼경은 모든 존재가 그 형상은 다르더라도 서로 연결되어 있다는 유기체적인 생명이라는 점, 그리고 남을 위한 희생의 마음과 세상을 위한 의무의 마음을 통한 평화의 실현이라는 점에서, 생명평화를 보여준다고 할 것이다.[30]

3) 사인여천의 평등사상

동학의 평등사상과 그 특징을 알 수 있는 것은 해월 최시형의 사인여천(事人如天)이다. 사람 대하기를 한울님 섬기듯 하라는 이 말은 오늘날의 기준에서는 평범한 도덕적인 규범으로 여기기 쉽지만, 동학 창도의 시대에는 평범한 것은 아니었다. 신분제의 엄격함이 약화되기는 했지만 여전히 반상과 적서의 신분적 차별뿐만 아니라 여성과 어린이에 대한 일상적 차별이 엄존했다. 동학은 신분제에 따른 차별과 억압을 타파하고 사회적 평등을 지향했다. 이러한 상황에서 어린이와 여성 등 사회적 약자에 대한 배려를 강조하는 사인여천은 근대적 평등사상을 담고 있다.

사람이 바로 한울이니 사람 섬기기를 한울같이 하라. ⋯ 도인의 집에 사람이 오거든 사람이 왔다 이르지 말고 한울님이 강림하셨다 말하라. ⋯ 아이를 때리지 말라. 아이를 때리는 것은 곧 한울님을 때리는 것이니 한울님이 싫어하고 기운이 상하느니라.[31]

모든 사람이 사실은 한울님을 모시고 있기 때문에 인간은 인간으로서 평등하게 대우해야 하며, 신분이나 나이, 소유, 성별 등 외적인 요인에 의해 차별해서는 안된다는 점을 말해준다. 최시형은 사인여천을 신분제 타파의 이론적 근거로 삼으면서, "당시 신분제하에서 고통받고 있던 양반들 중 서얼 출신과 중인층, 그리고 일반 평민과 천민들의 강력한 지지를 얻으면서 동학 교세 확대에 크게 기여하게 된다."[32] 또한 "어린이 사랑하기, 여성의 처지 개선하기, 양반 상놈 차별 없애기 등 평등사상을 실천"하였고, "쉴 새 없이 노동을 하며 실천적 삶을" 살았던 최시형의 삶에서도 동학의 사회적 평등 정신을 알 수 있다.[33] 또한 집강소 설치에서 알 수 있듯이 사회적 평등이 제도적 차원으로 구체화되기도 하였다. 집강소는 "농민 통치 기구였고 집강소 활동은 반봉건운동이었다. 세도가와 관리의 부정부패를 척결하고 양반 상놈을 가리는 신분 차별을 없애고 농민에 토지를 고르게 나누어 주고 부채를 탕감하는 일을 벌였다."[34]

그러나 이러한 사회적 평등은 좀더 철학적이며 본질적인 평등에서 나올 수 있는 것이다. 외적인 억압으로부터 해방되고자 하는 소극적인 평등에서 일체의 존재를 좀더 높은 차원에서 평등한 존재로 공경하기 위한 적극적인 평등으로 심화할 때 사회적 평등도 존재기반을 가질 수 있다. 사인여천은 모든 존재들을 그 내면의 깊은 마음에서 보려는 적극적인 평등을 보여준다. 일체의 존재 자체를 평등한 것으로 해석하려고 했다는 점에서 사인여천은

'존재의 평등'을 지향한다고 볼 수 있다.

모든 존재를 한울님 대하듯 하라는 평등의 사상은 사람들의 마음을 맑고 밝게 한다. 맑고 밝은 마음은 사실 한울의 마음과 다르지 않다. 따라서 마음이 맑고 밝으면 모든 존재들이 그 마음으로 인해 빛난다. 한 사람의 마음이 맑고 밝아지면, 그 한 사람뿐만 아니라 한 집안과 한 나라와 온 천하가 맑고 밝아지는 것이다. 왜냐하면 한 사람, 한 집안, 한 나라, 천하는 모두 한울 마음이기 때문이다.

> 맑고 밝음이 몸에 있으면 그 아는 것이 신과 같으리니, 맑고 밝음이 몸에 있는 근본 마음은 곧 도를 지극히 함에 다하는 것이니라. 일용행사도 도 아님이 없느니라. 한 사람이 착해짐에 천하가 착해지고, 한 사람이 화해짐에 한 집안이 화해지고, 한 집안이 화해짐에 한 나라가 화해지고, 한 나라가 화해짐에 천하가 화하리니.[35]

이러한 맑고 밝은 마음은 음악이 주는 깊은 소리의 향기와 같은 것이다. 맑고 밝음의 덕은 분명 몸에 있는 것으로 존재하나 그 구체적인 실체는 없는 것이다. 그러면서도 마음의 근본을 이루는 것이다. 이는 숭고한 음악이 주는 감흥과도 같다. 인간의 심금을 울리는 음악은 그 실체를 파악할 수 없으나 감동을 주는 것이다. 난계 박연의 음악은 특히 "음양의 조화와 어울림 배합과 합성의 원리"[36]로서 우주의 보편적 원리를 전달한다는 점에서 동학의 사인여천의 평등사상과 상통한다고 볼 수 있다.

동학의 평등사상은 구체적인 실천덕목으로 나타난다. 대표적인 것이 겸손과 용서의 미덕이다. 이는 융합과 조화를 낳는 마음이며 악을 지양하고 선을 지향하는 도덕 규범이다. 용서란 선을 지향하는 마음과 함께 그 마음의 크기가 대인(大人)다워야 가능하다. 왜냐하면 용서란 타인을 용서하는 것 같지만 사실은 자신을 용서하는 마음이기 때문이다.

> 겸양은 덕을 세우는 근본이니라. 어진 것은 대인의 어진 것과 소인의 어진 것이 있나니 먼저 나를 바르게 하고 사람들과 융화하는 것은 대인의 어진 마음이니라. … 사람을 대하고 물건을 접함에 반드시 악을 숨기고 선을 찬양하는 것으로 주를 삼으라. 저 사람이 포악으로써 나를 대하면 나는 어질고 용서하는 마음으로써 대하고, 저 사람이 교활하고 교사하게 말을 꾸미거든 나는 정직하게 순히 받아들이면 자연히 도와 화하리라.[37]

동학의 사인여천은 사람은 누구나 신분에 의한 차별과 사회적 조건에 따른 차별로부터 해방되어 자유로운 인격체로서 존중받아야 한다는 사회적 평등과 함께 맑고 밝은 마음을 가짐으로써 우주의 보편적 질서를 깨닫고 겸손과 용서의 마음을 실천하는 존재의 평등이었다. 특히 존재의 평등은 박연의 음악세계가 지향하는 음악의 정신과 연결된다. 보편적인 사회질서를 음악을 통해서 세우려고 했던 그는 조화와 어울림, 배합과 합성을 그 기준으로 삼았다. 박연은 음악을 통해서 그리고 동학은 사회적 실천과 도덕적 실천을 통해서 평등의 사상을 실현하고자 하였다.

4. 영동의 정신과 동학의 글로컬리제이션

영동은 인문지리학적으로 고찰해볼 때 예술과 인문의 정신이 살아 숨쉬는 장소였다. 영동은 영원하게 하나요 통일을 상징하는 명칭이며 그 정신은 모심과 살림이었다. 모심과 살림은 모든 존재들이 그 자체로 존중받고 상호 인정받는 것을 의미하며, 그 철학적인 근거는 평등의 정신에 있다. 동학혁명은 반상과 적서의 차별을 타파하여 누구나 인간으로서 존중받는 세상을 지향하였다. "사람을 대하는 것을 한울님 대하듯 하라"는 해월 최시형의 사인여천 사상은 바로 동학혁명이 지향하는 평등한 세상의 근거였다.

정신은 단속적이지 않으며 과거와 현재 그리고 미래를 자신의 운동의 계기로 내포하고 있어 변증법적 운동을 한다. 과거의 정신은 현재에 보존되고 미래에 계승되는 것이다. 박연 음악의 정신은 영동 동학혁명의 용산 전투를 통해서 구체화되었고 현재에 전해졌으며 미래 세대에게 계승될 것이다. 그 중심에는 영동과 영동의 동학혁명과 영동의 정신이 존재한다. 모심과 살림, 생명과 평화의 정신은 영동이 동학을 통해서 새롭게 잉태되는 세계적인 정신이다. 동학의 고유한 정신을 내면화하면서 세계적인 사상으로 계승·발전시키고자 하는 노력의 일환이 동학의 글로컬리제이션이다.

1) 영동 정신의 형성: 모심과 살림의 변증법

영동의 이러한 정신은 동학의 정신과 다를 바 없다. 영동의 정신을 형성했던 인문지리적 내용은 박연의 음악, 용산장터에서 벌어진 동학농민혁명, 그리고 영동의 지명과 장소성이다. 앞서 논의했던 것처럼 이러한 요소들은 시간의 흐름을 따라서 인문지리적 콘텐츠로 정립되어 왔다. 난계 음악의 근원적인 존재의 평등, 동학혁명이 지향하는 사회적 평등, 그리고 영동의 장소성이 상징하는 화합과 통일이 영동의 정신을 형성하는 요소들로 볼 수 있다. 물론 이는 모심과 살림이라는 동학의 근본 종지와 상통한다.

모심은 하늘과 땅과 사람, 천지인 삼재를 통일된 그대로 포함하고 있다. 난계 박연의 음악은 현상적인 것을 초월한 상태를 표현하고 있다는 점에서 모심의 단계로 이해할 수 있다. 그의 아악정비를 통한 조화와 어울림, 배합과 합성의 음악은 시간과 공간을 초월한 음악의 보편성을 보여준다. 그러나 음악의 정신은 시대적인 분화를 통해서 새로운 정신과 만난다.

동학농민혁명군의 전투가 벌어진 용산장터는 공간성의 이동을 통해 새로운 시대정신을 보여주는 상징적 장소이다. 우선 용산장터에서 들리는 전투 소리는 새로운 생명을 잉태하기 위한 부정과 모순과 죽음의 소리이다. 그러나 동시에 동학혁명에 참여한 수많은 민중들의 함성과 희생은 새로운 생명을 잉태하기 위한 영혼의 의식(儀式)이었다. 이 전투 소리에 의해 조화와 어울림, 배합과 합성의 소리는 부정된다. 보편성이 부정에 의해 특수성으로 이행하는 것이다. 그러나 영동 동학혁명은 희생을 통한 새로운 생명을 잉태한다. 보편성이 부정되어 특수성이 되고 특수성이 다시 부정되어 개별성이 되는 것이다. 지금의 영동은 큰 역사적인 흐름에서 보면 모심과 살림의 정신에 의해 형성된 것이다. 박연 음악의 보편성과 동학혁명의 특수성이 종합되어 영동이라는 개별화된 정신이 탄생된 것이다. 영동은 둘이 아니라 영원히 하나라는 지명의 상징은 역사적으로 보편성과 특수성이 변증법적으로 종합된 것임을 보여준다.

〈모심과 살림의 변증법〉

종류	정신사1	정신사2	정신사3
인문지리	난계 음악	동학혁명	영동 문화
활동	모심	살림	공동체
상징	생명	평화	평등
범주	보편성	특수성	개별성
논리	정립	반정립	종합

2) 동학의 글로컬리제이션

이처럼 영동의 정신은 보편-특수-개별의 변증법적 과정을 통해서 탄생된 것으로 생명과 평화의 정신이며 평등과 화합의 정신이다. 영동의 정신에 깃들어 있는 이러한 정신을 선양하는 것은 동시에 1894년 용산장터에서 벌어진 영동 동학농민혁명군의 치열한 전투와 그 희생을 현대적으로 재해석하는 작업과 관련된다. 동학혁명이 구현하고자 하는 자유와 평등의 세계, 통합과 화합의 정신은 오늘날에도 여전히 유효하고 보편적인 정신이기 때문이다.

동학의 글로컬리제이션(glocalization)[38]은 동학의 정신을 현대적으로 계승하는 방법이다. 지역과 세계의 공존과 교섭 그리고 지구환경의 변화가 글로컬리제이션의 기반이 되었다. 특히 제4차 산업혁명 시대의 정치, 사회, 경제, 문화 변동은 전 지구를 하나의 연결망으로 만들며 그로 인한 생활생태계의 변화도 지구문명의 변화를 촉진하고 있다. 이러한 전환점에서 "지역과 세계, 특수성과 보편성, 중심과 탈중심의 이종교배적 삶의 질서를 교환하고 있고, 신자유주의적 경제적 지구화, 전자매체의 발달, 생태계 위기와 같은 문제의식을 공유하며 점차 지역사회와 세계사회가 상호 소통하는 지구적 문명으로 들어가고 있다."[39]

지구적 문명을 가능하게 하는 핵심적인 기술은 인공지능(AI. artificial intelligence)이다. 사물인터넷(IoT. Internet of Things), 빅데이터(Big data), 클라우드 컴퓨터 기술(Cloud Computing)은 기계와 인간과의 새로운 통합 모델을 제공한다. 이는 "자연지능과 인공지능이 소통하는 새로운 통합 모델"로서 "창조, 융합, 연결, 확장"이 중요한 키워드가 된다.[40] 이러한 키워드는 우리 문명을 받치고 있는 생활 생태계의 변화와 밀접한 관련이 있다. 예를 들면

우리는 영토상으로 통합적이지 않으며 배타적이지 않는 복수 지역적 세계 사회에 살고 있다는 점, 문화다원주의 세계에 살고 있다는 점, 전자 아고라의 확장과 세계시민적 참여의 세계에 살고 있다는 점, 그리고 공생의 사회적 네트워크 속에 살고 있다는 점 등[41]을 들 수 있다.

다른 한편 문화적인 차원에서 지역문화와 세계문화의 접점을 찾는 글로컬 문화담론은 글로컬리제이션의 중요한 담론중의 하나가 되었다. 글로벌이 다양한 세계문화의 융합과 소셜 네트워크 서비스(Social Network Service) 등 기술발전과 브랜드 가치가 전파되는 문화공간을 연출했고, 로컬은 지역의 문화유산(이야기+역사+문화가치)을 강조한 공간을 창출했다면, 글로컬리제이션은 세계적인 동시에 지역적이며, 세계성이 지역성에 의해 수정되고 변경되며, 동일성에서 차이로 변화되는 공간을 열었다.[42]

글로컬 문화담론은 세계와 지역이 공존하고 지역의 문화가 세계화할 수 있는 전략을 고민하지만 현실은 지역의 문화가 상대적으로 소외를 받는 것이 사실이다. 지나친 개발과 시장화 그리고 글로벌 문화의 로컬 문화 지배가 이러한 현상을 더욱 부추킨다. 이러한 글로컬 담론에 대응하기 위한 문화정책 모델이 필요하다. 그 모델은 지역공동체의 자기결정을 최대한 보장하고, 개인과 지역의 열망을 지원하며, 경제적·문화적 안정성을 확보해 주는 것이다.[43]

동학의 글로컬리제이션은 형식상 두 가지 차원에서 논의할 수 있다. 첫째는 학술적 차원이다. 동학학회가 매년 지방자치단체와 공동으로 주최하고 있는 전국 순회 학술대회를 들 수 있다. 물론 이는 글로벌한 차원에서 진행되는 것은 아니지만 지역의 특수한 동학과 동학혁명의 유산을 정리하고 현대적으로 계승하여 이를 학술적 성과로 출판한다는 점에서 글로컬한 측면이 있다. 일부에서는 아직 로컬한 차원에서 각 지역의 동학 연구가 미진한 상태에서 동학의 글로벌 문화를 논의하는 것이 시기상조라는 주장이 있을 수 있다. 그러나 이러한 주장은 동학의 정신의 보편-특수-개별의 변증법적 운동의 성격을 주목하지 못한 상태에서 나온 견해인 듯하다. 정신은 로컬과 글로벌의 성격을 동시에 갖고 있기 때문에, 먼저 동학의 로컬 연구가 선행되고 난 이후에야 동학의 글로벌한 연구도 가능하다는 주장은 형식적이다. 학술적인 성과가 축적되고 학계나 문화계로 확산됨으로써 동학의 지역 연구가 조명되며 이러한 과정을 통해서 보편성을 획득할 수 있을 것이다. 따라서 영동 동학농민혁명을 연구한다는 것은 영동이라는 특수한 지역만을 연구의 범위로 한정하는 것이 아니라 영동을 매개로 하여 동학의 보편정신을 탐색하는 일이다. 이는 영동의 정신을 널리 알리는 일일 뿐만 아니라 영동 동학혁명군의 숭고한 희생정신과 이념을 보편화하려는 글로컬적 동학 담론으로 평가할 수 있을 것이다.

둘째는 문화적 차원이다. 영동의 대표적인 축제인 난계국악축제처럼 지역의 인문지리적 자원을 종합하고 이를 문화 콘텐츠로 활용하는 작업이다. 영동의 지역문화를 살리면서 세계화하기 위해서는 노력은 장소 콘텐츠의 개발이 선행되어야 한다. 장소 콘텐츠는 가장 긴 개발 과정과 다학문 융합적 성격이 매우 강하며, 특히 아이디어를 이미지로 표현하는 과정이 필수적이고 매체 디자인을 공간 인테리어 설계와 연결하는 작업 또한 요구된다. 과정 가운데 요구분석, 환경분석(인문환경), 소재조사, 창의발상, 개념설계, 스토리텔링 등의 단계에서는 인문학과의 연계 요구가 매우 크다고 볼 수 있다.[44]

문화 콘텐츠를 개발할 때 인문적 감성이 필요한 이유는 인문학은 상상력을 통해 새로운 것을 창조할 수 있을 뿐만 아니라, 아울러 문화의 목적이 궁극적으로는 행복에 있기 때문이다. 행복은 정서적 안정감과 심미적 감성,

그리고 정서적 유대감이 있어야 가능하다.

> 행복은 인간의 늘 고단하고 비루하고 고통스럽지만 작은 인간 공동체
> 의 공생공락의 삶 속에서 묻어나오는 우정, 관용, 친절, 배려의 순간들로
> 일상을 견디게 만든다. 이러한 작은 행복의 가치들은 냉혹하고 부정의한
> 시대일수록 더욱더 삶을 견디게 하는 버팀목인 것이다. … 그것은 글로벌
> 의식으로서 이성이나 경직된 논리가 아닌 확장된 의미의 감성 사회의 구
> 성을 말한다. 공감과 감성은 글로벌화로 촉진된 신유목민 시대에 사회공
> 동체의 유대감을 형성하는 윤리적 심미적 요소로 작용한다.[45]

장소성이 지역의 특성과 정체성을 형성한다는 점에서 장소와 공간의 의
미 변화에 주목할 필요가 있다. 지역 발전과 공간의 의미 변화와의 관련성
은 영동의 정신을 새롭게 해석하고 동학의 글로컬리제이션의 방향을 설정
할 때 시사하는 바가 크다. 먼저 지역 공간은 유동화, 다양화, 차이라는 특성
을 보인다는 것이다. 지역의 정체성을 근간으로 사회문화적인 차이를 기본
으로 하는 흐름에서, 각 지역의 차이를 인정하는 흐름으로 변화가 나타난다
는 것이며, 이전 시대의 고정적이고 가시적인 상태의 생산물이 비확정적이
면서 유동적이며 다양성을 나타내는 가치형태로 변화하는 양상으로 표현
된다. 둘째, 경쟁력의 근간이 유형적인 것에서 무형적인 것으로 이동함으로
써, 구체적인 상품이 아닌 상징적인 의미로서 브랜드가 중시된다는 점이다.
셋째, 글로컬 시대의 문화변동의 특징은 재현과 이미지의 해석 등 추상적인
담론에서 지역 단위에서 실제로 일어나는 프로젝트로, 상징적인 주장에서
실제적인 현실의 운동으로 대변된다.[46]
　지역공간의 유동성, 브랜드의 중요성, 문화자원의 프로젝트화는 동학의

글로컬리제이션의 방향과 전략의 요소로 참고할 수 있을 것이다.

첫째, 지역공간의 유동성에 관한 것이다. 각 지역과의 동학관련 학술 교류를 통해 보편성과 특수성을 발견하려는 노력을 들 수 있다. 지금은 한 학술대회에서 한 지역의 동학혁명에 관한 내용만을 다루지만 순회 학술대회가 더욱 확장되고 그 학술적 성과가 축적된다면 여러 지역의 동학혁명 주제를 동시에 다룰 필요가 있다. 그렇게 되면 각 지역의 동학의 특색을 서로 비교할 수 있고 아울러 공통점도 확인할 수 있기 때문에 동학 및 동학혁명에 대한 이해를 심화할 수 있을 뿐만 아니라 글로컬적 관점에서 동학담론을 확산할 수 있는 기회가 될 수 있을 것이다.

둘째, 브랜드의 중요성에 관한 것이다. 각 지역마다 대표상품이나 문화자원이 있듯이 분야별로 다양하게 동학을 상징할 수 있는 브랜드를 만드는 것이다. 동학의 브랜드는 동학의 내용과 의미를 일반 대중에게 알리는 데 도움을 주며 인지도를 높이는 데 효과적이다. 동학을 상징하는 여러 가지 기호물들이 존재하지만 일반 대중에게 좀더 널리 알릴 수 있기 위해 새로운 트랜드를 반영할 필요가 있다.

셋째, 문화 자원의 프로젝트화에 관한 것이다. 막연하고 추상적인 상징적인 내용보다는 구체적인 프로젝트로 내용을 전달할 때 정보 전달은 효과적이다. 분명한 목적과 시간이 정해져 있을 때 더 큰 성과를 낼 수 있듯이, 구체적인 계획과 성취 목표와 전략 및 과정을 구체화한다. 이는 글로컬 문화전략에서 지역성의 문화 차이와 특성을 전달할 있는 효과적인 수단이 된다. 아울러 동학과 동학혁명도 요약하고 분석하고 도표화하고 전략화하고 일정표를 짜듯이 일목요연하게 제시할 수 있어야 한다.

5. 동학의 시대정신과 미래

영동 동학농민혁명의 인문지리적 자산을 활용하여 동학의 시대정신을 미래지향적으로 새롭게 해석하기 위한 노력이 필요하다. 역사란 지나간 사건의 기록이 아니다. 과거와 현재의 대화를 통해서 현재의 문제를 해결하고 미래를 바라보는 안목을 길러주는 데 역사를 연구하는 중요한 목적이 있다. 난계 박연에 의해 이룩된 예술적 감성과 특출한 유학자와 승려의 활동에 의해 성취된 학문적 성취, 영동 동학농민혁명에 의해 각성된 개혁 정신과 여러 독립운동가에 의해 정립된 민족의식을 두루 갖춘 장소였다. 영동 동학농민혁명은 영동의 장소성을 형성하는 중요한 매개적 역할을 한다. 동학은 예악과의 변증법적 관계속에서 수많은 이 지역 독립운동가와 지식인들을 배출하게 된 역사적 배경이 되었다.

인문지리학적 관점은 과거와 현재, 미래를 상호 연관성에서 이해하려고 하기 때문에 그 이해의 지평이 넓고 과거와 현재의 대화를 통해서 미래적 가치를 창출하는 데 도움이 된다. 따라서 인문지리학적 관점에서 본 영동 동학농민혁명은 영동의 지리적 환경과 인문적 환경과 연관되어 있고, 예악과 동학이라는 정신사 속에서 일어났기 때문에 새롭게 계승되어야 한다.

이러한 관점에서 본 연구는 세 가지 내용을 다루었다. 첫째는 영동의 인문지리학에 관한 것이다. 영동 지역의 지명 유래와 지역적 특성을 논의하였다. 영동 지역 출신 인물을 다루었다. 궁중음악을 재정립한 난계 박연, 신미 대사와 김수온 등의 불교학자와 유학자, 그리고 독립운동가들의 활동 상황을 정리하였다. 특히 박연의 음악 세계를 "음양(陰陽)의 조화와 어울림, 배합(配合)과 합(合)의 원리"로 정리하면서 예악적 특성을 동학과의 관계에서 논의하였다. 그러면서 난계 음악의 정신은 생명과 평화에 있다는 점을 제시하였다. 다음으로 영동 동학농민혁명과 그 정신을 다루었다. 영동 동학농민군의 격전지인 용산장터의 장소성과 조재벽을 비롯하여 조경환, 김종무, 백학운, 백학길, 배순안, 이판석, 이관봉, 손광오 등 참여자들을 정리하였다. 이와 함께 동학의 정신을 생명과 평화 그리고 평등으로 정리하면서 동학 정신의 재해석의 필요성을 강조하였다. 마지막으로 동학 정신의 재해석을 위해 영동의 정신과 동학의 글로컬리제이션을 논의하였다. 영동의 정신에서는 보편-특수-보편의 변증법적 방법을 통해서 영동 정신사를 분석하였으며, 동학의 글로컬리제이션에서는 학술적 차원과 문화적 차원에서 동학의 확산을 위한 발전 방향을 논의하였다.

인문지리학에서는 자연 환경이나 인문지리 환경의 다양한 요소들 사이의 일정한 연관성이나 패턴, 더 나아가 일정한 법칙의 발견이 중시된다. 예악과 동학의 관계에 관한 논의에서 알 수 있듯이 시대의 변화를 인식하고 새로운 시대를 설명하고 해석할 수 있는 새로운 패러다임의 형성은 역사 발전의 패턴으로 보인다. 예악이 중시하는 조화와 합의 원리는 주체적인 각성을 중시하는 시천주와 그 근원을 비판적으로 사유하는 불연기연을 강조하는 동학의 패러다임으로 대체되었다. 동학혁명은 이처럼 조화와 배합의 패러다임을 모심과 살림의 패러다임으로 전환한 역사적 계기가 되었다. 그러나 오늘날 시대는 변화하였다. 인공지능, 사물인터넷, 빅테이터, 클라우드 등 제4차 산업혁명 시대가 된 것이다. 동학의 패러다임은 변화된 새로운 시대를 반영하여 어떤 시대정신을 대변할 수 있는 패러다임으로 어떻게 변화할 수 있는가?

동학의 글로컬리제이션의 논의에서 알 수 있듯이 지금은 특정 이념이나 정신이 시대를 대표할 수 없다. 다양한 시각과 관점, 이념이나 정신이 공존하는 시대이다. 다양한 정신의 유연한 공존이 시대를 반영하는 시대정신이 되었다. 동학은 기존의 권력과 질서가 사회적 불평등과 폭력을 낳았다는 인식과 함께 이를 해결할 수 있는 새로운 패러다임을 정립함으로써 창도되었다. 이 점에서 동학 정신의 근간은 비판정신과 저항정신이며 새로운 문명을 창조하려는 미래정신이다. 이러한 정신이 동학의 글로컬리제이션의 방향을 제시하고 새로운 시대의 정신을 탐색하는 데 원동력이 될 것이다.

영동 동학농민혁명 연구에서 성과로 드러난 발생 배경, 참여 양상, 그 이후 영향 등을 통해서 이제는 연구성과를 종합하여 새로운 동학 담론을 창출할 시기이다. 인문지리학적 관점을 포함하여 동학을 좀더 거시적인 안목에서 이해하고 해석할 수 있는 학문 방법론의 개발과 함께 지역사 연구와의 협업, 브랜드화나 프로젝트화를 통한 동학 확산 방법론 개발 등은 동학 연구자들이 수행해야 할 미래지향적 과제이다.

영동 지역 동학농민혁명 전개 과정과 역사적 의미

채 길 순
명지전문대학교 교수

1. 영동 지역 동학농민혁명 전개 과정

충청북도 영동은 전라 경상 충청 3도를 접경한 지정학적 특성으로, 조선 말기에 탄압 받는 종교 동학이 잠행 포덕 활동하기에 용이한 지역이었다. 관의 추적을 받으면 도(道)의 경계를 넘어 도피할 수 있기 때문이다.

또한 영동 출신의 동학 지도자가 많았고, 이들은 이 지역의 동학교도를 이끌고 공주취회, 광화문복합상소, 보은취회와 같은 교조신원운동에 적극 참여했다. 또한 동학농민혁명기에는 보은, 옥천, 김천, 금산, 진산, 공주 등 인근 지역 격전지에 진출하여 다양한 활동을 펼쳤다. 황간 출신 조재벽(趙在璧) 대접주의 활동이 대표적인 예인데, 조재벽은 영동, 황간 지역을 비롯하여 보은, 청산, 옥천, 금산, 진산 지역에서 활동했다.

지금까지 알려진 영동 지역 동학 지도자는 조재벽 외에 이판석(李判石), 김철중(金哲中), 김태평(金太平), 김고미(金古味), 배순안(裵順安), 이관봉(李寬奉), 박추호(朴秋浩), 송일회, 손해창, 백학길, 강팔석 등 12명이다.

1) 황간에 창도 초기부터 동학이 유입

황현의 『오하기문(梧下記聞)』[1]에 따르면 "경주의 최제우(水雲 崔濟愚)가 지례(知禮), 김산(金山=김천) 및 호남의 진산(珍山), 금산(錦山) 산골을 왕래했다"

고 했다. 최제우의 재세 시기인 1862년 상반기에 위 지역에 왕래했다고 추정하는 근거다. 또 다른 근거로, 1863년 12월 최제우가 선전관 정운구에게 잡혀 서울로 압송될 때 추풍령 아래에 이르자 "(최제우의) 탄압에 불만을 품은 동학교도들이 추풍령 고개에 모여 있다."는 소문이 나돌아 압송 행렬의 진로를 보은 쪽으로 바꿨다. 이런 기록들을 근거로, 최제우 재세 시기에 추풍령을 중심으로 한 3도 접경지인 황간에 이미 동학교도가 있었다고 추정할 수 있다. 그렇다면 최제우의 순도로 동학의 맥이 한동안 끊겼다가 1887년에 황간 조재벽이 동학에 입도하면서 20여 년 만에 동학도의 맥을 잇게 된 셈이다.

1892년 8월, 삼정문란으로 민중 봉기가 끊임없이 일어나던 시기에 황간 지역 원민들이 떨치고 일어나 현아를 습격한 사건이 일어났다. 조정에서 안핵사를 파견하여 조사한 결과 당시 황간 현감 민영후의 탐학 사실이 밝혀져 파직되었고, 민란 주동자들이 처형되었다. 이 시기에 황간 지역에는 조재벽 접주가 포교하고 있었다. 이 시기에 동학 세력이 민란에 관계했는지 여부는 알 길이 없으나 이 지역의 저항적 전통을 확인할 수 있다.

2) 조재벽 대접주, 교조신원운동에 주도적으로 참가

영동 지역 동학 활동은 1887년 조재벽 대접주의 활동으로 추정이 가능하다. 조재벽의 동학 포교 범위는 영동·황간 경계를 넘어 청산, 옥천, 보은, 금산, 진산, 고산 등지에까지 이르러 당시 막강한 교세를 떨치고 있었다. 이로써 조재벽은 대접주 반열에 오르게 되었고, 이런 막강한 세력을 바탕으로 교조신원운동인 공주취회, 삼례취회(1892), 광화문복합상소와 보은취회(1893)에서 주도적인 역할을 하였다. 『영동군지』(1996)에 따르면 "보은취회에 영동 지역의 동학교도들은 옥천 청산 등 이웃지역의 동학교도와 함께 50여 명이 참가했다."고 했다.

3) 조재벽 대접주, 1894년 봄 금산 · 진산으로 진출하여 기포

황간 출신의 조재벽 대접주는 황간 지역을 넘어 영동, 청산, 옥천, 금산, 진산 등지에서 활약했다. 그러나 당시 황간 · 영동 지역 동학활동에 대해서는 다른 자세한 기록이 남아있지 않다. 다만 당시『주한일본공사관기록』에 '조재벽 접주가 황간(黃澗)의 수령[2]이라는 말이 수차례 걸쳐서 나온다. 권병덕(權秉悳) 기록과『천도교회사초고(天道敎會史草稿)』에도 "(1894년 봄) 조재벽, 최사문, 최공우(崔公雨)가 …(금산 진산에서) 기포했다."고 했다. 금산 지역에서 최초로 기포한 날짜는 3월 8일 또는 12일[3]이라 했다. 이로 보아 조재벽 접주는 영동 · 황간에 근거를 두고 옥천, 금산, 진산 지역까지 진출하여 동학 활동을 했다. 조재벽은 1897년에 사망했는데, 사망 전까지 그의 행적과 그 이후의 계승에 대한 기록은 거의 없다. 다만 조재벽의 연원 조직이 옥천, 영동, 황간, 청산, 금산, 진산, 고산, 용담 등 지역이 광범위하다고 소개했다. (이하 인물지 참조)

4) 9월 재기포 시기에 동학농민군 주둔, 공주전투에 참가

1894년 9월 18일, 최시형이 마침내 "지금은 앉아서 죽임을 당하기보다는 일어나 힘을 합하여 싸울 때"라며 무력 봉기를 선언하자, 영동 동학농민군이 일제히 기포했다. 그러나 기포지가 어디인지는 분명치 않다. 경상도 지역의 기록에 따르면 "1894년 10월 황간과 영동에 동학농민군이 주둔했으며,

경상도 경계를 넘어와 군량을 탈취했다."고 했다.

영동 지역 동학 활동은 민보군 · 지방군의 동학농민군 토벌 기록을 통해서, 그리고 동학농민군 지도자 강팔석, 손해창, 송일회의 재판 기록으로 영동 · 황간 지역 동학농민군이 기포하여 관아를 습격했다는 사실이 확인된다.

경기 · 충청 · 강원 지역에서 봉기한 동학농민군은 보은취회를 한 지 1년 6개월 만에 다시 보은에 집결하여 옥녀봉 아래 삼가천 가에 400여 개소의 초막을 짓고 유숙하게 된다. "이때 영동 · 황간 · 청산 지역의 1만여 명의 동학농민군은 청산 작은뱀골에 모였고, 보은 · 문의 · 청주 근동의 동학농민군이 합류하여 2만여 명으로 늘었다."는 기록으로 보아 보은 장내리 외에 영동 황간 청산 지역에 1만 여 명의 동학농민군이 산재하여 둔취한 사실이 확인된다.

1894년 9월 18일, 최시형은 손병희를 북접통령(北接統領)에 임명하여 출정을 명한다. 손병희는 1만 명의 호서 지역 동학농민군을 이끌고 출정하여 논산에서 호남의 전봉준 동학농민군과 합류한 후 공주성을 압박했다. 이와 다른 세력으로 영동 · 황간 · 옥천의 동학농민군은 회덕 지명장터 싸움(현 대전시 대덕구 삼정동, 대청댐에 수몰)에서 관군을 물리친 뒤 공주 동북쪽 대교(大橋, 한다리)로 진출했다. 대교 전투에서 패한 동학농민군은 손병희가 이끄는 본진에 합류했다. 다시 우금치 전투에서 패한 동학농민군은 남원 새목치에서 최시형을 만나 소백산맥을 따라 북상하게 된다.

5) 영동 축령탑이 서 있는 말채나무 거리에서 동학농민군 총살

최근까지 영동 지역 동학농민군 토벌과 처형에 관한 구체적인 기록이 없었다. 1996년 판 『영동군지』에 따르면 "영동 지역의 동학교도들은 옥천·청산 등 이웃지역의 동학교도와 연락을 하면서 가담할 준비를 하다가 탄로되었는데, 지금 축령탑(蓄靈塔)이 서 있는 영동천 건너 말채나무 거리로 불리던 곳에서 (동학농민군이) 일본군에 의해 총살되었다."는 기록이 보인다. 처형한 날짜가 1895년 1월쯤으로 짐작되지만 이는 정확하지 않다. 처형 장소에 대해서는 영동향토사연구 회장을 지낸 윤주헌 씨(尹柱憲, 66세, 영동읍 부용3길 9 상록연립주택 나동 207호)의 고증과 일치한다. 그의 말에 따르면, "현재 영산교 건너 더웰 아파트 자리가 가축 도축장이었으며, 그곳에 가축의 혼령을 비는 축령탑이 있었다."고 증언했다. 즉, 영동 지역 동학농민군이 가축 도살장에서 처형되었다는 뜻이다.

6) 동학농민군, 영동·황간 관아 점령

공주 전투에서 패한 뒤 남원까지 후퇴했던 손병희가 이끄는 호서 동학농민군이 남원 새목치에서 최시형과 합류하였다. 이들은 관·일본군 추격이 용이한 평야지대를 피해 소백산맥 줄기를 타고 북상하면서 18차례에 걸쳐 크고 작은 전투를 치렀다. 그 과정에서 장수와 무주 관아를 차례로 점령하고, 영동의 관문인 달밭재(월전리)에서 관군과 전투를 벌여 물리쳤다. 동학농민군은 여세를 몰아 영동 황간 관아를 파죽지세로 점령했다.

당시 영동 황간 지역 정세나 활동을 『갑오군정실기』에서 추정할 수 있다. "충청감사 박제순이 베껴서 보고합니다. 지금 받은 황간현감(黃澗縣監) 송창로(宋昌老)의 보고 내용에, 이달(12월) 10일에 비도 5~600명이 영동에서 각자 총과 칼을 지니고 소리를 지르면서 쳐들어와서 관아의 창고를 부수고 무기와 화약과 탄환 및 계사조(癸巳條, 1893)의 대동목(大同木) 12통(同) 40필,

세작목(稅作木) 1통, 그리고 궁관방(宮官房)에 저장해 놓은 공전(公錢) 869냥을 의복과 함께 전부 빼앗아 갔습니다. 또한 이방 김진률(金振律) 형제의 집에서는 매입한 계사조의 전세목(田稅木) 14통 27필, 삼수목(三手木) 3통 20필 및 공전 7백여 냥을 빼앗아 갔으며, 신흥역(新興驛)의 말 2필, 관마(官馬) 2필을 한꺼번에 잃어버렸습니다. 그리고 적도들은 다시 영동으로 갔습니다. 영남의 유격장(遊擊將)이 지금 김산(金山)에 주둔하고 있기 때문에 사유를 갖추어 왕복하여 적도를 토벌하려고 합니다." "호남 비류의 나머지 무리들이 또 이렇게 창궐한다고 하니 참으로 놀랍고 두려운 일입니다. 따라서 일본 병참에 구원을 요청하여 함께 토벌하라는 뜻으로 신칙하여 처결하고 보냈습니다. 이에 급히 아룁니다." 위의 보고에 대한 답이 다음과 같이 실렸다. "제(題) : 들으니 참으로 놀랍고 한탄스러운 일이다. 공납한 돈과 포목을 쌓아 두고 납부를 미루다가 잃어버린 읍이 있다는 보고를 아직은 들은 적이 없다."[4]

영동과 황간 관아를 파죽지세로 점령한 동학농민군 지도부는 충청도와 경상도 두 방향을 두고 잠시 갈등한 듯하다. 하지만 동학 지도부는 낙동병참부에서 고와하라(桑原榮次郎)가 지휘하는 일본군이 출동했다는 전보를 받고 경상도 길을 포기하고 불과 한 달 전에 둔취했다가 떠났던 보은 장내리로 방향을 바꾼다. 동학농민군은 황간 수석리를 거쳐 용산장터로 들어갔다가 전투를 치렀다.(용산장터 싸움 참조)

7) 상주 소모영장 김석중의 토벌전

동학농민군 주력이 공주성을 공략하기 위해 떠난 뒤에 상주 소모영장 김석중은 상주 경계를 넘어 영동 땅으로 들어와 수많은 동학교도를 색출하여 포살했다. 공명심에 들 뜬 김석중은 2세 교주 최시형이 영동에 은둔하고 있다는 밀고를 접하고 그를 체포하기 위해 긴밀하게 움직였다. 당시 상주 소모영장 김석중에 의해 포살된 영동 지역 두령급 인물로, 이판석(李判石, 西濟村 숯먹이(수묵이) 接主), 김철중(金哲中, 接司), 김태평(金太平), 김고미(金古味), 배순안(裵順安, 三室村(麻谷, 接司)), 이관봉(李寬奉), 박추호(朴秋浩) 등이다. 여기서 자연부락 삼실촌(三室村)은 마포실[麻谷]로 추정되는데, 동학교도와 동학농민군 활동 지역을 확인하는 중에 영동군 황간면 회포리(마포실) 마을 유래를 만났다. 거기에 "…동학농민군이 이 마을을 잠시 은거지로 삼았던 까닭인지 일찍부터 외세를 배격하고 자립자족하려는 정신이 남달라 곡물 농사와 함께 삼이며 목화와 누에를 길러 의식주를 해결했다. 특히 외국산 면직물을 유통시키지 말라는 동학도의 보은취회 강령에 영향을 받아 주변 마을보다 삼베를 많이 생산하게 되었고, 그래서 근동의 사람들은 이곳을 마포실(麻布谷)이라고 불렀다."는 대목으로 미루어 이 마을에서 이루어졌던 동학교도 활동이나 동학농민군 활동을 짐작케 한다.[5] 이에 대해서는 추가 연구가 필요하다.

한편, 김석중은 무주와 10여 리 떨어진 영동 고관리까지 진출하여 동학 두령 정윤서를 체포하여 포살했는데, 호서 동학농민군 7천여 명이 소백산맥을 따라 밀려온다는 급보에 따라 급히 철군한다. 김석중은 상주로 돌아가는 와중에도 수석리에서 동학 두령 정여진(鄭汝振, 성주성 공격 주도자)을 체포하여 포살하고, 세작(첩자)을 보내 용산장터 싸움에 대비했다. 김석중은 북실 전투에서 2천 600명의 동학농민군을 살해했고, 이듬해(1895)에 토벌의 공을 인정받아 안동군수로 부임했다가, 의병대장 이강년에게 붙잡혀 농암장터에서 군중이 보는 가운데 효수되었다.

8) 갑오년 9월, 재 기포 시기 양산장터 싸움

영동 지역 동학 주 세력이 논산-공주로 출정한 시기에 당시 교도대 대관이었던 이겸재가 "11월 5일 청산 석성리에서 동학농민군 수만 명과 접전해 40명을 포살하고, 11월 8일에는 양산장에서 수천 명과 접전해 50명을 포살했다"고 한 기록으로 미루어 당시 양산장터 싸움의 규모를 가늠할 수 있다.

2. 치열했던 용산장터 싸움

용산장터 싸움이 벌어진 현장은 현재 용문중학교 자리인데, 구 장터는 병자년 장마 때 쓸려 내려가 현재의 위치로 옮겼다.

용산장터 싸움은 『소모일기(召募日記)』,[6] 『소모사실(召募事實)』,[7] 『〈토비대략(討匪大略)』,[8] 『갑오군정실기』, 『순무선봉진등록』 등 여러 문헌을 종합하면 상황을 다음과 같이 정리할 수 있다.

『순무선봉진등록』에 따르면, "1894년 12월 11일 아침, 청주영 군사와 용산장터에 진을 치고 있던 동학농민군이 치열한 전투를 벌였다. 상주 소모영 유격병대 소모장 김석중은 세작을 보내 전투 상황을 보고 받고 용산 후곡(後谷)으로 들어가 협공했다. 산 위까지 진을 치고 있던 동학농민군은 상주 유격병이 사방이 산으로 둘러싸인 골짜기 깊숙이 공격해 들어오자 반격을 가했다. 동학농민군의 공격이 워낙 조직적이고 막강하여 대열을 흩지 않고 서서히 후퇴했다가 다시 포위 공격하는 전략으로 크게 이겼다. …다음날(12월 12일) 아침에는 전직 군수 박정빈이 주도하는 옥천 민보군과 청주병이 다시 동학농민군을 공격해 왔고, 상주 소모영군이 협공하는 바람에 동학농민군이 이들을 맞아 싸우느라 주춤해진 틈에 청주 옥천병이 밤재를 넘어 청산 방면으로 달아나기 시작했다."는 전투 개략이 기록되어 있다.

이에 대해서는 『갑오군정실기』 자료를 참고할 만하다. 전 경리청(經理廳) 참령관(參領官) 구상조(具相祖)가 보고한 내용이 실려있다. "금영(錦營)의 지휘에 따라 대관 김명환(金命煥)과 참모관 이윤철(李潤徹), 교장 정재원(鄭在元)이 병사 70명을 거느리고 이달 8일에 보은과 청산으로 출발하였습니다. 김명환의 보고 내용에, '10일에 옥천에 머무르면서 비류가 영동 용산장터에 모여 있다는 소식을 들었습니다. 따라서 11일에 행군하여 청주의 병사 180명과 청산(靑山)에서 만나 진영을 합하였습니다. 12일에 영동으로 가서 수만 명의 적도와 서로 맞서 싸웠는데, 비류 5~60명을 쏘아 죽인 뒤에 그 기세를 타서 적을 추격하였으나, 탄환이 떨어졌기 때문에 후퇴하여 산으로 올라가 방어하였습니다. 그러자 적의 형세가 더욱 강성해져서 사면에서 (아군을) 포위하였으니 형편이 매우 급박했습니다. 참모관 이윤철과 본영의 우 2소대 병사 김창운(金昌云)과 청주의 병사 1명이 총을 맞고 죽었으나 시신은 끝내 찾지 못하였습니다. 그리고 우 1소대 병사 이기준(李基俊)과 김억석(金億石), 주태산(朱太山) 3명이 낙오되어 생사를 알 수 없는 상태에서 바로 청산으로 회군하였습니다. 그런데 이곳도 적의 소굴이어서 서로 떨어져서 총을 쏘고 있었기 때문에 군대를 주둔하여 머물 수가 없어서 다시 보은으로 향하였습니다. 저 무리들은 우리 군대가 고립되고 약한 것을 엿보고서 사면에서 서로 추격하였기 때문에 13일에 청주의 병영으로 회군하였습니다.'라고 하였습니다."

『갑오군정실기』에 수록된 충청감사 박제순의 보고에, "지금 그곳 대관 김명환(金命煥)의 보고를 보니, '10일에 옥천(沃川)에 이르러 호남의 비류들이 영동에 와서 모여 있다는 소식을 들었으며, 11일에는 병영의 군사 180명과 함께 행군하여 청산에서 만나 부대를 합하였으며, 12일에는 영동으로 향하였는데 적의 무리들은 1만 명을 헤아렸습니다. 이어서 즉시 진격하여 싸움을 벌여 5~60명을 총살했으나 탄환이 이미 떨어져서 부대를 옮겨 산으로 올라갔는데 적에게 포위되고 말았습니다. 적의 포위를 뚫고 나갔으나 순무영의 참모관 이윤철(李潤徹) 및 경리청의 병사와 병영의 병사 각 1명씩 총을 맞아 죽었습니다. 이윤철은 평소 용기와 힘이 있어서 칼을 빼어 들고 험한 곳으로 들어갔습니다. 회군할 때에는 또한 후진(後陣)에서 (마지막까지) 남아 있다가 총에 맞았으나 달아나지 않았습니다. 적들이 그를 칼로 마구 찔러 사지를 끊어 그 정상이 극히 처참하였습니다. 부근의 민호(民戶)들은 평소 적의 소굴로 알려진 곳이라 관군에게 음식물을 보내기는커녕 곡식을 훔쳐 갔기 때문에, 굶주린 관군은 눈(雪)을 씹으며 목을 축였습니다. 밤이 되어 보은에 도착하여 처음으로 한 끼니의 식사를 하였습니다. 13일에 청주에 회군하여…'라고 하였습니다."

이를 보면 용산전투에서 많은 희생이 따랐으나 전반적으로 관·민보군이 쫓기는 처지로 보아 동학농민군의 승리로 보는 것이 마땅하다.

"제(題) : 들으니 참모와 김창운 및 향병이 전사했다고 하니 참으로 놀랍고 비참한 일이다. 시신을 운구하고 매장하는 절차는 지금 순영과 병영에 관문으로 지시하였다. 낙오한 3명은 각별히 종적을 조사하여 보고하라. 청산읍은 평소 적의 소굴이라고 이르는 곳인데, 또 이렇게 포를 쏘며 관군에 저항하였으니 다른 지역과 비교할 바가 아니다. 이들을 토벌하고 잡는 절차에 대해서는 출진하는 대관에게 각별히 지시하겠다."[9]

같은 기록『갑오군정실기』에 용산전투에 대해 질책한 사실까지 보인다. "영동현감 오형근에게 전령함 - 본영의 참모관 이윤철 및 서울과 지방의 세 병사가 나랏일을 위하여 죽었다는 소식을 들으니 매우 참담하고 측은하다. 참모관의 시신을 운구하는 절차는 각별히 돌보아 도와주도록 하며, 병정들을 매장하여 표를 세우는 일은 죽은 사람의 친척이 내려가는 것을 기다렸다가 지시하고, 지나가는 각 읍에서 호송하는 방법은 각별히 지시하여 시행하도록 하라."

"출진하는 영관 구상조에게 전령함 - 지금 충청 병사의 보고를 보니, 이달 13일에 영동의 전투에서 불리해져 참모관 이윤철과 병정들이 목숨을 잃는 지경에 이르렀다고 한다. (이것이) 군기(軍機)의 득실과 어떤 관계인지 아직도 보고가 늦어지고 있으니 참으로 놀라운 일일 뿐만 아니라, 진실로 사태에 능숙하게 대처했다면 어찌 이 지경에 이르렀겠는가? 우선 대죄(戴罪, 죄를 지었으나 죄과가 정해질 때까지 본디 업무를 보게 하는 규정으로 공을 세우면 상쇄하게 한다.)하여 적극적으로 나아가는 책임을 더욱 면려한다. 죽은 자들이 참혹하고 측은한 점에 대해서는 달리 어떤 말을 할 수 있겠는가? 참모관의 시신을 운구하는 절차와 병정들을 매장하여 표를 세울 때 죽은 사람의 친척이 내려가는 것을 기다렸다가 지시하는 일 등은 지금 막 충청감영과 병영 및 해당 지방관에게 지시하였으니, 도착하는 즉시 상의하여 지체 없이 (시신을) 호송하도록 하라."[10]

손병희가 이끄는 동학농민군은 이들을 계속 추격하여, 문바위와 한곡리를 거쳐 내처 청산 관아를 점령했다. 한편, 김석중이 이끈 상주 유격병대는 일단 후퇴했다가 일본군과 합세하여 북실에 이를 때까지 동학농민군을 추격했다.

위의 기록으로 보면 용산장터 싸움이 동학농민군의 일방적인 승리로 보이지만 피아간 희생이 컸던 싸움이었다.

한편, 용산장터 싸움에서 이긴 호서 동학농민군은 12월 14, 15일 이틀간 청산 문바윗골과 읍내에 머물다 보은 북실로 들어갔으나 추격해 온 김석중이 이끄는 소모영군과 일본군에게 무참히 학살당한다.

3. 영동 지역 동학농민혁명 주요 사적지

○ 양산장터 싸움터(현 충북 영동군 양산면 가곡리)

○ 달밭재 전투(현 영동군 용화면 월전리 달밭 고개)

○ 영동 지역 동학농민군 총살터(현 영동군 영동읍 더웰 아파트, "영동천 건너 축령탑 자리 말채나무 거리")

○ 황간 현청 터(현 황주동 노인정 옆 느티나무 자리)

○ 동학농민군 활동 추정지(황간면 회포리, 마포실 마을 유래비)

○ 동학농민혁명 당시 탐학의 상징이던 고종의 6촌으로 경상감사를 지낸 이용직 귀양터(현 황간면 수석리)

○ 용산장 싸움터(현 용문중학교 자리, 용산면 용산리 104)

○ 오영근 군수 선정비(현 용산장 입구)

4. 동학농민혁명 영동 주변 자료

1) 이용직과 지역 동학교도의 알력, 신항리 왕족 상여

수석리는 용산을 거쳐 장군재를 넘어 보은으로 들어가는 길과 백화산 자락을 따라서 상주로 들어가는 길목에 위치하고 있다. 이곳에는 일찍이 경상감사를 지내다 탐학이 밝혀져 유배를 당한 고종의 6촌형 이용직(용강)이 귀양살이를 하며 살고 있었다. 처음에는 경상도 칠곡에서 유배살이를 하다가 영동 밀골로 유배지를 옮겼다가 이곳 수석리로 들어왔다. 이용강은 어찌나 포악했던지 갑오년을 전후하여 이 지역 동학도들로부터 습격을 받았다고 전해진다. 그가 사망했을 때 고종이 왕족 상여를 하사했는데, 상여가 추풍

영동 지역 동학농민군 총살터

황간면 회포리 동학농민군 활동 추정지
(마포실 마을 유래비)

패악과 가렴주구의 상징이었던 경상감사를 지낸 이용직의 귀양 터로 알려진 황간면 수석리

동학농민혁명 당시 용산장터 싸움의 현장 용문중학교(왼쪽)와 영동 오형근 군수의 선정비.
그가 선정을 베풀었다는 기록은 어디에도 없다.(오른쪽)

령을 넘어 경상도로 들어서자 경상도 원민의 공격을 받아 되돌아왔다. 원래 왕족 상여는 불태우는 게 상례지만, 이용직에게 원한이 많은 종들이 상여를 빼돌려 남게 되었다. 현재 당시 그가 탔던 왕족 상여가 용산면 신항리에 남아 전해져 내려오고 있다.

2) 용산장터 군수 선정비의 정체

현재 용산장터 입구에 오영근 군수의 '선정비'가 서 있다. 이는 동학농민혁명이 끝나고 토벌 대상이 된 영동 지역 동학농민군을 온몸으로 감싸 안아 희생을 막은 공 때문이라 한다. 1994년 답사 때 만난 정태선 옹(작고)은 "당시 보은 관아에 정부군이 내려왔으며, 영동 오영근 군수가 한겨울임에도 밤낮으로 관아 마당에 엎드려 '끌려온 영동 고을 동학교도를 살려 달라.'고 턱수염에 고드름이 맺히도록 간청해서 많은 군민의 인명을 살려냈다"고 증언했다. 그러나 선정비 내력의 역사적 진실은 확인할 길이 없다. 원래 선정비는 아부하려는 자들의 발상에서 빚어진 산물이기 때문이다.(222쪽 사진 참조)

5. 영동 지역 동학농민혁명 인물지(誌)

1) 조재벽

조재벽(趙在璧, 趙敬重, 경암(敬菴)12, ?-1897)[11]은 1887년 동학에 입도하여 옥천, 영동, 청산 지역에서 포덕하다가 1890년대부터는 금산, 진산, 고산, 용담 지역으로 세력을 넓혀 갔다. 1892년 11월에 전라도 삼례에서 교조신원운동이 일어나면서 민심이 동학으로 쏠리기 시작하자 동학에 입도하는 사람이 폭발적으로 늘어났다. 이때부터 조재벽은 동학의 핵심 지도자로 등장했다. 1893년 2월 광화문 교조신원운동 때에는 상소장에 서명인이 되어 많은 도인을 이끌고 참가했으며, 1893년 3월 보은 장내리와 전라도 원평에서 일어난 척왜양창의운동(斥倭洋倡義運動)에도 많은 도인을 이끌고 참가했다. 『동학도종역사』에는 서장옥(徐仁周=徐璋玉)이 호서(湖西) 대접주로 임명되고, 조재벽은 서장옥의 지도를 받던 관계로 보인다. 그러나 1893년 2월 광화문 전교조신원운동 이후 서장옥은 어떤 기록에도 나타나지 않는다. 동학혁명 이후에도 한동안 나타나지 않는다. 이로 미루어 그 시기에 조재벽이 자연스럽게 대접주의 역할을 맡게 된 듯하다. 당시 조재벽은 최시형으로부터 두터운 신임을 받고 있었다. 1893년 7월 상주 왕실(旺室)에 머물던 최시형을 조재벽이 청산현 문바위골(=閑谷里) 김성원(金聖元)의 집으로 이사하도록 주선했다. 청산 김성원은 바로 조재벽 포중(包中)의 한 사람이었다.

조재벽은 1894년 12월 중순 전라도에서 올라오는 최시형, 손병희, 동학군과 합류하여 영동 달밭재 전투, 용산장 전투, 북실전투, 12월 24일의 되자니 최후전투까지 최시형과 같이 했다. 또한 1896년 1월에는 강원도 치악산 수

이용직 대감이 탔다는 왕족 상여. 충청북도 영동군 용산면 신항리 503-1번지 소재, 충청북도 민속문화재 제10호

레너미에서 손병희, 김연국, 손천민, 김현경(金顯卿)과 함께 최시형으로부터 경암(敬菴)이라는 도호를 받았다. 1897년 4월에는 앵산동(利川郡 樹上里)에서 최시형과 교리문답을 하기도 했다. 조재벽은 황간 대접주로 알려졌을 뿐, 어디서 살았는지 생활 근거지가 분명치 않다. 『주한일본공사관기록』에 황간(黃澗)의 수령이 조재벽이라는 보고가 여러 차례 나온다. 1897년에 사망했다는 기록은 확인되지만 어떻게 죽었는지, 어디에 묘소가 있는지 전혀 기록이 없다. 조재벽에 대한 문서 기록은 1896년 정월에 동학본부에서 발송한 통문에 마지막으로 등장하는데, 김연국, 손병희, 조재벽(趙在璧), 손사문(孫思文), 김학종(金學鍾) 등 동학 중앙교단 최고 간부진 5명이 연명하여 보낸 문서다.

2) 송일회

송일회(宋一會, 1864-?)[12]는 영동 출신으로 갑오년 동학에 입도하였으며, 해월 최시형과 함께 강원도 원주 송골에서 체포되어 서울에서 재판을 받았다. 해월 체포에 빌미를 제공했다는 교단의 비판적인 기록도 있으나, 동학의 핵심 인물이었던 사실만큼은 확실해 보인다. 그가 동학농민혁명 당시 어떤 활동을 했는지에 대해서는 좀 더 연구가 필요하다.

그에 대한 재판 기록에는 "영동 출신으로 갑오년에 입도하였으며, 해월 최시형과 함께 강원도 원주 송골에서 체포되어 서울에서 재판을 받았으며, 당시 나이 33세였다. 송일회는 최시형, 황만이, 박윤대와 함께 재판을 받았다. 죄목에 대해서는 병인년(1866)에 간성(杆城)에 사는 필묵(筆墨)상인인 박춘만(朴春萬)이라고 하는 사람에게 동학(東學)을 전수받았고, 법헌(法軒)의 호를 부르며 해월(海月)의 인장(印章)을 새겨 교장(敎長)·교수(敎授)·집강(執綱)·도헌(都憲)·대정(大正)·중정(中正) 등의 두목(頭目)을 각 지방에 임명

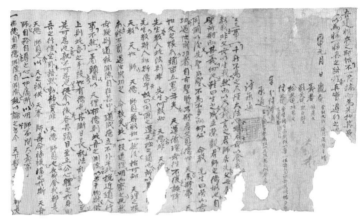

많은 활동에도 조재벽 접주에 대한 기록은 극히 제한적이다. 토벌 시기에 어떻게 살아남았는지, 동학농민혁명 이후 어떤 잠행 활동을 벌였는지 등 거의 알려진 사실이 없다. 사진은 거의 유일하다 시피 한 조재벽 접주의 마지막 문서 기록.

하였으며, 포(包)와 회소(會所)를 설치하여 무리를 모았는데 1,000만 명에 이르렀다."고 하여 그의 수하에 많은 동학교도가 있었던 사실이 확인된다. "계사년(1893)에 신도 몇천 명으로 대궐에 나아가서 상소를 올렸다가 바로 해산을 하였고, 보은(報恩)의 장내(帳內)에 많은 무리를 모았을 때에 순무사(巡撫使)의 선유(宣諭) 때문에 각자 해산하였다."라고 하여 보은취회에서도 구체적인 역할을 했다는 행적으로 미뤄 동학농민혁명 전까지 교조 신원운동에 앞장선 사실이 확인된다. 또 동학농민혁명 시기 활동에 대해서는 "갑오년 봄에 이르러 피고의 도당(徒黨)인 전봉준(全琫準)과 손화중(孫化中) 등이 고부(古阜) 지방에서 같은 패를 불러 모아 기세를 타고 일어나서 관리를 해치며 성(城)과 진(鎭)을 함락시켜 양호(兩湖)의 땅이 썩어 문드러져 불안한 지경에 이르렀다."고 하여 일정한 활동을 짐작하게 한다.

최시형 체포 당시 송일회의 역할이 재판 기록을 통해 언급되는데, "올해 1월에 친한 동도 박윤대(朴允大, 옥천 출신)에게서 최시형이 이천군(利川郡)에

있다는 소식을 듣고, 옥천사람 박
가(朴哥)에게 말을 했다가 경무청
(警務廳) 관리에게 체포되어 박윤
대와 함께 길라잡이가 되어 원주
지방에 먼저 가서 최시형을 포획
하였다."라 하여 송일회가 최시형
체포에 결정적인 역할을 했음을
알 수 있다.

한편, 옥천 사람 박윤대는 "최
시형의 사위 김치구(金致九)의 집
에서 고용(雇傭) 살이를 하다가 경
무청 관리에게 붙잡혀 송일회와
함께 길잡이가 되어 원주 지방에

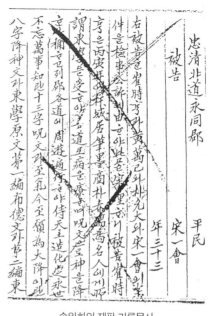

송일회의 재판 기록문서

서 최시형을 체포했다. 박윤대는 뒷날 이 공으로 풀려나 돌아오는 길에 친
한 동도 박치경(朴致景)을 만나 그의 부탁을 받고 엽전 20냥을 가지고 서울
에 먼저 올라와서 최시형의 식비를 전하려고 경무청에 왔다가 체포되었다."
고 했다.

송일회의 죄목에 "잘못된 도에 호응하여 정도(正道)를 어지럽히고 또는
도상(圖象)을 숨기며 향을 태우고 사람들을 모아 밤에 모였다가 새벽에 해산
하면서 겉으로는 선한 일을 수행하나 인민을 선동해서 우두머리가 된 자"의
형률로 "교형(絞刑), 교수형에 처한다."고 했다. 피고 황만이(黃萬已)는 "같은
편(編)의 같은 조(條)에, 종범(從犯)이 된 자"의 형률로 "태형(笞刑) 100대에 종
신(終身) 징역형에 처하고", 피고 송일회는 "같은 편의 조에, 종범이 된 자"의
형률로 "태형 100대에 종신 징역형에 처하나 피고 최시형을 잡을 때에 길잡

이를 한 공로가 없지 않아 본래 형률에서 2등급을 감해 태형 100대에 10년의 징역형에 처한다."고 했다. 이때 고등재판소(高等裁判所) 판사(判事)는 동학농민혁명의 빌미가 된 탐관오리의 상징이던 고부군수 조병갑이었다. 기묘한 역사의 아이러니를 만나게 된다. 한편, 송일회와 최시형의 판결에 대해서는 광무(1907) 7월 26일에 법부(法部)의 훈령(訓令)에 따라 신원되어 원본을 삭제했다.

3) 손해창

손해창(孫海昌, 1867-?)[13]의 행적은 1895년 3월 판결 선고 제13호를 통해 확인된다. 손해창은 충청도 영동(永同)에 거주하며 농업에 종사하는 평민이며, 당시 나이 28세였다. 혐의는 "손해창은 영동(永同) 지방에서 비괴(匪魁) 강팔석(姜八石)의 지휘에 따라 군기(軍器)를 탈취하고 전곡(錢穀)을 빼앗았으며, 관정(官庭), 관아나 마을에서 소요를 일으켜 더욱 혼란스럽게 하여 지방의 안녕을 해친다."고 하였다. 이에 따라 손해창의 행위는 "대전회통(大典會通)의 추단조(推斷條)에, 군복(軍服)을 입고 말을 타고서 관문(官門)에서 변란을 일으킨 자의 종범(從犯)"의 형률(刑律) 명문(明文)에 비추어 처벌할 죄인이었다. 그가 받은 최종 판결은

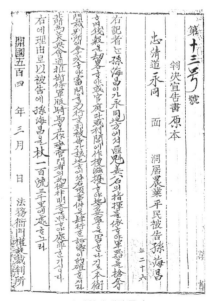

손해창의 재판 문서

"장형(杖刑) 100대에 삼천 리 밖으로 유배하는 형벌"에 처해졌다. 그러나 이 판결문에 등장하는 강팔석(姜八石)의 다른 행적은 어디에도 없다.

4) 강팔석

강팔석(姜八石, ? - ?)[14]의 행적은 위 손해창의 판결문에서 "1894년 충청도 영동에서 손해창 등을 이끌고 동학농민혁명에 참여"한 사실만 알려졌다.

이 밖에 황간 지역 동학 지도자로 김선달(金先達)이 거론되고, 두령으로 백학길(白鶴吉), 손구택(孫口澤), 최천식(崔天植)이 있고, 상주 소모사 김석중의 토벌일지『토비대략(討匪大略)』에, "두령으로 체포되어 포살된 인물로 이판석(李判石, 西濟村 접주), 김철중(金哲中, 접사), 배순안(裵順安, 三室村 접사)" 등이 있으나 이들의 구체적인 신상과 행적은 현재 알 길이 없다.

상주 소모영장 김석중은 동학농민군 편에서 보면 치가 떨리는 악한(惡漢)이다. 민보군으로 '동학농민군 색출과 처단에 혁혁한' 공을 세웠다. 상주 경계를 넘어 보은, 옥천, 영동에서도 토벌 활동을 벌였으며, 특히 보은 북실에서 2천6백여 명의 동학농민군이 학살될 때 주된 역할을 했다. 이 같은 행각은『토비대략(討匪大略)』을 통해 나타난다.

6. 동학농민혁명 참여자 기록으로 본 영동 · 황간 출신 동학농민군 활동

동학농민혁명 참여자 목록에 총 26명으로, 영동 출신 21명, 황간 출신 5명이 올라 있다.

○ 1895년 1월 9일에 옥천 오정동에서 영동 출신 동학농민군 8명이 총살되었다. 배순안(裵順安, 접주), 김태평(金太平, 성찰), 김철중(金哲仲, 접사), 이오룡(李五龍, 포군), 이대철(李大哲, 성찰), 이판석(李判石, 접주), 이관봉(李寬奉, 접주), 김고미(金古味, 포수), 박추호(朴秋浩, 성찰) 등으로 영동 출신이다. 갑오년 봄에 금산을 공격하였으며, 진산·옥천·청산·보은 등지에서 활동했다.

○ 1894년 12월 22일 상주에서 5명이 총살되었다. 영동 출신 동학농민군은 김흥업(金興業), 김경학(金慶學) 2명이며, 황간 출신은 신윤석(申允石), 이상신(李尙信), 김사문(金士文) 3명으로, 모두 동학 지도자였다. 이들은 각기 영동·황간에서 활동하다가 상주로 근거지를 옮겨서 활동하던 중 체포되어 처형되었다.

○ 장여진(張汝振, 좌익장)은 경상도 성주성 공격에 앞장섰다가 1894년 12월 6일 충청도 황간에서 체포되어 황간에서 총살되었다. 주 활동지는 성주와 황간 지역이었다.

○ 1894년 10월 28일 백학운(白學云, 접주)은 영동 출신으로 서산에서 관군에 붙잡혀 처형되었다.

○ 1894년 10월 13일 보은에서 백학길(白學吉, 접주)이 체포되어 처형되었으며, 주된 활동지는 영동·옥천이었다.

○ 손해창(孫海昌)은 1894년 영동에서 동학농민혁명에 참여했다가 체포된 뒤 1895년 3월 재판에서 '장일백(杖一百) 유삼천리(流三千里)'의 판결을 받았다.

○ 영동 출신 동학 지도자 강팔석(姜八石), 손인택(孫仁澤, 집강), 최원식(崔元植), 손광오(孫光五, 접주), 김순석(金順石), 김종무(金鍾懋, 접주)는 1894년 충청도 영동에서 동학농민혁명에 참여했다. 특히 김종무는 동학농민군을 이끌고 공주방면 전투에 참가했다가 용산에서 관군과 전투 중에 체포되었다

가 풀려났다.

○ 문백권(文白權)은 1894년 충청도 영동에서 동학농민혁명에 참여했다가 동학농민혁명이 끝나고 3년이 지난 1897년 3월에 체포되었다.

○ 황간 출신 조재벽(趙在璧, 대접주)은 1894년 10월 동학농민혁명 2차 봉기 시기에는 전라도 진산에서 동학농민혁명에 참여했다는 기록으로 보아, 갑오년 봄부터 줄곧 금산·진산 등지에서 동학 활동을 하다가 손병희 통령이 이끄는 호서동학농민군에 합류하여 북실전투, 음성 되자니 전투까지 치렀다. 이 기록에 따르면 조재벽 접주는 갑오년 봄부터 마지막 음성 되자니 최후 전투까지를 치러낸 인물이다.

7. 영동 지역 동학농민혁명의 역사적 의의와 과제

영동 지역에는 동학이 일찍부터 유입되어 동학교도가 많았고, 동학농민혁명 시기에 이들의 투쟁 활동이 두드러졌다. 특히 영동 지역에는 조재벽, 송일회, 손해창, 백학길, 강팔석 등 걸출한 동학 지도자의 활동이 두드러졌고, 이들을 중심으로 공주취회, 광화문복합상소, 보은취회와 같은 교조신원운동에 주도적으로 나섰으며, 동학농민혁명 토벌 시기에 그만큼 피해가 컸다. 그러나 영동 지역 동학농민혁명사 연구는 미흡하고, 지역 사회 주민들의 역사인식도 높지 않은 편이다. 이제 본격적인 연구가 필요하며, 이미 알려진 사실에 대한 대민 교육 방안이 필요하다. 이에 대한 첫 단계로, 학술대회 등 학문적인 연구가 선행되어야 하고, 이러한 토대 위에 표지판을 설치하거나 사적에 대한 표지석 혹은 기념탑 건립으로 역사적 사실에 대한 일정한 기념 대책이 필요하다.

8. 기타: 영동 지역 관련 동학농민혁명사 자료

● 영동 용산장터 싸움 관계의 조사 : 〈보은 종곡 동학유적〉-북실전투 및 관련 유적과 집단매장지 조사, 충북대학교 호서문화연구소 · 보은군, 1993.

● 영동 용산지역 동학관련 유적 조사 : 〈보은 종곡 동학유적〉-북실전투 및 관련 유적과 집단매장지 조사, 충북대학교 호서문화연구소 · 보은군, 1993.

● 무주에서 북실까지의 동학군 이동로와 토벌군 작전로 : 〈보은 종곡 동학유적〉-북실전투 및 관련 유적과 집단매장지 조사, 충북대학교 호서문화연구소 · 보은군, 1993.

● 《충청일보》「동학의 현장」연재 자료 : 《충청일보》「동학의 현장」- ⑦ 영동 황간, 1994.5.24. 채길순

● 용산장터 싸움 관련 자료(표영삼 천도교 상주선도사) : 손병희 통령과 동학혁명

문학작품에 나타난
영동 동학농민군 활동 양상 연구

김 춘 옥(김혜진)
소설가

1. 동학농민혁명 소재 소설의 특성

　소설은 시대를 반영한다는 특징을 가진다. 창작 시기의 문화나 지배적인 의식의 흐름, 그 흐름을 직시하는 작가의 성찰, 성향이 작용한다. 동학농민혁명 소재 소설 또한 다르지 않다. 특히 역사소설은 한 사건을 이해하고 평가하고 기록한다는 점에서 더하다. 그동안 발표된 동학농민혁명을 소재로 한 소설에서도 그 특징이 드러난다. 시대의 흐름에 따라 대표 인물들의 활동에 변화가 발견된다. 시대 의식의 반영과 다양성, 새로운 기록물이 반영된 결과일 것이다.

　그동안 동학농민혁명 소재 소설이 전라도 지역의 활동에 다소 기울어졌던 것은 사실이다. 그런 면에서 『웃방데기』[1]와 『동트는 산맥』[2]은 충청도를 중심으로 동학농민혁명의 전개를 기록하였다는 점에서 차이를 보인다.

　『동트는 산맥』은 그 시기 전국적으로 벌어졌던, 개개인의 사연에 결부된 동학을 담으려 했다. 『웃방데기』는 조금 더 본격적으로 충청도와 인근 지역을 연계한 영동의 동학을 그렸다.

　따라서 이 글은 채길순의 『웃방데기』와 『동트는 산맥』을 중심으로 충청도 동학의 특성과 영동 동학농민군의 활동, 그 특이성을 살펴나가겠다. 그것을 통해 영동 동학군이 동학농민혁명에 미친 영향과 역사적 위치를 찾는 데 의의를 두겠다.

2. 영동 지역의 동학 전파와 호서동학군의 용산전투

앞에서도 언급했지만 충청도 동학농민혁명을 중심으로 한 소설은 그다지 많지 않다.[3] 대부분 동학농민혁명의 출발을 고부로 보고, 전봉준을 중심으로 한 전라도 동학, 소위 '남접'이라 호칭되는 조직의 활동에 중점을 두기 때문이다.[4] 그 이전으로 올라가 지역의 민란을 시발점으로 보려는 시각도 있다.[5] 동학농민혁명을 하층민과 관치의 폭정에 항거하는 민중의 저항의식에서 그 출발점을 찾으려는 시도이다.

1) 영동 지역의 동학 전파

이 글은 먼저 영동 동학의 전파와 갑오년 동학농민혁명 시기 영동에서 벌어진 호서동학군의 전투 양상과 의의를 살피기 위해 두 소설에서 언급하고 있는 동학농민혁명의 근원적 의미와 특성에 관심을 둔다. 영동 지역 동학농민혁명을 제대로 알기 위해서는 우선 그 지역의 지리적 특징부터 살피는 것이 순서일 것 같다.

영동은 전북 무주, 경북 김천·상주와 경계를 접하고 있다. 그뿐 아니라 강원도·경기도와도 밀접하게 연결되어 있다. 영동 동학을 살피려면 인접된 지역과의 연계선 상에서 이해하는 것이 적절한 방법이다.

동학 전파의 경로로 본 영동 지역 동학은 창도 초기에 유입된 것으로 보이며 동학도의 활동이 비교적 성했던 곳으로 나타난다.[6] 1861년 10월 최제우 선생은 경주관아의 탄압을 받아 경주를 떠나게 되는데 두루 거처를 찾다 남원의 은적암에 머물게 된다. 황현의 『오하기문』은 "1862년 상반기에 경주의 최제우가 지례와 김산과 호남의 진산과 금산의 산골짜기를 오가면서 양민을 속여 하늘에 제사를 지내고 게를 받게 했다."고 기록했다. 이때는 수운 최제우 선생이 경주를 떠나 남원에 머물러 있을 때였지만 수운 선생은 남원에만 머물지 않고 인근 지역을 두루 다녔던 것으로 보인다.[7] 그때 진산과 금산에 사는 사람들이 은적암을 찾아가 수도방법을 지도 받기도 하고 동학에 들어 사제지간이 되기도 했을 것으로 추정한다.[8] 이듬해 7월 최제우 선생이 경주로 돌아가는데 그 후에도 이들은 경주 용담을 드나들며 동학의 맥을 이어왔을 것으로 보인다. 그렇다면 영동에서도 동학의 활동이 가능했으리라 생각된다. 그것은 1862년 12월 최제우 선생이 흥해 매곡동에서 접주제를 시행할 때 단양의 민사엽, 경기도 김주서를 접주로 임명한 것[9]으로 미루어 짐작할 수 있다. 또 최제우 선생이 선전관 정운구에게 잡혀 서울로 압송될 때 새재를 지나 충주를 거쳐갈 작정이었지만 새재에 동학도가 수천 명이 모여 있다는 소문이 들리므로 상주·화령 쪽으로 노선을 바꾸어 청산 보은으로 향했던 것과, 보은에 도착하여 뜻밖에도 최제우 선생이 동학도인의 도움을 받았다는 것, 그 고을 이방 양계희라는 동학도인이 성심껏 선생의 조석을 받들었다는[10] 등으로 미루어 볼 때 영동에는 초기부터 동학 포덕이 일어났던 것으로 짐작할 수 있다. 또 여러 정황을 고려할 때 초기부터 꽤나 탄탄하게 자리 잡았음을 짐작할 수 있다.

최제우 선생에 이어 해월 최시형[11] 선생도 비교적 일찍부터 충청도에서 동학을 포덕했다. 1871년 최시형 선생은 이필제와 함께 교조 최제우 선생의 신원을 요구하며 영해에서 난을 일으키지만 실패하고, 소백산 일대에서 은신하며 강원도 영월·인제·정선 일대에서 재기하여 충청도로 동학 세력을 확대했다. 이미 20여 년부터 최제우 선생의 포덕 활동에 영향을 받은 충청도 도인이라면 해월 선생이 포덕을 펴기가 훨씬 수월했을 것으로 보인다. 1886년부터 보은 장내리는 해월 선생을 중심으로 활발하게 포덕이 이루어

졌다. 선생은 1892년 가을 공주 · 삼례 교조신원운동과 1893년 광화문복합
상소, 보은취회로 이어지는 일련의 과정을 지휘했다. 이런 활동이 충청도
에서 진행된 것은 충청도의 지역적 위치가 위에서도 언급했듯이 경상 · 전
라 · 충청 세 도의 경계선을 넘나들며 활약하기에 좋은 조건 때문이었다. 동
학의 포(包) 조직이 인맥에 의해 쉽게 형성된다는 점에서 1887년에 입도한
황간 출신의 조재벽이 옥천 · 영동 · 청산 · 금산 · 진산 · 용담으로 활동무
대를 넓혀 갔던 것은 좋은 예로 들 수 있다.[12] 또 충청도는 서울로 가는 길목
이라 한양의 소식을 빠르게 접할 수 있었다.

영동에서 동학도의 조직적 움직임은 동학농민혁명 2년 전인 임진년(1892)
8월에 황간 원민들이 들고 일어나 관아를 습격한 사건이었다. 조정에서는
안핵사를 파견하고 황간 현감 민영후의 탐학을 단죄하여 파직한다. 이 사건
에서 원민들이라고 하는 백성들은 동학의 영향을 받은 사람들이었다.

황간 조재벽 접주의 활약이 돋보이는 것은 1894년 3월 초(8일이나 12일) 금
산기포이다. 금산전투는 초기부터 다른 지역 동학군과 함께 연합전선을 폈
던 것으로 보아 동학 지도부의 전략적 차원의 기포로 보인다. 이때 참가한
동학군은 멀리 남원 · 임실 · 태인 지역과 연산 · 고산 · 전주 동학군이다.
1894년 3월 20일 고창 무장에서 기포하기 열흘 전에 먼저 일어났다.[13]

2) 충경포와 영동포의 활동[14]

동학 초기부터 포덕이 되었을 것으로 짐작되는 영동 지역은 동학농민혁
명 때는 본격적인 활동을 보인다. 동학은 인맥을 연결하는 조직이라 한 군
현에서도 몇 개의 포 조직이 동시에 일정한 세력을 가지고 활동하였다.[15] 영
동 지역에 활동했던 동학 조직은 충경포와 영동포이다. 영동포는 동학교단

기록에는 나오지 않지만 김산의 유생이 기록한 자료에서 그 모습을 찾을 수 있다.[16] 충경포의 대접주는 임규호로 본래 청주목의 옥산 사람으로 일찍이 동학에 들어 보은을 중심으로 활동했다. 충경포는 말 그대로 충청도와 경상도에 걸쳐 포덕하여 그 세력이 강대하였다. 충청도의 서부지역과 경상도 서남부의 진주에도 조직이 퍼져 있었다. 그러나 중심은 충청도 남동부인 보은·영동·옥천과 경상도 북부지방인 상주와 김산 그리고 선산 등지였다. 충청도 선무사 정경원은 영동의 집강으로 손인택과 최천식을 파악하고 있었고, 일본군의 정탐은 영동의 접주가 손광오라고 했다. 그리고 충청감사 이헌영은 영동 집강 손인택에게 공문을 보내서 영동에서 동학농민군이 민가에 피해를 주는 일을 하지 말라고 요청하기도 했다.

영동포는 동학교단이 기포령을 내린 이후 보은에 몰려온 각지의 동학농민군이 영동과 황간에 분산 주둔하고 있을 때 군수미 공급을 책임져야 하는 위치에 있었다. 영동포 소속의 동학농민군이 도의 경계를 넘어 경상도 김산 일대에 가서 부농들에게 헌납을 요구하는 활동을 폈던 것은 그 때문이었다. 김산과 지례의 동학농민군까지 충청도에서 영동포 동학농민군과 합세하였는데 지례 현감이 민보군을 결성해서 막으려고 했지만 관령이 서지 않았다고 한다. 오히려 이들이 관아까지 들어와 현감을 핍박해도 관속들조차 보고도 모른 체 했다는 기록은 경상도에 미쳤던 영동포의 위력을 전해준다.

김산의 동학농민군은 선산 읍성과 해평의 일본군 병참부를 공격 대상으로 정했다. 충청도 동학농민군이 김산과 지례 등지로 지원 나온 것은 영동 대접주 예하의 같은 소속이었기 때문인 것으로 보인다. 영동포와 선산포가 합세해서 9월 22일 선산 읍성으로 밀고 들어가 점거에 성공하였다. 이 시기 (갑오 10월초)에 충청도 황간과 영동에는 수만 명의 호서동학군이 집결해 있었다. 이 대규모 세력이 밀려온다면 교통의 요지인 김산을 거쳐 대구나 진주 방면으로 내려갈 것으로 추정되었다. 호서동학군이 경상도로 올 것이라는 소문이 널리 퍼졌다. 영동포 소속 동학농민군이 지례와 김산에서 활동하며 유언비어를 유포한 것으로 보인다. 일본군 정탐병이 10월 말 황간과 금산 일대에서 탐지한 보고는 대구 공격설이 유력했다. 행군로는 김산과 지례 양로일 것이라 하여 소규모의 부대를 파견하였고, 진주에 주둔한 일본군은 이동을 중지하였다. 전라와 경상 양도의 경계 지역에 있는 동학농민군이 일부라도 대구에 온다면 그 지방의 일본군이 그들을 막기 어렵다고 보고하면서 증원군을 요청하고 있다."[17]

영동 지역의 동학군은 주변의 인심을 얻었던 것으로 짐작할 수 있다. 즉 지역의 특성으로 보이는 활동이지만 물자를 수급해 조달하고 허위 소문을 내서 동학농민군에게 퇴로를 터주기도 하는 식으로, 긴밀하게 주변 조직과 연대하여 활동을 벌였던 것으로 보인다.

3) 호서 동학군의 북상과 영동 용산전투[18]

호서 동학군은 1894년 10월 23일 공주로 행군하여 우금치전투에 참가한 후 논산과 연산 그리고 원평과 태인전투에서 밀려난 다음 전라도 일대에서는 갈 곳이 없었다. 일본군과 경군을 피해 장성으로 남하한 뒤 출발지인 충청도로 귀환하기로 결정하였다. 태인전투 이후 호남동학군은 대규모 세력을 잃고 말았지만, 호서 동학군은 여러 전투에서 피해가 적지 않았음에도 대군으로서 위용은 여전히 갖추고 있었다. 호서 동학군은 경기도와 강원도 그리고 충청도와 경상도 지역에서 온 사람들로 구성되었기 때문에 전라도에서 흩어지면 갈 곳이 없었다. 그리고 전라도 지역 사람보다 각도에서 온 사람이 더 많았다. 그런 까닭에 전라도 호남 동학군이 주변 연고지로 숨어

들어서 규모가 줄어들었을 때도 호서 동학군은 흩어지지 않았다. 또한 호남 동학군의 구성을 보면 동학도인보다 난민(亂民)이 많았던 것에 비해 호서동학군은 교단의 지침을 따르는 독실한 도인의 비율이 더 많았던 것이다. 그래서 손병희 통령과 대접주의 지시를 잘 따랐고, 또 우금치전투 뒤에 일방적으로 쫓기는 위기에서도 결속이 강했다. 분산해서 소규모로 움직이면 일본군이나 관군 등 진압군이나 도처에서 결성된 민보군에게 발각되어 희생될 수 있었다.[19] 호서 동학군은 대오를 유지한 채 임실에서 최시형 선생을 만난 후[20] 12월 1일 장수와 무주로 함께 북상하였다.

일본군 후비보병 제19대대는 호서 동학군의 행군로에 관한 정보를 알지 못했고, 그 때문에 호서 동학군은 추격을 피해 행군할 수 있었다. 호서 동학군은 장수 읍내와 관아를 점거한다. 이런 사실이 인근 군현에 큰 파문을 일으켰다. 특히 경상도 지역에서는 동학농민군을 방어하기 위해 분주했지만, 호서 동학군은 충청도로 돌아가는 것이 목적이었기 때문에 무주로 직행했다. 무주로 들어가자 민보군이 대항하고 나섰지만, 대규모 호서 동학군 세력을 보고 민보군이 물러났다. 진압군의 추격권에서 벗어나자 무주 안성면에서 이틀간 휴식을 취하며 호서 동학군은 모처럼의 휴식을 취하게 된다.

호서 동학군은 여러 차례의 전투 경험을 통해 민보군을 상대하는 전투에서는 강력한 전투력을 발휘하였다. 충청도 영동으로 귀환한 뒤 용산장터에 주둔했던 동학농민군은 경군 경리청과 충청 병영의 남영병 그리고 옥천 민보군의 공격을 받게 된다.[21] 신식 무기로 무장한 정예병인 경리청과 남영병은 호서 동학군의 반격을 받아 패배하였다. 상주 민보군의 후방 공격도 막아낼 수 있었다. 호서 동학군이 이들을 물리친 것은 전과 달라진 위상을 보여준 것이다. 여러 차례 전투를 경험한 호서 동학군은 공주로 출진하기 전보다 강력해진 전투력을 갖게 되었다.

호서 동학군이 충청도로 귀환하자 가장 절실했던 것은 휴식과 재정비였다. 그래서 영동 용산장터를 임시 주둔지로 정하고 황간읍내에서 옷감을 구해 새 옷을 마련했다. 황간 관아를 침입하여 무기고를 부수고 무기와 화약을 탈취하고 이와 함께 대동목으로 징수한 광목, 보관 중인 의복 등을 몰수해 갔다. 용산장터에 진을 친 12월 12일은, 최시형 선생이 내린 9월 18일 기포령에서부터 82일째 되던 날이다. 이 기간 동안 호서 동학군은 대규모 병력이라 주로 들판과 산속에서 숙영했고, 식사를 제대로 하는 것은 불가능했다. 용산장터 역시 편안한 곳이 될 수 없었다. 진압군이 속속 도착했다. 청주병영에서 파견한 남영병 180명, 경리청 병대 60여 명은 신식 무기로 무장한 정예병이었고, 옥천 민보군이 가세하여, 12일 새벽 용산장터 인근 산 위의 호서 동학군을 전면 공격했다. 이 와중에 상주 소모영의 유격병이 호서 동학군의 후방을 공격하였다. 전투는 종일 계속되었고 13일 오후 2시경 관군이 패해 철수했다.

호서 동학군은 패퇴하는 관군을 따라 북상하였다. 청산 읍내로 들어가 12월 15일까지 머물며 다음 행군로를 모색하였다. 당시 조재벽은 12월 중순께 최시형 선생과 손병희 선생의 호서 동학군과 합류하여 영동 용산전투를 거쳐 12월 18일 보은 북실전투, 12월 24일 음성 되자니전투에서 일본군과 끝까지 항쟁하였다. 그리고 해월 최시형 선생도 용산전투부터 북실전투, 음성 되자니전투까지는 직접 참가했다.[22]

전봉준 장군과 김개남, 손화중을 비롯한 호남 동학군 지도자들은 체포되어 재기의 기회를 갖지 못하였지만, 호서 동학군 지도자들은 감싸주는 도인들의 도움으로 살아남아 1896년부터 동학 재건에 나설 수 있었다. 해월 선생을 비롯한 호서 동학군이 살아남아 다시 동학 재건에 나설 수 있었던 것은 지도부와 동학도인과의 신뢰 관계에서 비롯된 것으로, 이는 다음 사례에서도 확인할 수 있다. 영동 용산전투 승리 후 해월 선생은 호서동학군 전군에게 북향해서 네 번 절하게 하고 "하늘과 사람의 뜻이 합하고 나와 함께 들이밀면 한 사람도 상하지 않고 탄환을 하나도 맞지 않는다." 말했다 한다. 그러자 공주 사람 두 사람이 "우리는 다 죽어도 우리 도를 세상에 퍼뜨릴 해월신사가 사시도록 해야 후세에 우리의 수치를 면할 수 있다."고 답하였다고 한다.[23]

3. 『웃방데기』와 『동트는 산맥』에 나타난 동학과 혁명

『동트는 산맥』은 1892년 청풍고을 민란에서 황간민란을 거쳐 동학혁명까지의 전 과정을 다룬다. 『웃방데기』는 1892년 10월 공주 · 삼례신원운동 시기부터 시작한다. 두 소설 모두 동학이 제 모습을 드러내며 공개적이고 조직적으로 활동한 모습을 그렸다. 『동트는 산맥』에서 영동 지역은 크게 부각되지 않는다. 황간이나 청풍 · 옥천 · 상주 등과 같이 연결되어 인물들이 지나다니는 통로나 잠시 몸을 숨기는 곳 정도이다. 『웃방데기』는 우금치전투 이후 북접의 활동 사항까지 주목하고 있다. 특히 주인공 갑이[24]가 영동에 머물며 한때 그 지역이 소설의 주 무대가 된다.

황간과 경계인 수석리고개에서 대장간을 열어 생활하던 갑이는 종 신분으로 팔려 다니던 나비를 만나 장가를 들고 딸을 낳고 살게 된다. "수석리는 백화산 아래로 흐르는 개울을 경계로 영동땅이 되고 황간땅이 되었다. 더 자세히 들여다보면 충청도에서 쫓기면 전라도 경상도로 넘어가고, 이 고을에서 쫓기면 저 고을로 도망치기 쉬운 곳에 자리 잡은 셈이다."[25]

먼저 인물들의 동학에 대한 이해부터 살펴보겠다. 주인공 갑이는 대접주 김개남과 인연이 있는 인물이지만 정작 동학에 대한 이해를 깊게 한 것은 동학을 하는 동무를 만나면서다. 인물들의 동학에 대한 이해는 단순하다. "다시 개벽 = 좋은 세상"이다. 선천개벽 후 오만년이 흘러 다시 개벽을 맞을 때가 되었다. 이때를 준비하자는 것이다. 개벽은 좋은 세상이기에 이 좋은 세상을 만들기 위해 농민군들은 목숨을 걸고 싸운다.[26] 동학을 한다는 것만으로도 목숨을 부지하기 어려웠던 이들이 동학농민혁명을 일으킨 것은 자신들이 선택한 세상을 수호하는 방법이었다. 『웃방데기』에서 율동개라는 동학군은 일본군의 총에 맞아 목숨을 잃게 되는데 그가 친구인 갑이에게 한 말이 그것을 뒷받침 한다.

> "난 틀렸어. 이제부터 형이 우리 불쌍한 동학농민군이 더 죽지 않게 지켜줘. 그리고 꼭 좋은 세상을 만들어야 해."
> "무슨 소리여, 네가 살아서 같이 싸워야지! 좋은 세상에서 같이 버들고리 장사를 해서 부자도 되고 같이 잘 살아야지!"
> "형이 내 대신 좋은 세상에서 살면 되었지."
> 율동개의 얼굴에 반짝 웃음기가 보이는가 싶더니 몸이 축 늘어졌다.[27]

또 다른 인물의 말이다. 여주인공 나비의 오라버니 만득이도 일본군의 총탄에 맞아 죽으며 주인공 갑에게 유언을 남긴다.

> "나, 먼저 가오! 부디 좋은 세상 맹글어서 잘 사시이소!"[28]

활빈 활동을 하다가 아버지를 잃고 영동으로 피신해 왔지만 어머니마저 동학쟁이라고 잡혀가 생사를 모르게 되자 갑이를 측은하게 여긴 김개남의 말에는 동학 세상의 도래에 대한 확신이 보인다.

"자네는 명을 보존하여 아비가 누리지 못한 좋은 세상을 누리고 살게나."[29]

백성들의 동학에 대한 이해는 단순하다. 장사를 하든 농사를 짓든 내가 일해서 부자도 되고 같이 잘 사는 세상을 만드는 것이다. 거기에 앞서 우선 파렴치한 권력으로부터 목숨을 보존하는 방법이 우선이었다. 동학에 대한 깊이 있는 이해와 동학농민혁명의 주체적 활동이 가능했던 소신은 잘 드러나지 않는다. 그러나 거역할 수 없는 어떤 흐름, 물러나기도 빠져나오기도 힘든, 시대적인 요구가 만들어 낸 큰 기류에 휩쓸린 모습은 확연하다.

당시 충청도 서산에서 접주로 활약하다 살아남은 홍종식이란 동학군이 자신이 동학농민혁명에 가담한 이유를 회고한 기록이 이를 잘 말해준다.

내가 입도한 지 불과 며칠에 전지문지(傳之聞之)하여 동학 바람이 사방에 퍼지는데, 하루에 몇십 명씩 입도를 하곤 하였습니다. 마치 봄 잔디에 불 붙듯이 포덕이 어찌도 잘 되는지 불과 일이 삭 안에 서산 일군이 거의 동학화되어 버렸습니다. 그 까닭은 말할 것도 없이 첫째 시운이 번복하는 까닭이요, 만민평등을 표방한 까닭입니다. 그래서 재래로 하층 계급에서 불평으로 지내던 가난뱅이, 상놈, 백정, 종놈 등 온갖 하층 계급은 물밀듯이 다 들어와 버렸습니다… 하루라도 먼저 입도하면 하루 더 양반이요, 하루라도 뒤져 입도하면 하루 더 상놈이라는 생각하에서 어디서나 닥치는 대로 입도부터 하고 보았습니다… 제일 인심을 끈 것은 커다란 주의나 목적보다도, 또는 조화나 장래 영광보다도 당장의 실익 그것이었습니다. 첫째 입도만 하면 사인여천(事人如天)이라는 주의 하에서 상하, 귀천, 남녀, 존비 할 것 없이 꼭꼭 맞절을 하며, 경어를 쓰며, 서로 존경하는 데에서 모

두 다 심열성복(心悅性服)이 되었고, 둘째 죽이고 밥이고 아침이고 저녁이
고 도인(道人)이면 서로 도와주고 서로 먹으라는 데서 모두 집안 식구같이
일심단결이 되었습니다. 그때야말로 참말 천국천민들이었지요.[30]

동학농민혁명이 지향했던 것은 신분제 해체를 통한 평등의 실현과 있는
사람이 없는 사람을 서로 도와 살리는 목숨 유지의 안전망이었다.

홍종식의 회고담에서 알 수 있듯이 한번 맛본 이런 천국을 유지하려는 열
망 때문에 동학농민군은 일본군의 신무기 앞에 맨몸으로 맞설 수 있었다.
그러나 그것이 당장의 실익만을 위해서라면 가능했겠냐 하는 것이다. 영구
히 이어질지도 모르는 흉포한 조선의 신분제도 속에서 내 자식, 내 후손은
반드시 해방시켜 사람답게 살 수 있는 세상을 만들어야겠다는 결기가 없었
다면 불가능했을 것이다. 홍종식의 글에서 "개벽 세상"은 모두가 집안 식구
같이 서로 도와주고 함께 나눠 먹는 그런 세상이다. 삼남 지역에 흉년이 들
었을 때 일이다. 기근에 시달리는 사람들이 노상을 배회하는 일이 많아졌
다. 해월 선생은 통문을 보내 우리 도인은 다 같은 영원에 몸담고 있는 형제
이니 구하라고 했다.[31] 많은 도인이 구원을 받았다. 이런 일이 더 많은 포덕
을 이뤄 냈다. 동학농민군은 막연한 좋은 세상이 아닌, 지금 동학에 입도해
서 만난 이 동학 세상이 천국이고 천민이기에 유지해 나가야 했고 이것을
방해하려는 세력으로부터 지켜야 했다. 홍종식의 글에서 천국의 조건은 신
분과 밥의 평등이다. 그것은 지금도 다르지 않다. 신분제도는 불평등을 전
제로 하기 때문에 그로 인해 가장 절실한 피해는 내 밥을 빼앗기는 일이었
다. 밥은 곧 생명이기에 내 밥을 뺏긴다는 것은 내 생명을 뺏기는 것과 같았
다. 황간 접주 조재벽은 동학의 평등정신을 밥에 빗대어 설명한다.

"원래 이 세상의 밥은 한울님이 골고루 먹게끔 했는데 남의 밥까지 빼앗아 먹는 양반이 생긴 거요. 이제 개벽된 세상에서는 양반 상놈 층하가 없는 세상이 올 것이요."[32]

동학의 법헌인 해월 최시형 선생은 갑이 어머니, 갑이 등과 함께 맞절[33]을 하며 신분의 평등을 보여준다. 밥은 생명의 가장 기본적인 평등 조건이라면 맞절은 사회적 규범의 평등을 보여준다. 그러나 이런 평등 정신은 동학에 입도했다고 누구든 하루아침에 되는 것은 아니다. 하층계급인 사람들이야 실익을 위해서라도 빠른 변화를 보이겠지만 500년 동안 관습적으로 누려 왔던 양반 계급은 쉽지 않았다. 해월 선생의 기록에 보면 신분 때문에 조직 내 규율이 제대로 이루어지지 않는다고 첩지를 거두라고 항의하는 사건도 일어났다.

1890년부터 호남에 도인이 엄청나게 늘며 우수한 인물이 많이 들어왔다. 호남지역에 도세가 급증하자 많은 접조직이 늘어났다. 이를 이끌고 접조직의 분쟁을 조정하기 위해 편의장제를 만들었다. 그런데 편의장의 출신 신분을 둘러싼 알력이 생겨났다.[34] 비천한 신분 출신인 남계천이 호남좌도 수령(편의장)이라는 것을 도인들이 받아들이지 못하자 해월 선생은 이들을 꾸짖고 남계천의 지위를 호남좌우도수령으로 격상시켜 신분 철폐를 강조했다. 이렇듯 동학도인 사이에서도 관념과 관습의 차이는 쉽게 제거되지 않았다. 따라서 종교적인 수양이 필요했다. 동학도인은 주문과 수련을 통해 정신적인 성장과 인격수양으로 관습의 장벽을 뛰어넘어야 하는 과제도 있었다.

"제아무리 성질 급하고 사납던 사람도 동학에 들면 순한 사람이 되었다"[35]는 말에서 보듯이 분노와 절망으로 삶의 미래를 보지 못하던 백성이 동학에 들어 사람 대접을 받으며 미래를 발견하는 일련의 과정이 있었다. 동학은 개벽의 알림이고 후천개벽은 양반-상놈, 남녀 구별로 인한 불이익이 없는 평등한 세상으로 나아감이었다. 못 배운 무식쟁이도 주문 수련으로 인격을 겸비하고 질병을 스스로 고칠 수 있는 수준 높은 학문이었다.

이런 다시 개벽 세상을 열기 위해서는 기존 이익집단에 맞선 저항이 불가했다. 불평등한 조건을 만든 권력 집단, 벼슬아치와 양반, 게다가 일본의 정치 자본과 야욕에 저항해야 했다. 동학도인 갑이는 이 지역으로 유배 온 세도가 이용직 대감에게 부인을 빼앗기고 어머니마저 동학도라고 붙잡혀 옥사하게 되자 목숨을 건 전투에 뛰어든다. 자신이 가진 모든 기반을 빼앗긴 원민이 된 것이다.

『동트는 산맥』에서 동학은 목숨 보존의 위기의식에서 출발한다. 관의 폭정에 당하는 개인들의 딱한 사정을 동학도인들이 게릴라전으로 해결을 하는 형태가 주가 된다. 일단 동학을 한다는 것만으로도 "목에 상금이 붙은 동학도인을 잡으려는 사냥꾼들이 전국을 누비고 주막에서는 이들에게 억울하게 목이 잘린 시체가 뒹굴었다."[36]는 것처럼 동학도인들은 자구책으로 목숨을 위협하는 세력과 전쟁을 벌여야 했다. 때문에 무슨 일이 있으면 동학하는 사람과 의논하라는 말이 있을 정도로 동학은 원민의 한을 풀어주는 집단으로 등장한다. 사람이 살기 좋은 세상을 만드는 것을 목적으로 한 동학도인들은 따듯하고 정이 많은 사람들이다. 동학도인 줄 아는 방법이 사람을 한울님처럼 대하는 것이며 주막 주인인 동학도는 저녁을 시키지 못하는 나그네 손님에게 공짜 밥을 들여 놓을 정도로 인정을 보였다. 이런 사람들은 스스로가 선택한 세상의 실현을 위해 움직여야 했다. 동학의 조직력으로 그동안 당하기만 했던 탐관오리나 통치배들에게 백성의 힘을 보여주려 했다. 동학은 "다시 개벽이 이 우주의 기운인 것을 만천하에 알리는 일"[37]이었다. 이미 조선 백성들은 많은 서양 문물의 유입과 침탈을 지켜봤고 일본을 통한 매점매석과 고리사채의 폐단에까지 시달리며 괴로움을 견뎌야 했다.

동학은 기본적으로 원민들이 많이 들어왔다. 백성들은 드디어 살 길을 발견한 느낌이었을 것이다. 그들은 우선 개인의 울분부터 풀어야 했다. 해월 선생과 함께하는 개혁파 인물 계암은 이렇게 말한다. "이 땅의 백성들이 억울한 일을 당하여도 태평스럽게 앉아 있으니 자자손손 설움을 받고 살며 여전히 탐관오리가 판을 치는 세상이 되었다."[38] 이런 깨달음이 저항의 시작점이 되었다. 그동안 억울한 일을 당하면서도 전혀 방법을 찾지 못했던 사람들이 동학을 만나며 그 활로를 발견한 것이다.

4. 저항의 형태

소설에서 영동의 지역적 위치는 '한양에서 5백 리 떨어진 충청도' 땅이다.

> 소백산맥 큰 줄기가 힘차게 뻗어내리다가 큰 숨을 내쉬듯 백화산을 토해놓는다. 백화산은 잠시 숨을 고르다가 산줄기를 경상도와 전라도 양쪽으로 갈라놓는다. 산이 높은 만큼 골이 깊어 물이 많았다. 병풍처럼 둘러선 바위를 꼼꼼히 살피면 노란 금줄기가 보이기도 하고, 강모래에는 사금이 섞여 있어서 예부터 한몫 잡으려는 사금쟁이들이 빈번하게 드나드는 고을이었다. 재물이 좀 있다 싶으면 여지없이 관아 치들의 수탈이 따르기 마련이어서, 이태 전에는 수탈당한 고을 백성들이 황간 현아 민영후 현감을 드러내기 위해 들고 일어나기도 했던 것이다.[39]

황간 기포는 『웃방데기』보다 『동트는 산맥』이 더 자세하게 다룬다. 이 기포는 황간 현감 민영후와 이방의 악랄한 수탈 방식을 고발한다. 1892년,

황간 일대에 연년이 흉년이 들자 야반도주하는 백성이 늘었다. 관아는 세곡을 제대로 거둬들이기가 힘들어지자 현감의 아비상을 빌미로 상조곡이란 세목을 붙여 세금을 걷는다. 그러자 야반도주하는 백성이 더욱 늘었다. 관은 방을 붙이며 막아도 도망치는 이가 늘자 현감과 이방이 극악을 떠는 장면이다.

> 야반도주하는 백성은 조상들에게 불효한 자식이라. 무덤을 파헤쳐 모든 백성에게 법도가 되게 하라.
> 이런 방문이 내걸렸지만, 설마 사람이 그럴 수 있을까 보냐고 살길을 찾아 떠난 사람이 있었다. 그러나 아닌 게 아니라 변 이방은 황간 남주골 김 아무개라는 사람 조상의 무덤을 파헤치게 하고 뼈를 모아서 확에 찧어 물에 풀어 개에게 먹였다. 이 소문이 황간 고을에 퍼지자 이를 갈며 치를 떠는 백성들이 많았다.
> 드디어 별렀던 날이 왔다. 장터에서 동학 접주 이상문이 사람들 앞에 나서서 목청을 높였다.
> "변 이방 같은 무도한 탐관오리의 목을 베어 온 고을 백성의 원성을 재워야 할 것이오."
> 동헌으로 쳐들어간 백성들은 잠긴 문을 열지 못하자 담장을 넘어 들어갔지만 병장기까지 갖추고 포수까지 모아서 불질을 하자 당하고 만다.
> -중략-
> 다 죽고 그나마 산 사람은 뿔뿔이 흩어져 버렸네.[40]

이상문이 일으킨 황간 민란은 비교적 초기에 발생한 때문에 무기를 제대로 갖추지 않은 상태에서 덤볐다가 실패한 민란이다. 관은 청풍 민란 소식을 들고 준비를 해 두었고 백성들은 도끼나 쇠스랑, 낫 등으로 무장을 한 채 소리를 치며 와르르 몰려갔다. 그러나 혼비백산 달아날 줄 알았던 관군이 화승총과 화살을 쏘며 공격하자 다들 당하고 만다. 삼정문란으로 민중 봉기가 끊임없이 이어지던 임진년(1892) 8월에 일어난 황간 민란은 원민들이 의기만으로 일어나 현아를 습격했던 사건이다. 민란의 특징은 억울한 죄수를 풀어주는 것도 있지만 곡식창고를 헐어 곡식을 나눠 먹는 구휼에도 목적이 컸다. 실패했다고는 하지만 조정에서 안핵사를 파견하여 황간 현감 만영후의 탐학한 사실을 밝혀내고 파직한 결과로 보아서는 어느 정도 성과가 있었다고 볼 수도 있다.

그러나 1894년 4월 8일 일어난 회덕 민란은 규모가 달랐다. 동학교도들이 회덕 관아를 들이쳐서 관아는 불타고 현감은 도망가고 백성들은 곡식 창고를 헐어 빈민들에게 나누어 주었다. 이미 동학도인들이 그 규모와 힘을 기르기 시작한 때이다. 소설은 회덕 민란을 아래와 같이 그린다.

　　지난 사월 초어드렛날에 박성엽 접주가 동학군을 이끌고 관아를 들이쳐서 탐관오리의 목을 베고 옥문을 깨어 죄없이 갇힌 사람들을 풀어 주고 동헌 창고를 헐어 빈민들을 구휼했다는 것이다.

　　그리고 사흘 뒤인 열이틀 날에는 군기고에서 탈취한 무기를 들고 진잠 쪽으로 떠났다는 것이다.

　　"진잠이라면 여기를 거쳐 가는 길 아니오."

　　갑놈이 말에 주인 사내는 먼저 놀란 눈이 되어 말했다.

　　"그렇지요. 길을 꽉 메운 동학군이 근 한나절이나 이어 지나갔지요. 손에는 창이며 칼, 철주 등으로 무장을 했고, 그도 없는 사람들은 죽창을 깎아 들고 있더만요. 물어 보니 마봉재를 넘어 진산·금산을 거쳐 장차 전라

도로 내려간다고 하더랍니다."⁴¹

　백성들은 세곡을 못 냈다는 이유 등으로 억울하게 옥에 갇혔다가 동학도들에 의해 풀려나서는 동학군들을 따르는 일들이 생겨나기 시작했다. 관아를 상대해서 싸울 수 있는 힘은 동학뿐이었던 것이다. 백성이 옥을 깨고 관아를 불태울 수 있는 것만으로도 새 세상을 만났다는 생각이 들었을 것이다. 관아의 수탈을 이기지 못했던 백성들은 드디어 억울함을 말하며 불의와 싸움을 시작했다. 그것이 동학농민혁명의 시작이다.

　『웃방데기』는 1894년 3월 8일 금산기포를 자세히 다룬다. 금산기포는 보은취회가 어윤중의 회유에 의해 해산된 뒤 관이 약속을 어기고 동학도를 잡아 가두는 과정에서 발생한다. 소설에서는 이 과정을 아래와 같이 전개한다.

　솔뫼마을로 들이닥친 관군이 갑이 어머니와 동학도들을 잡아 옥에 가뒀다. 손천민, 서장옥, 조재벽 등 지도자들은 회덕 송촌에 머물며 전라도 고부에 파견된 이용태의 만행을 전해 듣는다. 이때 동학도는 포상금을 노리는 자의 포획 대상이며 동학도로 지목되면 그 즉시 수감이 되는 탄압을 받았다. 조재벽은 금산으로 들어갔다. 이야면 접주가 민영숙을 만나 잡아온 동학도들을 풀어달라며 담판을 벌이지만 뜻대로 되지 않아서이다. 사방에서 민란이 일어나며 이미 동학은 관을 상대로 담판을 벌일 만큼 그 힘이 조직적이며 확대되어 가고 있었다. 금산기포는 사학을 한다는 이유로 재물을 수탈하려는 탐관오리들의 농간에서 비롯된 것이다. 민영숙 군수가 사령들을 풀어 금산 접주 이야면과 김영지, 황평집, 이지화 등의 동학교도를 잡아 옥에 가두자 조재벽 접주가 들고 일어난 것이다. 금산기포는 이렇게 잡힌 동학교도를 풀어내기 위한 목적이 컸다. 이 기포에 참여한 동학교도가 1천여 명이다.

　횃불을 든 동학교도들이 달려들어 불을 붙이자 순식간에 화염이 어두운 하늘을 치솟았다. 하기야 이런 분노를 식히는 일조차 없었더라면 1천여 동학교도들의 가슴에 더 무겁고 큰 한이 자리했을 것이다. 그날 동헌 객방에 머물고 있을 때, 진산 쪽에서 최공우 접주가 호응하여 5백여 동학교도가 기포하여 진산관아를 점령했다는 소식이 들어왔다. 임실 장수 진안 등 이웃고을에서도 동학교도가 넘어와 합세를 했다는 것이다.[42]

　뒤이어 전라도 고부봉기에 이어 전국적으로 동학도들의 기포가 일어나기 시작했다. 충청도 영동 일대 관아도 동학도의 손에 들어온 상태였다. 이런 기세는 동학 접주가 군수와 담판을 벌일 수 있는 분위기가 배경이 되었고 군수는 관아를 비우고 달아나거나 기포를 못하도록 억눌러야 했다. 민보군과 동학군의 진산전투는 진산 관아를 점령한 24일을 기점으로 동학군의 승리로 막을 내렸다. 그러나 민보군은 64명의 전사자를 내고 도망쳤으나 동학군은 114명이 죽었다.[43] 민보군이 등장한 이유를 소설은 동학군이 금산읍을 점령 했을 때로 예를 들었다.
　금산 동헌을 점령하고 며칠 더 지났을 무렵이었다. 그동안 수탈을 일삼던 아전들을 잡아다 응징하고, 고을 사람들의 억울한 송사를 공평하게 풀어주었다. 각별히 인산장터 안팎에서 행패를 부리던 보부상대 우두머리 김치홍, 임석헌을 잡아다 죄를 묻고 다시는 무단으로 상인을 수탈하고 행패를 부리지 않겠다는 다짐 끝에 풀어줬는데, 이것이 실수라면 실수였다. 이에 앙심을 품고 제 편 보부상대를 모으고 권세 있는 양반들에게 붙어 반격 준비를 하고 있다는 소식이 들어왔다.[44]

전라도 못지않게 충청도 마을도 동학군 기포가 많이 일어났다. 이것은 지리적인 이유도 있지만 동학농민혁명 기에 충청도는 전국의 동학도를 총 지휘하는 본부 역할을 충실히 해 냈기 때문일 수도 있다. 동학농민혁명 당시의 전투에서 일본군과 싸워 가장 큰 승리를 이룬 곳이 충청도 당진 승전곡 전투[45]라는 것이 의외의 결과는 아니다.

『웃방데기』는 용산장터 싸움을 자세하게 다룬다.

백화산 아래 수석마을, 날이 저물고 희끗희끗 싸락눈이 휘날리는 밤에, 동학농민군들이 눈보라에 떠밀리듯이 들이닥쳤다. 반쯤은 내처 5리쯤 떨어진 용산장터로 들어가고, 후진이 수석에 머물렀다. 거기에 동학농민군 총포대장 갑이가 끼여 있었다. 날이 어찌나 추웠던지 눌러 쓴 패랭이에 눈을 허옇게 뒤집어 썼고, 마구 자란 수염에는 서리와 고드름이 엉켜붙어 있었다. 동학농민군은 이곳 이대감집 곳간은 물론 방들을 모두 차지하고, 그래도 잘 곳이 없는 동학농민군은 근동으로 흩어져 방이나 헛간을 차지하여 잠을 자게 했다. 이곳은 조재벽, 손해창 접주의 관할이어서 동학 지도부의 거처는 그가 나서서 주선했다.
"법헌 어른과 손병희 두 어른은 내가 모실테니 김갑이 총포대장은 모처럼 만에 옛 사람을 만나 회포를 푸는 것도 좋겠지."
-중략-
갑이가 말머리를 죽전마을 쪽으로 향했다. 마을로 들어가자 벌써 전투 상황이 끝나 있었다. 동학농민군들이 둘러섰는데, 머리에 총을 맞은 사람 하나가 절명해 있었다. 머리에서 흘러나온 피가 흰 눈 속으로 스며들고 있었다. 갑이가 안면이 있는 영동 이판석 두령에게 물었다.

"어찌 된 거유?"

"상주 소모영 김석중 군에게 기습을 당했소."

이판석 대장이 분해하며 말했다. 이때 수석리 쪽에서 다시 총소리가 들려와서 더 듣고 있을 틈이 없었다. 전투가 시작된 것이다.

갑이가 수석리로 급히 말을 몰았다. 이대감댁 너른 마당에 동학농민군이 이미 출정 준비를 마치고 늘어서 있고, 손병희가 갑이를 기다리고 있었다.

"용산장터에서 싸움이 벌어진 모양이니 어서 이들을 통솔하여 들어가 보시오."

"알았시유."

일단 소두령들은 용산장 쪽으로 이동을 지시하고, 갑이는 말을 몰아 뒷산 꼭대기로 올라가 총소리가 나는 쪽을 바라보았다. 싸움은 두 군데서 벌어지고 있었는데, 먼 용산장터 쪽에서, 그리고 바로 산 너머 마을 덕진리 뒷산 시마골에서 싸움이 벌어지고 있었다. 그렇다면 적이 전날 밤 동학농민군의 숙영지인 용산장터와 덕진을 동시에 기습 공격한 듯했다. 갑이가 덕진 사마골로 공격해 들어가면 적의 입장에서 보면 포위 공격을 받는 형세가 되고, 이쪽에서는 적의 뒤통수를 치니 승산이 있는 싸움이다.

갑이가 골짜기 어귀에서 양 능선으로 총포대를 배치하고 가운데 산골짜기로 밀고 들어갔다. 뒤에서 공격을 받으니 그동안 완강하게 버티던 청주영병이 포위된 줄 알자 갑자기 대열이 무너져 달아나기 시작했다.

덕진 쪽에서 진을 치고 있다가 싸운 신재련이 이끄는 충주 동학농민군이 용산장터 어귀인 재너골에 진을 옮겨 쳤다. 대신 갑이가 이끄는 동학농민군이 덕진마을에 진을 치고 머물렀다.

다음날 아침 일찍 다시 싸움이 시작되었다. 이번에는 어제 피해 달아났던 청주영병 박정빈이 이끄는 옥천군과 규합하여 공격해 들어왔다. 이번에는 갑이의 등 뒤에서 김석중이 이끄는 소모영군이 공격해 왔다. 갑이가 포위된 형세였으나 용산 쪽으로 공격하는 척하면서 뒤돌아서서 김석중 소모영군을 일시에 타격할 기회를 노리고 있었다. 김석중 군이 골짜기 깊숙이 이동해 들어왔을 때 퇴로를 막고 일시에 총격을 퍼부었다. 갑자기 뒤통수를 호되게 맞은 김석중 군이 박삼봉 부치송골 밀북이골로 뿔뿔이 흩어져 달아났다. 이때 말을 타고 달아나는 김석중이 갑자기 총포가늠세에 들어왔으나 아슬아슬하게 빗나갔다.

    갑이가 김석중 군을 물리치고 용산장터로 들어온 것은 점심때쯤이었다. 옥천병 청주병을 청산 밤재까지 뒤쫓아갔던 동학농민군이 돌아와 오랜만에 동학농민군 사기가 하늘을 찔렀다.[46]

용산장 싸움은 2차 동학농민전쟁 기포 후 우금치전투에서 패하고 후퇴하며 원평전투와 태인전투를 치르는 호서 동학군의 이동 경로와 연관되어 있다. 동학군은 관아를 점령한 후 일부는 수석리(덕진)로 일부는 용산장터로 들어갔다. 동학군이 주변을 타고 보은 장내리로 집결한다는 소문을 듣고 영동, 황간, 청산, 보은관아 사람들은 도망을 했다. 마침 동학군들이 영동으로 들어간 때는, 선산 대접주 한교리가 9월 22일 한정교 박성민 정인백과 인근 동학군을 규합해 선산 음성을 함락하였지만 일본군의 기습으로 많은 희생을 내고 물러난 때이다. 같은 날 상주 인근 동학군들이 연합해 다시 음성을 함락하지만 며칠 후인 28일 일본군에게 백여 명의 희생자를 내며 물러난다. 일본군에게 관아를 넘겨받은 상주 민보군은 동학군 토벌에 나서 인근은 물론 청산 옥천 영동 등지까지 진출하여 수많은 동학농민군을 색출하여 학살한 후였다. 동학군이 밀리던 때인 만큼 영동으로 동학군이 들어오자 청주

영병과 민보군은 용산장터와 덕진을 동시에 공격한다. 조재벽 접주는 12월 전라도에서 올라오는 신사와 손병희 동학군과 합류하여 영동전투, 북실전투, 치악산 수레너미전투를 치렀다. 그러나 신재련이 이끄는 충주 동학군은 덕진을 치고 용산장터로 내려와 민보군을 밀어내며 승리한다.[47]

용산에서 장군재를 넘으면 바로 청산 문바우인데, 이곳은 동학농민군이 두어 달 전 논산 공주로 들어가기 전에 작은 뱀골 큰뱀골로 길게 펼쳐진 들에 초막을 치고 머물면서 전술을 익히던 훈련장이었다. 결국 동학농민군은 청산기포 후 두 달 만에 다시 영동으로 돌아온 것이다. 소설 속에서 12월 17일 수석리에서 하룻밤 자고 떠난 동학농민군들은 보은 북실리 동학 도소가 있던 곳에서 일본군에게 패하며 전투를 끝냈다.[48]

5. 개벽세상에 대한 신념이 투쟁의 힘

위에서 살펴보았듯이 영동은 수운 선생 때부터 동학이 유입되었다. 보은에서 해월 선생이 포덕을 펼 시기에는 탄탄하게 자리 잡았고 동학농민전투 때에는 호서 동학군으로 해월 선생, 손병희 통령, 조재벽 접주의 지휘를 받아 용감하게 싸웠다.

영동전투는 호남 동학농민군이 소멸되는 위기에서 호서 동학군의 기량을 보여준 전투이다. 비록 일본군의 신무기에 어이없이 당한 전투이지만 호서 동학군이 다시 충청도를 찾아 돌아오는 과정은 동학군들 간의 신뢰와 믿음이 전재된 행로였다.

소설에서 영동은 주변의 여러 지역과 연계된 채 활동이 이루어졌다. 보은과 인접해 있는 까닭에 대접주들의 이동 경로가 되었고 이 지역 출신 접주들은 지역을 넓혀나가며 활발하게 움직였다. 동학의 접(接)과 포(包) 조직이 지역을 떠나 인맥을 중심으로 한 연원(淵源) 조직인 것도 이들이 활동을 넓히는 데 한 몫을 했다.

그리고 인생의 여정이나 전쟁의 행로에서 상황을 추슬러 다시 시작할 수 있는 기회의 땅이기도 했다. 동학교인은 동학의 힘을 알았고 동학을 귀히 여기는 사람들이며 이들은 흉포한 세상에서 동학을 희망으로 발견했다. 그랬기에 그만큼 소중했으며 내가 아끼는 사람에게는 반드시 동학 세상, 평등한 세상을 만들어 주리라는 결기가 있었다.

소설은 동학농민혁명을 잠시라도 개벽세상을 맛본 사람들의 신념을 이루기 위한 목숨을 건 투쟁으로 표현하였다.

충북 영동
동학농민혁명유적지

출처: 동학농민혁명기념재단의 협조로 〈동학농민혁명 유적지 및 기념시설 현황조사-충남충북〉의
내용에서 발췌하였음.

용산전투지

충북 영동군 용산면 용산리 91(용산 옛장터)
충북 영동군 용산면 상용리 산 34-1(용산)

공주 우금티 전투에서 패배한 남북접 연합농민군은 11월 25일 원평전투와 27일의 태인전투를 치른 뒤 흩어졌다. 손병희가 이끌던 북접농민군은 비교적 대오를 갖춘 채 11월 27일 태인을 떠나 임실로 향하였다. 전봉준과 헤어진 손병희는 내장산 갈재를 넘어 순창 복흥을 거쳐 28일에 임실 갈담으로 왔다. 청운면 새목티 허선(許善)의 집에 있던 최시형과 합류한 북접농민군은 장수로 가서 대부대의 위용을 갖춘 뒤 근거지인 충청도를 향해 소백산맥을 따라 북상한다.

이들은 12월 5일경 무주를 점령하였다. 이때 농민군은 7,000여 명이었다. 12월 7일(양1895.1.2)에는 무주를 출발해 8일 무주 설천(지금의 무주군 설천면 소천리)과 월전(지금의 영동군 용화면 월전리)에서 무주의 민보군을 격파한 뒤, 1만여 명으로 불어난 농민군은 황간읍내의 남쪽에 있는 서수원에 이르렀다. 이들은 여기서 대오를 나누어 9일 황간과 영동 읍내를 점거한 뒤 10일 영동 용산장터에 주둔하였다. 이에 놀란 정부는 충청도와 경상북도에 있는 병력을 모두 영동 지역 농민군을 소탕하는 데 투입하도록 하였다. 용산면 뒤에는 낮은 산이 길게 펼쳐져 있는데 이 산이 용산(龍山)이라서 마을 이름과 장터의 이름이 용산이라고 붙여졌다.

영동 용산장터에 머물고 있던 농민군과 민보군 사이의 첫 전투는 12월 11일 경북 상주에서 온 유격병대와 벌어졌다. 상주 유격병대 150여 명은 50명씩 3대로 나누어 농민군을 계곡으로 유인해 기습하려는 작전을 폈으나, 농민군이 뜻밖에도 먼저 후퇴하는 바람에 이를 쫓다가 농민군이 용산 위로 올라가 일제히 사격하자, 상주 유격병은 전열이 흐트러져 율계령을 넘어 후퇴하게 되었다.

12월 12일 아침 청주병과 옥천의 민보군이 두 번째로 용산의 농민군을 공격하였다. 용산의 농민군은 청주병과 옥천 민보군과 싸우기 위하여 12일 다시 용산으로 올라가 진을 쳤다. 청주병과 옥천 민보군은 천관산 방면에서 용산을 바라보고 공격하였으나 농민군은 용 형상을 한 산자락에 올라가서 내려다보며 총을 쏘아 막아냈다. 이 소식을 전해 들은 상주 유격병대는 급히 달려가 지원하였다. 위기에 몰린 청주 병영군은 이 틈을 타 포위망을 뚫고 후퇴할 수 있었다. 이 과정에서 청주 영관과 병정 4명이 총에 맞아 죽었다. 청주병과 옥천 민보군은 13일 오후에 청산 대동으로 물러났다. 농민군이 다시 북상하여 청산읍내로 밀고 올라가니 사기가 떨어진 청주병과 옥천 민보군은 보은 마로면과 원암 지역까지 물러나 피하였다.

용산 옛 장터가 있던 용문중학교 전경

상용리와 용산, 마을 뒤편의 봉우리에서 오른쪽으로 이어지는 것이 용산이다

월전전투지

충북 영동군 용화면 월전리 555-2 일대

공주 우금티 전투에서 패배한 뒤 태인까지 밀려난 남북접 연합 동학농민군은 이곳에서 갈려 움직였다. 북접 동학군은 임실에서 최시형과 합류하였다. 대부대의 위용을 회복한 북접농민군은 북접의 근거지인 충청도로 북상하기 시작했다. 관군과 일본군이 추격해 오는 평야지대를 피해서 노령산맥과 소백산맥 산줄기를 타고 북상을 계속했다. 그리고 백운산을 타고 장수현으로 들어가서 읍내를 점거하였다. 이미 날씨는 추워져서 대규모 병대가 월동장비도 없이 산 속에서 오래 견딜 수 없었다. 그래서 읍내를 점거하고, 행렬을 수습키로 하였다. 따라서 북접농민군은 전라도 장수를 거쳐 12월 5일 새벽 무주를 점령하였는데, 그 규모가 적어도 7천여 명에 이르렀다. 소문에는 이들 북접동학농민군의 규모가 3~4만 명이나 되며 장차 청산·보은·상주·선산 등지를 함락시킨 뒤 서울로 곧바로 올라갈 것이라는 말이 무성하였다.

무주에서 다시 전열을 정비한 농민군은 12월 7일(양1895.1.2) 무주를 출발하여 8일 무주 설천(지금의 무주군 설천면 소천리)과 월전(지금의 영동군 용화면 월전리)에서 무주의 민보군을 격파하였다. 그 무렵 1만여 명으로 불어난 농민군은 황간 읍내의 남쪽에 있는 서수원에 이르렀다. 이들은 여기서 대오를 나누어 9일 황간과 영동 읍내를 점거한 뒤 10일 영동 용산장터에 주둔하였다. 월전전투지의 정확한 장소는 확인되지 않으나, 마을 일대에서 전투가 벌어졌을 것으로 보인다. 마을 입구에는 수령이 200년 된 느티나무가 서 있고 정자와 쉼터가 마련되어 있다.

월전 마을 전경

월전 마을 입구의 쉼터와 마을(달밭) 표지석

주석

충청북도 동학농민혁명사의 전개과정 / 채길순

1) 『동학란기록』(상), 「양호우선봉일기」 262쪽. "二十六日…自陰竹有移文來到云 昨日酉時 賊黨數千名還匝官舍 奪去軍器云云…."
2) 앞의 책, 262쪽, "鎭川縣公兄文狀內 安城利川東徒數萬名 昨日巳時…" 안성과 이천에서 내려온 동학농민군이 참가하고 있는 것으로 미루어 경기 지방도 이미 관아를 침탈하여 무장했음을 보여주고 있다.
3) 박성수 주해, 앞의 책, 186쪽 ; 「나암수록」, 앞의 책, 384쪽.
4) 『東學亂記錄』(上) 「巡撫先鋒陳膽錄」 510쪽.
5) 박맹수, 〈최시형 연구〉, 한국정신문화연구원, 1995, 196쪽.
6) 『해월선생문집』, 81쪽. 박맹수, 앞의 논문, 235쪽.
7) 『시천교종역사』第二編 下, 第11章, 16張.
   「東匪討錄」, 4月 9日字 錦伯報告, 『동학농민전쟁사료대계』6, 161쪽.
8) 『주한일본공사관기록』1. 六, 「東學黨征討에 關한 報告書」, 국사편찬위원회, 219쪽.
9) 『토비대략(討匪大略)』: 상주의 유생 김석중이 동학농민군 토벌을 위한 소모영의 유격장으로 임명되어 농민군을 초토한 진중일기. 1894년 4월부터 12월 28일까지의 사실을 수록하고 있다. 김석중은 소모사에 의해 유격장으로 임명된 후 유격병대를 이끌고 농민군 세력이 뿌리 깊은 충청도 접경지역의 외촌 각 면리를 순회하면서 농민군을 토벌해 나갔던 향반의 하나였다. 1894년 11월 말에서 12월 초에 걸쳐서는 도계를 넘어 북접의 근거지인 청산, 보은까지 원정하여 일본군과 합세해서 북접농민군을 토벌했다. 이 자료에는 (1) 소모영의 농민군 진압 상황과 상주 보수 지배층의 동학농민군탄압 활동 (2) 손병희가 이끄는 호서 동학농민군의 우금치 전투 경로와, 장수와 무주를 거쳐 영동 보은으로 돌아오는 여정 (3) 영동 龍山전투와 보은 북실전투 상황이 상세하게 실려 있다. 이 책의 필사본 한 부가 국립중앙도서관에 소장되어 있으며, 또 하나의 필사본은 상주군 외서면 우산리의 진양 정씨 상우산 종가에서 보관해 왔다.(신영우 글 재인용, 요약)
10) 1982년 당시 작은뱀골에는 해묵은 버드나무 숲이 우거져 있었다. 마을 노인들이 "동학란 때 동학농민군들이 타고 온 말을 버드나무 말뚝을 박아 맸는데, 말뚝들이 살아나 저처럼 버드나무 숲이 되었다"고 증언했다 한다(표영삼 상주선도사 중언).
11) 4월 9일자 錦伯報告, 「東匪討錄」, 『동학농민전쟁사료대계』6, 162쪽. 박맹수 앞의 논문 234쪽 재인용.
12) 영동, 황간, 용산, 청산 등지에 동학농민군이 주둔했다는 사실은 현지 답사를 통하여

확인했다.

13) 『巡撫先鋒陣謄錄』 12月條.

해월 최시형의 동학재건과 영동지역의 포덕 / 임형진

1   영동 출신으로 동학농민혁명에 참여했던 주요 참여자는 현재까지 24명이 밝혀져 있
    다. 이들의 주요 활동 등에 대해서는 동학농민혁명기념재단(http://www.1894.or.kr/
    main_kor/)의 홈페이지 동학농민혁명참여자 3,644명(2018.05 현재) 참조바람.

2   표영삼, 「최시형과 금등골」, 『신인간』 통권 485호, 1990. 8월호, 14쪽.

3   해월 최시형이 동학 최고 지도자로 부각된 이후 처음으로 행한 법설이 嫡庶差別 撤廢
    와 萬民平等에 관한 것이었다. (『天道敎書』, 천도교중앙총부, 1920)

4   「안심가」; 「몽중노소문답가」, 『龍潭遺詞』, 癸巳版(『東學思想資料集』 1, 아세아문화
    사, 1978).

5   「論學文」, 『東經大全』.

6   有無相資라 함은 최제우 초기부터 그의 제자 중에 경제적 능력이 있는 자들로 하여금
    가난자 자를 위하여 적극 돕는 것으로, 이 같은 초기 동학의 공동체적 분위기가 貧窮
    者로 하여금 동학에 입교하도록 하는데 중요한 한 부분을 차지하였다. 이러한 유무상
    자는 최제우의 순도 후에도 수십년간 지하조직으로 존립하였다.

7   「안심가」, 『용담유사』.

8   「포덕문」, 『동경대전』.

9   「부화부순」, 『해월신사법설』.

10 「天道敎書」, 『신인간』 통권 377호, 1980. 5월호, 75면.

11 「天道敎書」, 『신인간』 통권 377호, 1980. 5월호, 75면.

12 「天道敎書」, 『신인간』 통권 374호, 1980. 1월호, 75면.

13 「天道敎書」, 『신인간』 통권 377호, 1980. 5월호, 78면.

14 『천도교백년약사』(상), 천도교중앙총부출판부, 1981, 182-183면.

15 삼경사상이란 경천·경인·경물의 사상을 말하는 것으로 한울님을 공경하고 사람을
    공경하고 물건을 공경한다는 뜻이다. 첫째, 한울님을 공경한다는 것으로 신령한 한울
    님을 모시고 있는 인간으로서 본래의 마음을 스스로 공경하는 것을 말하는 것이다. 둘
    째, 경인은 사람을 공경한다는 사상으로 사람은 신령한 한울님을 모시고 있는 존재이
    므로 한울님의 존엄성과 같이 사람도 존엄한 것이다. 이에서 천도교의 사인여천의 윤
    리가 이루어져야 한다는 것은 당연한 일인 것이다. 셋째, 경물은 사물을 공경하는 것
    으로 동학사상이 인간 중심주의가 아닌 인간 존엄을 바탕으로 한 만물공동체주의임
    을 확인시키는 개념이다.

16 「성경신」, 『해월신사법설』.

17 경인이 인간을 숭배하는 것이 아니듯이 경물도 물질을 숭배하는 것이 아니다. 경물은 자연 생태계를 한울님의 표현대로 공경하는 것이며 자연 생태계와 인간은 하나의 동포라는 물오동포사상인 것이다.

18 사가(師家)는 수운 최제우 순도 이후 그 유가족을 일컫는다. 부인인 박씨 사모와 세청, 세정 형제가 그들인데 이때까지도 수운의 절대적 영향력이 남아있어 동학도들에게는 사가의 권위가 해월보다도 오히려 더 있었다고 보아진다.

19 해월 최시형은 관의 추적을 피해 일단 사가로 왔지만 관의 지목이 두려워 한 수운의 아들인 세정의 처는 해월 최시형 일행을 받아들이지 않았다. 당시 사가에는 박씨 사모를 비롯하여 세청, 세정 형제들이 정선으로 출타 중이었다.

20 『도원기서』, 신미년조. 이를 계기로 해월 최시형과 박용걸은 의형제를 맺었다.

21 『천도교창건사』 제2편, 14-18쪽.

22 지달준은 박용걸과 죽마고우이다.

23 오지영, 『동학사』 제2장, 영창서관, 1938, 53쪽.

24 『시천교역사』, 임신년조.

25 『시천교역사』(별책), 임신년조. 이 책은 『시천교역사』라고 표제가 되었지만 김연국의 일대기가 기록되어 있다.

26 『도원기서』 임신년조.

27 표영삼에 의하면 당시 교단의 조직은 100여 호였으며, 이중 정선과 인제가 30여 호로 가장 많았고 양양, 영월, 단양이 각 10여 호, 청송이 5호 정도였다.(표영삼, 『동학』 2, 통나무, 2005, 74쪽)

28 『도원기서』에 의하면 정선 교인들이 2백금을 모았다고 하였다. 그 중 1백금은 두 번
· 의 제례 비용으로 사용하였고, 나머지 1백금은 새로운 접을 조직하고 운영하는 자금으로 활용되었다. 당시 비용을 염출한 인물은 신석현, 최진섭, 홍석범, 홍석도, 전세우, 김원중, 김해성, 유계로, 최기동, 전두원, 김백인, 김문규 등이었다. 『도원기서』, 을해년조.

29 사적의 간행은 강원도 정선 남면 방시학의 집에서 이루어졌다. 이때 간행된 책이 『최선생문집도원기서』이다. 표영삼, 위의 책, 95쪽.

30 경전의 간행은 1880년 인제 갑둔리 김현수의 집에서 『동경대전』 백여 부를, 1881년 단양 샘골 여규덕의 집에서 『용담유사』 수백 권을, 1883년 2월 천원군 목천에서 『동경대전』 천여 부를, 5월에 경주판 『동경대전』과 『용담유사』를 간행하였다. 표영삼, 위의 책, 95~105쪽.

31 「여산종리원연혁」, 『천도교회월보』 통권 제203호, 1927년 11월호.

32 『천도교서』, 무인년조. "무자 1월에 신사 전주에서 기도식을 필(畢)하시고 도제 10여 인으로 더불어 삼례리 이몽로의 가에 왕(往)하시니"

33 천주교 공인은 1886년 프랑스와의 수교로 이루어졌고 개신교에 대한 탄압은 갑신정

변 이후 거의 사라졌다. 그러나 동학에 대한 탄압은 여전히 지속되고 있었다.

34 『천도교서』, 포덕33년 임진년조.

35 의송단자의 핵심 내용은 첫째, 동학은 유불선 삼교를 통합한 도로 이단이 아니다. 둘째, 오랑캐 무리가 들어와 질서를 무너뜨린다. 셋째, 왜인의 우두머리들이 여러 항구를 독차지 했다. 넷째, 전국의 방출되어 백성들의 생계가 곤란하다, 다섯째, 외국인들이 관시세를 물지 않고 이득을 챙긴다. 여섯째, 산림과 천택의 이득까지 독점하고 있다. 일곱째, 도독 무리가 백주에 날뛰고 있다.

36 『속음청사』상, 고종29년 임진 12월조, 246쪽.

37 표영삼, 위의 책, 251쪽.

38 「청암 권병덕의 일생」, 『한국사상』, 15집, 한국사상연구회, 1977, 330쪽.

39 상소는 2월 8일이 왕세자의 탄신을 맞아 실시한 별시(別試)를 맞춰 올리기로 정하였다. 서울의 봉소로는 남서 남소동의 최창한의 집으로 삼았다. 『시천교종역사』, 계사년조.

40 당시의 상소문은 『천도교회사초고』, 『천도교창건사』, 『시천교종역사』 등에 수록되어 있으나 요지나 일부가 생략되어 있다. 가장 완전한 상소문은 규장각 소장 『동학서』의 상소문(용간접 몰수)이다.

41 일부에는 15일에 보은으로 들어왔다는 기록이 있다.

42 당시 집결인원에 대해 오하기문에서는 8만명, 어윤중의 장계에는 수만명, 일본외교문서에는 2만3천 명, 속음청사에는 2만7천 명이라 기록되어 있다. 보은군수는 3월 21일자 보고에서 2만여 명이라 하였다.

43 『동학농민운동사료총서』제2권, 「취어」, 46~49쪽.

44 『동학농민운동사료총서』제2권, 「취어」, 49~53쪽.

45 표영삼, 위의 책, 337쪽.

46 표영삼, 위의 책, 349~51쪽.

47 1863년 1월에 수운은 앞으로 1년간은 포덕과 교화에 더욱 힘을 쏟기로 작정하고 직접 1월 하순부터 3월초까지 영천, 신령, 대구를 비롯하여 청하, 영덕, 영해, 평해, 진보, 안동, 영양, 상주 등지와 충청도 단양지역을 순회하였다. 이때 지례, 김산과 충청도 금산, 진산도 다녀왔을 것으로 짐작된다. 황현, 『오하기문』, 수필 ; 『동학농민사료총서』 1, 사운연구소, 1996, 42쪽; 김익종 옮김, 『번역 오하기문』, 역사비평사, 1994, 60쪽; 황현저 이민수 역, 『동학란--동비기략초고-』, 을유문화사, 1985, 96쪽: 『도원기서』, 180-182쪽 참조.

48 이때 임명된 접주 40여 명으로 알려졌지만 현재 확인된 것은 16명이다.

49 접의 규모는 50호 내외로 보아 당시 단양지역의 민사엽 휘하에는 수백여 명의 동학도들이 있었을 것으로 추정된다. 표영삼, 「동학조직의 변천」, 『동학의 현대적 이해』, 한국동학학회, 2001. 3, 55쪽.

50 표영삼, 앞의 글, 57쪽 참조.

51 『도원기서(최선생문집)』,『시천교종역사』,『천도교서』,『본교역사』,『해월선생문집』,『동학천도교약사』,『동학도종역사』,『천도교창건사』등과 박맹수,「해월 최시형 연구」, 정신문화연구원, 85. 12 등을 참조해 작성.

52 단양은 해월이 1871년 영해교조신원운동의 실패 이후 가장 먼저 피신한 지역이기도 하다. 해월은 단양의 정석현의 집에서 1달 정도 숨어 있다가 5월에 강수를 만나 강원도 영월로 피신하였다.

53 (布德 15年) 神師 金寅淳 金龍鑌을 丹陽 兜率峰下 寺洞에 遣하사 居地를 觀하시다. (布德 16年) 乙亥 2月에 神師 松皐洞에 移去하시니 兜率峰 近地러라. (布德 22年) 辛巳 6月에 神師 大神師의 所著하신 歌詞를 發刊하사 道人에게 頒給하시니 是時 開刊所는 丹陽郡 南面 泉洞 呂圭德家러라(『天道敎書』)

54 천동의 행정구역은 단양군 대강면 남천리로 산중 깊숙한 곳에 자리잡고 있다. 이곳 역시 단양군과 풍기읍 사이에 솟아있는 도솔봉 서쪽 골짜기에 위치해 있다. 해월은 여규덕의 집에 경전간행소를 설치하였나.

55 용담유사 간행에 참여한 인사는 김연호(金演鎬) 김영석(金榮錫) 장춘보(張春甫) 김치운(金致雲) 이찬보(李贊甫) 김현경(金顯卿) 장세원(張世遠) 등이다.

56 해월의 교단내 입지 강화는 전술한 사가를 관리하고 사가의 분들이 모두 돌아가시자 자연스럽게 수운의 맥을 잇는 유일한 존재로 부각되었으며 무엇보다도 4월5일 득도 기념일과 10월 28일 수운 탄신제 등의 제사를 모심으로서 확고해 졌다고 볼 수 있다. 제사를 통하여 해월은 교단을 정리하면서 각 지역마다 조직화하는 구실로 삼았을 뿐 아니라 경비를 모아 포덕활동비를 충당할 수 있었고 모인 동덕들에게 동학의 사상과 교리를 설파함으로써 자신의 위치를 다져 나갔다고 볼 수 있다.

57 『侍天敎宗繹史』, 癸未年條.

58 충북지역을 넘어서 충남지역으로 확산되니 그 중심은 공주와 내포지역이었다.

59 문바위골은 현재는 옥천군 청산면 소속이지만 당시는 영동군 황간에 속해 있었다. 해월이 문바위골에 정착했다는 점에 대해 교단기록은 다음과 같다.
(布德 34年) 10月에 神師 尙州 別野에 還하셨다가 孫秉熙 李在壁의 周旋에 依하사 家族을 率하시고 靑山郡 文岩里 金聖元 家에 移寓하시다. 時에 官吏의 道人 侵虐이 日甚하여 急함이 烈火와 如하더라.
(布德 35年) 甲午 1月 5日에 神師 講席을 文岩里에 開하시다. (中略) 9月 18日에 神師 道人 慘殺의 報를 聞하시고 將次 天階에 叫寃코자 하사 通諭文으로 各包 道人을 招集하시니 各處 道人이 靑山 丈席에 來謁한者 10餘萬人이러라.(『天道敎書』)
(포덕 34년) 10月에 神師-帶德基하시고 經由黃磵하사 還于尙州之旺實別野러시니 復因趙在壁周旋하야 移眷于靑山文岩里 金聖元家하시다. 先時에 德基-有宿病이러니 至是에 漸漸沈重하여 仍爲不起라. 神師-以道學之禍로 漂迫東西하여 坐席이 未煥이라가

今又遭此慘毒하니 天之降大任於是人也에 先瞥之以因拂이 諒哉라. 神師-隋遇理遭하사 聽天所命而己러시다.(『本教歷史』)

60   영동은 지리적으로 경상북도와 충청남도 그리고 전라북도가 접하는 곳으로 민중들의 왕래가 잦았던 지역이다. 백두대간의 주능선인 소백산맥이 관통하는 지역으로 산악지대와 평야지대가 교차하는 곳이라고 할 수 있다.

61   『천도교서』 포덕 34년(계사)조;『동학농민전쟁사료총서』28, 사운연구소, 1996, 229쪽,『주한일본공사관기록』에 의하면 조재벽은 황간을 중심으로 활동하였다.

62   표영삼,「금산지역 동학농민혁명」, 3쪽.

63   『해월선생문집』계사년조.

64   1889년에 서장옥이 서울에 갔다가 관에 체포되어 금갑도로 유배되었을 때 최시형이 보석금을 마련하는 등 지극정성을 들여서 이듬해에 석방될 수 있게 할 정도로 아끼는 사이였다.

65   이들 참여 지역은 [취에에 나온 기록이다. 그러나 교단의 기록에는 추가되는 지역이 다수 등장하고 있다.

66   이때 서정옥은 대원군을 찾아가서 청나라 군대와 합세하여 일본군을 공격하기로 비밀리에 논의했다는 등 신비스러운 인물화 된다.

67   1898년 12월 8일자《독립신문》에 실린 〈동괴쇼문〉이란 제하의 "…소위 남접 괴수라 칭하던 서장옥이 지금 전라도내 각 지방으로 횡횡하여 혹세무민을 무란히 하되 해도내 관찰(사) 군수들은 돈연히 모르고 정부에서는 혹 이런 말을 듣게 되면 풍설이라 이르고 심상치 하니 해 지방 자민들이 어찌 부지하리요…" 라는 기사를 통해 농민전쟁 패배 후 살아남은 서장옥이 그동안 어떤 활동을 했는지 짐작할 수 있게 할 따름이다.

68   『천도교서』포덕 34년(계사)조;『동학농민전쟁사료총서』28, 사운연구소, 1996, 229쪽.『천도교서』에는 '李在壁'으로 되었으나 이는 조재벽의 오기이다.

69   『해월선생문집』계사년조.

70   천도교월보, 1932년 11월호.

71   『시천교역사』제2세 교주 해월신사조.

72   『해월신사문집』.

북접농민군의 전투방식과 영동 용산전투 / 신영우

1   신영우,「1894년 왕조정부의 동학농민군 인식과 대응」,『한국근현대사연구』제51집. 2009.

2   1882년 1월 4일자의『陸海軍 軍人에게 내리는 敕諭』는 통수권이 대원수인 천황에게 있고, 상관의 명령은 통수권을 계승한 것이며, 동시에 군인의 충절을 강조하며 예의(禮儀) 무용(武勇) 신의(信義) 질소(質素)의 5가지 덕목을 준수해야 한다고 했다. 모두

2,700자의 '군인칙유(軍人勅諭)'는 일본제국 군인들이 암송하도록 했다. 梅溪昇,『軍人勅諭成立史의 研究』(大阪大学文学部 編,『大阪大学文学部紀要』 8, 1961 수록) 군인칙유를 통해 천황의 통수권을 절대시한 일본군은 군대 상관이 하급자에게 하는 명령이 천황의 명령과 다름없는 것이라고 가르쳤다. 이 같은 '칙유'는 내전을 거치면서 동요하던 군대를 안정시키려는 것이지만 명령 복종을 극단으로 강조하여 대외 전쟁에서 부정적 효과가 드러났다. 1894년 조선에서 자행한 첫 번째 침략전쟁과 청일전쟁이라는 두 번째 침략전쟁에서 벌어진 잔혹한 공격과 학살이 그것이다.

3 이런 형태의 검토는 처음이기 때문에 시론과 같은 성격의 글이 될 것이다.

4 당시 동학농민군을 취재한 일본신문도 유사한 내용의 기사를 게재하고 있었다. 한 예로「二六新報」 10월 12일자는 다음과 같이 평하고 있다. "東學黨에 二人의 總大將 有り, 一을 崔時亨과 調ひ, 一을 全明叔과 云ふ. 崔는 則ち前項에 說ける 尙州 及び 報恩地方을 總轄し, 全은 則ち 全羅의 海岸地方을 直轄す."

5 삼례와 보은에 집결하지 않은 조직과 지역수비군의 지도자는 독자적으로 활동을 하였다. 진봉준과 손병희에게 직접 지휘를 받으면서 활동한 것은 아니었다.

6 신영우,「1894년 남원대도소의 9월봉기론과 김개남군의 해산배경」,『동학학보』 33, 2014.

7 『영상일기』 1894년 6월 25일.

8 『오하기문』 2필. 매천 황현은 1894년 8월 19일 기록에서 김개남이 남원에서 기포를 결의하였다고 전하고 있다.

9 한우근,「동학농민군의 봉기와 전투 - 강원·황해도의 경우-」,『한국사론』 4, 1978; 신영우,「1894년 영남 예천의 농민군과 보수집강소」,『동방학지』 44, 1984.

10 신영우,「1894년 경기도 지역의 상황과 동학농민군 진압」,『동학학보』 45, 2017.

11 신영우,「강원도 홍천의 동학농민군과 풍암리전투」,『동학학보』 37, 2017.

12 신영우,「영남 북서부 지역 동학농민군의 세력 증대 과정과 그 구성」,『한국독립운동사연구』 8, 1994.

13 신영우,「영남 북서부 보수지배층의 민보군 결성 논리와 주도층」,『동방학지』 79, 2003.

14 신영우,「북접농민군의 교단 거점 수비와 청주 일대의 전투」,『동학학보』 43, 2017.

15 어느 기록에서도 상하관계처럼 기록된 것이 없다.

16 신영우,「북접농민군의 공주 우금치·연산·원평·태인전투」,『한국사연구』 154, 2011.

17 신영우,「북접농민군의 충주 황산 집결과 괴산전투」,『한국근현대사연구』 55, 2010.

18 『天道教會史草稿』. 이 명단은『侍天教宗繹史』『甲午東學亂』 등에 다양하게 나온다.

19 신영우,「1894년 경기도 지역의 상황과 동학농민군 진압」,『동학학보』 45, 2017.

20 『甲午軍政實記』 1894년 10월 14일.

21 신영우,「성두한과 충북 북부지역 동학농민군의 활동」,『충북학』 18, 2016; 신영우,「북접농민군의 충주 황산 집결과 괴산전투」,『한국근현대사연구』 55, 2010.

22 「錦營來札 雲養」. "大抵匪徒以聚黨爲聲勢 其實孟浪無足 爲徒手之賊 烏合之衆 雖多何畏之有 雖或盜得洋槍 不慣使用 又無彈子 反不如土銃 土銃鈍器 何能敵洋槍乎 故日人一名 可當匪徒數千人 京兵十名 可當匪徒數百人 此無他器械之利不利也 若云日兵一人 可當匪徒數千人 是何漢之語 如日兵十人則 可當匪徒數萬人 此必至之勢 近聞槐山日兵與匪徒遇 寡不敵衆 死傷數人 此匪徒尙屬頗强 其他纔見一二人僵仆 皆望風而潰"

23 『駐韓日本公使館記錄』 1권, 六. 東學黨征討關係에 關한 諸報告 (14) [忠淸道 東學黨討伐狀況 및 戰況報告寫本 送付].

24 『駐韓日本公使館記錄』 1권, 六. 東學黨征討關係에 關한 諸報告〉 (14) [忠淸道 東學黨討伐狀況 및 戰況報告寫本 送付][別紙 1] 附言.

25 『甲午軍政實記』 1894년 10월 14일.

26 『巡撫先鋒陣謄錄』 제3, 1894년 11월 15일.

27 『駐韓日本公使館記錄』 1권, 六. 東學黨征討關係에 關한 諸報告 (14) [忠淸道 東學黨討伐狀況 및 戰況報告寫本 送付], 戰況報告.

28 『駐韓日本公使館記錄』 1권, 六. 東學黨征討關係에 關한 諸報告 (14) [忠淸道 東學黨討伐狀況 및 戰況報告寫本 送付] "問 동학당은 일본군과 적대할 결심이 되어 있는가? 答 적대할 의사는 없다. 될 수 있는 대로 일본군이 없는 곳을 찾아서 지나간다. /問 그런데 때때로 일본군과 전투를 하지 않는가? 答 뜻밖에 조우하는 경우가 있고 또 통행로에 부득이 장해가 될 경우에는 전투를 한다. 그럴 때는 일본군 1명에 동학당 100명꼴의 豫算으로 싸운다."

29 『全琫準供招』「五次問目」 日領事問.

30 신영우,「충청감사와 갑오년의 충청도 상황」,『동학학보』 64, 2015.

31 우금치와 연산전투를 비롯해서 원평과 태인전투는 신영우,「북접농민군의 공주 우금치 · 연산 · 원평 · 태인전투」,『한국사연구』 154집, 2011 참고.

32 『巡撫先鋒陣謄錄』 1894년 10월 25일자.;『高宗實錄』 1894년 11월 3일자.

33 『甲午軍政實記』 10권. 홍운섭이 지휘한 이 병력이 전원 기습에 참가한 것인지는 알 수 없으나 경리청 병대는 경군 병대로서 적지 않은 규모였다.

34 북접농민군이 후퇴했던 길은 현재 세종시의 신도시가 세워진 곳이다.

35 『均菴丈 林東豪氏 略歷』에는 관군과 4일 간 격전을 벌인 후 논산으로 퇴진했다고 기록했다.

36 李容珪,『略史』, 1894년 10월 24일.

37 具完喜,『公山剿匪記』「利仁之役」.

38 감영군 4개 소대의 인원은 정확하지 않으나 약 200명으로 추정한다. 이두황이 지휘한 장위영의 12개 소대는 다음과 같이 각기 다르다. 左1小隊 63名, 左2小隊 52명, 左3

小隊 64명, 左4小隊 53명, 中1小隊 31명, 中2小隊 44명, 中3小隊 46명, 中4小隊 64명, 右1小隊 57명, 右2小隊 60명, 右3小隊 68명, 右4小隊 47명, 砲隊 21명, 曲號隊 17명. 여기에 參領 1명 隊官 4명, 별군관 4명, 서기 3명이 있었다.(『兩湖右先鋒日記』前壯衛營出陣軍案)

39 스즈키 소위의 일본군 병력이 100명인 것은 『公山剿匪記』「利仁之役」과 『甲午軍政實記』 10월 26일 기록에서 확인된다.

40 具完喜, 『公山剿匪記』「利仁之役」, "日已向晚 忽見令旗 遂卽回軍 日兵在前 經理兵在中 巡營兵在後 可惜監司不諳兵事 忽聞虛傳 遽送令旗 招還臨陣之兵" 선봉 이규태는 충청감사가 이인에 나간 병력을 소환한 것을 애석하다고 하였다.

41 신영우, 「충청감사와 갑오년의 충청도 상황」, 『동학학보』 64, 2015.

42 『侍天敎宗繹史』. 이용구의 활약을 주로 소개한 이 기록에 다음과 같은 내용이 있다. "이인역에 이르러 경병 감영병과 더불어 옥녀봉에서 싸워 경병이 패주하였다."

43 『駐韓日本公使館記錄』 3권 八. 和文電報往復控 追加 (252) 모젤총 탄약을 朝鮮軍隊에게 내여하는 件. "전에 우리 군대가 朝鮮에서 입수하여 지금 龍山에디 빼앗아 놓은 모젤총의 탄약 3만 발을 조선 군대에 대여해야 하기 때문에 신속하게 公州에 있는 森尾 大尉에게 보내고 싶으므로 그 보내는 방법을 급히 조치하기 바람. 그리고 그 탄약은 이쪽의 형편도 있으므로 그쪽에서 우리 군대로부터 조선 군대에게 빌려주도록 명령해주기 바람."

44 효포 공격 결정은 남접농민군과 북접농민군이 사전 협의대로 협공을 의미하는 것으로도 보이지만 관련 자료가 확인되지 않는다.

45 具完喜, 『公山剿匪記』「孝浦之戰」. 이하 효포전투 관련 인용문은 이 자료를 참고했다.

46 『駐韓日本公使館記錄』 1권, 七. 各地東學黨征討에 관한 諸報告 (2) 公州附近 戰鬪詳報

47 『동학사』.

48 『巡撫先鋒陣謄錄』 1894년 11월 26일자. 순무영 별군관 최일환이 11월 16일 靑山 朱城面 松峴에서 체포한 9명을 문초해서 '10월 25일 公州 孝浦敗敵'이라고 확인하였다. 이를 통해 공주공방전에 참여한 북접농민군이 효포전투에도 가담한 것을 알 수 있다.

49 『甲午軍政實記』 1894년 11월 8일.

50 「兩湖巡撫先鋒將李公墓碑銘幷序」.

51 具完喜, 『公山剿匪記』「牛金峙之師」.

52 『駐韓日本公使館記錄』 1권, 七. 各地東學黨征討에 관한 諸報告 (2) 公州附近 戰鬪詳報.

53 『侍天敎宗繹史』; 『東學史』; 『李鍾勳先生手記』; 『東學道宗繹史』 第十二章 甲午東學黨革命及日淸戰役.

54 『全琫準供招』初招問目 "故二次接戰後 萬餘名軍兵点考則 所餘者不過三千餘名 其後 又二次接戰後点考則 不過五百餘名 故敗走至金構 更爲招募 數爻稍增 無記律更開戰極 難矣 然日兵隨後 故二次接戰矣 敗走其各解散"

55 『巡撫先鋒陣謄錄』, 1894년 11월 10일.

56 『駐韓日本公使館記錄』6권, 二. 各地東學黨 征討에 관한 諸報告 (2) 東學黨 征討略記

57 『駐韓日本公使館記錄』1권, 七. 各地東學黨 征討에 관한 諸報告 (7) 連山附近 戰鬪詳報.

58 이노우에 가츠오(신영우 역),「자료 발굴- 어느 일청전쟁(日淸戰爭) 전사자의 비석으로부터-동학농민군 토멸부대의 비문을 둘러싸고-」『동학학보』23, 2011. 비문은 다음과 같다. "육군보병 상등卒, 스기노씨, 통칭 도라키치, 아와인이다. 대대로 아와군 가가미 마을(香美里)에 살았다. 어렸을 때부터 학문을 좋아하고 인품은 온화하고 후덕했다. 성장하여 농업 및 상업으로 생계를 꾸려갔다. 아버지의 이름은 이소지(磯治)이고, 그의 2남이다. 아나부키촌(穴吹村) 스미토모(住友)의 장녀를 아내로 맞이하였으나 뒤를 이을 아들은 얻지 못했다. 메이지 27년 갑오년 조선에서 소요로 봉기가 있어 난이 일어나 왕성에 들이닥쳤다. 우리 천황폐하는 이에 수만의 군대를 보냈다. 충청도 연산현에서 이들을 토벌하려고 했을 때 후비보병 제19대대에 있으면서 대치상태가 유린되어 폭적(暴敵)들이 사방에서 들이닥쳤다. 총탄이 천둥과 번개와 같이 쏟아졌다. 검은 연기가 땅에 깔려서 지척을 알아 볼 수 없었다. 이해 12월 10일, 총탄이 아래턱을 관통하여 끝내 운명하였다. 오호 애석하도다. 청국 정벌의 10전 10승하는 날은 누리지 못했다. 그러나 명성은 천년까지 전해질 것이다. 나이는 38세였다. 새기어 말한다. 마침 정전(征戰)에 참가해서 일신을 드러내어 용맹한 싸움으로 귀신을 놀라게 하였다."

59 이밖에 병사(病死)한 병사가 2명이 나왔다.(『駐韓日本公使館記錄』6권, 二. 各地東學黨 征討에 관한 諸報告 〈제1권 제7장의 후반부〉 (6) 東學黨 征討 功勞者에 대한 論功建議의 件.)

60 『駐韓日本公使館記錄』1권, 七. 各地東學黨 征討에 관한 諸報告 (8) 論山附近 戰鬪詳報.

61 신영우,「양호도순무영 지휘부와 일본군 간의 갈등」,『군사』81, 2011.

62 『巡撫先鋒陣謄錄』1894년 11월 17일.

63 『兩湖右先鋒日記』. 이두황은 공주로 바로 오지 않고 충청 병사의 지시에 따라 목천 세성산전투을 치른 뒤에 해미전투를 하고 그 다음에 남하해서 논산으로 왔다.

64 『巡撫先鋒陣謄錄』1894년 11월 17일;『兩湖右先鋒日記』11월 17일.

65 『承政院日記』1894년 11월 25일.

66 『均菴丈 林東豪氏 略歷』.

67 『駐韓日本公使館記錄』1권, 四. 東學黨에 關한 件 附巡查派遣의 件 一 (12) 全州近地

東學黨의 官庫物品奪取에 관한 報告 2) 行全羅道觀察使 兼都巡察使 親軍武 南營外使 爲膽移事. "이달 10일 도착한 태인현감 홍면주(洪冕周)의 첩보에, '본현의 공형들이 말하기를, 동학괴수 전봉준의 전통문에 지금 이런 거사는 몹시 커서 비용이 많이 들므로 공곡(公穀)과 공전(公錢)을 이용해야 하겠으니 군량미 300석과 동전 2,000냥을 밤사이 금구 원평의 도회소로 수송하기 바란다고 되어 있다.'고 합니다. 본 읍의 마을 앞 어울가에 모인 동학도들의 전통문에도, '군기고에 있는 화약·탄환·창과 포 등을 하나도 빠짐없이 대도소로 수송하기 바란다.'고 되어 있습니다. 그리고 14일 도착한 김제군수 윤필구(尹泌求)의 첩정에는, '본군의 공형들이 금구 원평에 있는 동도회소의 전통을 보니 군수의 비용이 매우 긴급하므로 본읍의 군목 20동을 행군소로 수송하기 바란다고 되어 있다.'고 합니다.

68 『巡撫先鋒陣謄錄』, 1894년 11월 26일.

69 『巡撫先鋒陣謄錄』, 1894년 11월 26일. "遣所奪軍物則 回龍銃十柄 鳥銃六十柄 鉛丸七石 火藥五樻 子砲十坐 刀鎗二百柄 米五百石 錢三千兩 木十同 牛二隻 馬十一匹 鍊牛皮十張 虎皮一令 並屬日本大隊陣"

70 『巡撫先鋒陣謄錄』, 1894년 11월 30일.

71 『兩湖右先鋒日記』 11월 26일. "又分隊官一員敎長一員兵丁一百四十名 派送金溝泰仁等地"

72 『巡撫先鋒陣謄錄』 12월 2일.

73 『兩湖右先鋒日記』 11월 29일.

74 『巡撫使呈報牒』 其八十五.

75 『巡撫先鋒陣謄錄』 11월 30일. "비류들이 다시 진을 치고 井邑 등지로 전진한다"고 합니다. 이 때문에 그 다음 날 29일 진시 경 일본군 각 부대와 더불어 한꺼번에 출발하여 30리를 가서 井邑縣 前店에 도착했습니다. 그러나 비류는 이미 도망하여 끝내 자취가 없었기 때문에 20리를 더 전진해서 정읍현 中興里에 도착하여 유숙하였으며, 일본병사는 川原站에서 나누어 주둔하였습니다."

76 신영우, 「북접농민군의 충청도 귀환과 영동 용산전투」, 『동학학보』 24, 2012. 이하 북접농민군의 북상과 용산전투에 관해서는 이 논문을 참고했다.

77 慶尙監營 編, 『嶠南隨錄』(국사편찬위원회, 『各司謄錄』 v.50 경상도 보유편 2) 甲午十二月 日 領官崔處圭行軍下記.

78 이진영, 「전라도 무주지역의 동학농민혁명 전개양상」, 『동학연구』 12집, 2002.

79 『甲午軍政實記』 8책, 12월 13일. "호남의 비류 수만 명이 무주에서 7일 옥천에 도착하여 영동으로 들어가려 한다고 합니다."

80 위 자료, 8책, 12월 19일.

81 『駐韓日本公使館記錄』 3권, 五. 軍事關係一件 (31) 忠北地方 東學徒討伐에 관한 보고.

82 신영우, 「1894년 일본군 철로실측대 호위병과 충청도의 동학농민군 진압」, 『충북학』 15, 2013.

83 『駐韓日本公使館記錄』6권, 二. 各地東學黨 征討에 관한 諸報告, 〈제1권 제7장의 후반부〉 (4) 鍾谷附近 戰鬪詳報.

84 『均菴丈 林東豪氏 略歷』

85 『甲午軍政實記』8책, 12월 21일.

86 『甲午軍政實記』8책, 12월 13일. "청산과 회덕의 동도들이 관장(官長)의 비호를 믿고서는 예전의 습성이 재발하여 밖으로는 남비(南匪)를 부르고, 안으로는 사통(私通)을 일삼는다고 합니다."

87 『均菴丈 林東豪氏 略歷』.

88 『輿地勝覺增修 永同縣』, 山川.

89 신영우, 「북접농민군의 충청도 귀환과 영동 용산전투」, 『동학학보』 24, 2012.

90 『兩湖右先鋒日記』1894년 10월 15일, 16일.

91 『甲午軍政實記』9책, 12월 13일.

92 『甲午軍政實記』9책, 12월 18일.

93 『討匪大略』12월 10일.

94 신영우, 「1894년 영남 상주의 농민군과 소모영」, 『동방학지』 51, 52, 1986.

95 『討匪大略』12월 11일, 12일.

96 『甲午軍政實記』12월 21일.

97 『甲午軍政實記』9책, 12월 18일.

98 북접농민군 참여자가 전해주는 용산전투의 내용은 단편적이기 때문에 전체 과정은 양호순무영에 올린 보고문서와 상주유격장 김석중의 진압기록을 통해 정리하게 된다.

99 『討匪大略』1894년 12월 12일.

100 신영우, 「1894년 일본군 철로실측대 호위병과 충청도의 동학농민군 진압」, 『충북학』 15, 2013.

101 『討匪大略』1894년 12월 15일. "오후에 細作이 보고하기를, '적의 무리가 청산에 주둔해 있고, 거괴는 동헌에 유숙하며, 나머지는 모두 각 관청 건물에 모여 있습니다.'라고 하였다."

102 『全琫準供招』, 「初招問目」.

103 「JACAR(アジア歷史資料センター)Ref.C06061237800, 明治27年自 9月 24日至 11月 1日 「臨着書類綴 庶」(防衛省防衛研究所)'10.23 臨着928号 陸軍大臣西鄕從道発 参謀総長熾仁親王宛 後備歩兵第18大隊携帯銃交換の義に協議の趣了承'

104 충북대 호서문화연구소, 『보은 종곡 동학유적』 13~15, 「3. 영동 용산싸움 관계의 조사」, 1993.

1) 국가보훈처, 독립유공자공훈록(http://www.mpva.go.kr/narasarang/gonghun_list. asp). 영동 출신 독립유공자의 운동계열은 3 · 1운동에 편중되어 다양하지는 못하다.

계열	3.1운동	의병	국내항일	만주방면	계몽운동	임시정부	학생운동	광복군	인니방면	계
인원	37	8	8	4	1	1	1	1	1	62

2) 姜浩出, 「植民地時代 忠北永同地域 農民運動研究」, 『史叢』 제39집, 고려대 사학회, 1991, 69~104쪽.

3) 장승순, 「1920년대 전반기 충북 영동 지역의 청년운동」, 『역사와 담론』 68, 호서사학회, 2013, 101~148쪽.

4) 『暴徒史編輯資料』, 忠淸北道編(독립운동사편찬위원회, 『독립운동사자료집』 제3집, 540~544쪽).

5) LH 토지주택박물관, 『陣中日誌』Ⅰ, 2010, 242~243쪽.

6) 『陣中日誌』Ⅰ, 246~247쪽.

7) 『陣中日誌』Ⅰ, 281쪽.

8) 『陣中日誌』Ⅰ, 286쪽.

9) 度接 第2510號, 「報告(黃澗郡守→度支部 大臣)」, 1907. 12. 16, 『報告書綴』.

10) 국사편찬위원회, 「火賊 出沒에 관한 件」, 『한국독립운동사자료집』 제8권, 1979. 이 자료는 조선통감부 경무국의 『暴徒에 關한 編冊』을 번역한 자료인데, 본고에서는 이 자료를 인용하기로 한다.

11) 「鑑定書」, 『한국독립운동사자료집』 제13권, 1984.

12) 「左記孫德三」, 『한국독립운동사자료집』 제13권, 1984.

13) 「暴徒 偵察에 關한 件 報告」, 『한국독립운동사자료집』 제13권, 1984.

14) 「暴徒 來襲에 關한 件 報告의 件」, 『한국독립운동사자료집』 제13권, 1984.

15) 「暴徒 逮捕에 關한 件」, 『한국독립운동사자료집』 제14권, 1985.

16) 「逃走 暴徒 銃殺 及 逮捕에 關한 件」, 『한국독립운동사자료집』 제14권, 1985.

17) 「暴徒 首魁 逮捕의 件」, 『한국독립운동사자료집』 제14권, 1985. 체포된 의병은 金與西(41, 서이면 당현), 李德賢(28, 양남면 철동), 南正淳(30, 양남면 철동), 李萬英(36, 양내면 삼정리), 全基西(25, 양남면 공암리) 등 5인이었다.

18) 金平根(40, 영동군 서이면 기계리)은 1907년 거의한 장운식 의진에 합류하여 閔漢植 등과 함께 옥천과 금산 일원을 무대로 군수품 모집을 수행하였다(『독립유공자공훈록』 참조)

19) 「暴徒에 關한 情報」, 『한국독립운동사자료집』 제15권, 1986.

20) 「趙錫祐 등 재판관결문」(공주지방법원 청주지청, 1909. 9. 23 및 경성공소원 1909. 11. 15). 12인 중 조석우 · 장군선 · 조덕장은 경성공소원에 공소하였으나, 流刑에서

징역형으로 바뀌었다. 일제는 '首魁 趙錫祐'를 체포한 결과, 9월 이후 충북의 의병이 감소하였다고 보고할 정도로 이들을 위험시하였다(「暴徒狀況月報」).

21) 충청북도경찰부가 작성한 「폭도피아조사표」에 의하면 8월의 경우 영동경찰서 관할은 의병 내습이 18회로 충주(7회), 제천(6회), 청주(4회)보다 많았고, 9월의 경우도 8회로 제천(5회), 충주(4회), 청주(3회) 보다 많았다.

22) 「暴徒 來襲의 件」, 『한국독립운동사자료집』 제15권, 1986.

23) 「康伊奉判決文」(광주지방재판소전주지부, 1910. 2. 4).

24) 朝憲警乙 第1330號, 1909. 10. 5 「伊院驛暴徒ニ來襲ノ件詳報」(韓國駐箚憲兵隊長 → 警務局長)

25) 「暴徒襲來 및 逃走에 關한 調査와 그 狀況」, 『한국독립운동사자료집』 제16권, 1987.

26) 「忠淸北道警察部長報告」, 『한국독립운동사자료집』 제15권, 1986.

27) 「七月 暴徒 狀況 月報」, 『한국독립운동사자료집』 제18권, 1989.

28) 朴杰淳, 「義兵將 韓鳳洙의 抗日鬪爭」, 『한국독립운동사연구』 제10집, 1996, 282~285쪽.

29) 『皇城新聞』 1906. 11. 16, 「德明學校刱立」. 덕명학교는 자료가 없어 학교 설립 이외의 사실은 알 수 없다. 다만, 반민특위에 회부된 孫在廈(당시 62세, 영동읍 계산리 664)의 기록에 사립 덕명학교 2년 수료로 되어 있다(『반민특위조사기록』).

30) 『皇城新聞』 1909. 4. 18, 「永同開進」.

31) 『皇城新聞』 1910. 2. 13, 「稽山罷霧」.

32) 『大韓每日申報』 1909. 1. 27, 「야학과 부설」.

33) 畿湖興學會, 「本會記事」, 『畿湖興學會月報』 제1호, 47쪽.

34) 畿湖興學會, 「會中記事」, 『畿湖興學會月報』 제6호, 1909. 1, 52쪽.

35) 畿湖興學會, 「本會記事」, 『畿湖興學會月報』 제1호, 55쪽. 설립 당시 청주군지회 회원은 尹泰興 등 40명으로 청주군 일원의 개화 지식인이 망라되었다.

36) 영동군지회 설립일자를 1909년 12월 10일을 전후한 시기로 판단하는 것은, 『皇城新聞』 12월 8일자에 영동군지회가 발기되었다고 하고, 12월 12일자에 설립되었다고 보도하였기 때문이다.

37) 『皇城新聞』 1909. 12. 3, 「勸獎委員派送」.

38) 『皇城新聞』 1909. 12. 8, 「永郡喜信」.

39) 『皇城新聞』 1909. 12. 12, 「熱心其人」.

40) 『皇城新聞』 1909. 12. 24, 「何沮學校」.

41) 박걸순, 「옥천 근대의 기억과 독립운동가」, 『중원문화연구』 제24집, 충북대학교 중원문화연구소, 2016, 8~9쪽.

42) 『皇城新聞』 1910. 1. 12, 「學生決心」.

43) 『朝鮮總督府職員錄』(1919) 및 『東亞日報』 1925년 4월 1일자, 『時代日報』 1925년 11

월 20일자.

44) 『大韓每日申報』 1910. 5. 6.

45) 金炯睦, 「한말 충북지방의 사립학교설립운동」, 『한국근현대사연구』 제23집, 2002, 33~56쪽.

46) 『大韓每日申報』 1907년 3월 8일 「忠淸北道沃川郡國債報償斷煙義務會趣旨書」.

47) 『皇城新聞』 1907. 3. 18, 「發義寄函」. 그런데 이 기사에 계속되는 전북 금산군 국채보상운동 기사를 영동군 국채보상운동으로 잘못 기술한 논문이 있다(김형목, 「충북지역 국채보상운동의 지역운동사상 의의」, 『한국민족운동사연구』 69, 2014, 50쪽 및 「한말 충북지역의 국권회복운동」, 『역사와 담론』 68, 2013, 24쪽).

48) 『大韓每日申報』 1907년 3월 23일, 「忠淸北道永同郡國債報償運動趣旨書」.

49) 조동걸, 「獨立運動史연구의 回顧와 課題」, 『韓國近代史의 試鍊과 反省』, 지식산업사, 1989, 245쪽.

50) 대한민국임시정부, 『한일관계사료집』, 1919(국사편찬위원회, 『대한민국임시정부자료집』 7, 2005, 731쪽)

51) 박걸순, 「大韓民國臨時政府 편찬 『韓日關係史料集』의 史學史的 의의」, 『대한민국임시정부수립80주년기념논문집』, 국가보훈처, 1999(『식민지시기의 역사학과 역사인식』, 경인문화사, 2004 재수록).

52) 朴殷植, 『韓國獨立運動之血史』, 維新社, 1920, 35쪽(『백암박은식전집』 제2권, 동방미디어, 2002, 175쪽).

53) 金秉祚, 『韓國獨立運動史略 上篇』, 선민사, 1920, 74, 136쪽.

54) 박걸순, 「충북지역 3·1운동의 전개 양상과 성격」, 『충북의 독립운동과 독립운동가』, 국학자료원, 2012, 27~29쪽.

55) 警務總監部, 憲兵隊司令官 報告, 「五月十日騷擾事件報告 臨時報第十二」, 1919. 5. 10(金正明編, 『朝鮮獨立運動』 第Ⅰ卷, 原書房, 1967, 703~749쪽).

56) 200명의 오류이다(각주 76 참조).

57) 朝副第941號, 朝鮮軍司令官 → 陸軍大臣, 1919. 9. 29, 『朝鮮騷擾に於ける死傷數の報告』(金正明編, 『朝鮮獨立運動』 第Ⅰ卷 分冊, 95~104쪽). 충북의 군대 출동과 발포 현황을 정리하면 다음과 같다.

날짜	지역	출동부대	출동병력	군중 사망	군중 부상	일제 피해
3. 27	이원	보병 80연대	하사 이하 5	1	1	
4. 3	광혜원	보병 79연대	상등병 이하 5	4	7	
4. 3	학산 시산	보병 80연대	하사 이하 5		5	
4. 3	청산	보병 80연대	하사 이하 6	2	5	
4. 4	영동	보병 80연대	하사 이하 16	7	12	
4. 10	괴산 광덕	보병 79연대	하사 이하 2	1		
4. 17	제천	파보 71연대	하사 이하 23	1		

58) 4월 4일 영동읍 시위에 참여하였던 인물은 「신분장지문원지」에서, 4월 16일 학산면 시위에 참가하였던 인물은 「형사사건부」 등에서 수형 사실이 확인되었다.

59) 李龍洛,『三・一運動實錄』, 1965 및 독립운동사편찬위원회,『독립운동사』 제3권, 1972.

60) 李太浩(1956년생, 가곡 2리 거주, 李光然의 증손, 인천이씨 대사성공파 총무) 면담.

61) 이 날짜에 대해 일제의 보고는 3월 29일, 또는 3월 30일로 상위하게 기록하고 있다. 또한 우리의 자료도『3・1운동실록』에는 3월 29일,『독립운동사』에는 3월 30일로 다르게 기록하고 있는데, 어느 날이 맞는지는 알 수 없다.

62) 李龍洛,『三・一運動實錄』, 497~499쪽. 이 기록은 참여자 중 李鎭國이 생존하여 증언한 내용을 토대로 정리한 것이기에 신빙성이 있다.

63) 大正 8年 刑上第878號, 「李采然 등 5인의 판결문」(고등법원, 1919. 10. 13).

64) 「李建陽 판결문(공주지방법원, 1920. 3. 15)」.

65) 「鄭海容 판결문(공주지방법원, 1919. 12. 15 및 경성복심법원, 1920. 1. 14)」,「全萬杓 판결문(공주지방법원, 1920. 6. 8)」. 학산면장 여규원은 전술한 광홍강습소 졸업생이다.

66) 「梁鳳植 판결문(경성복심법원, 1919. 7. 11)」.

67) 電報, 朝鮮憲兵隊司令官 → 陸軍大臣, 1919. 4. 6(金正明編,『朝鮮獨立運動』第Ⅰ卷, 515쪽).

68) 조선헌병대사령부, 1919,『朝鮮騷擾事件狀況』(독립운동사편찬위원회,『독립운동사 자료집』제6권, 535쪽).

69) 조선헌병대사령부, 1919,『朝鮮騷擾事件狀況』(독립운동사편찬위원회,『독립운동사 자료집』제6권, 815~816쪽)

70) 『독립유공자공훈록』(http://www.mpva.go.kr/narasarang/gonghun_view.asp).

71) 충북헌병대사령부가 3・1운동 당시 충북 지역민이 '국비로 해야 할 공사의 부역을 인민에게 부과하는 일'과 '민정을 조사하지 않고 일률적으로 산업장려를 한 일' 등을 식민통치에 대한 불만사항으로 파악한 일은 이 시위와 관련된 것으로 보인다(독립운동사편찬위원회,『독립운동사자료집』제6집, 760~761쪽).

72) 독립운동사편찬위원회,『독립운동사』제3권, 94~95쪽.

73) 高第10371號, 1919. 4. 6, 「極秘 獨立運動に關する件(第三十九報)」(金正明編,『朝鮮獨立運動』第Ⅰ卷, 518쪽).

74) 高第10460號, 1919. 4. 7, 「極秘 獨立運動に關する件(第四十報)」(金正明編,『朝鮮獨立運動』第Ⅰ卷, 522쪽).

75) 「林奉春 등 8인 판결문(1919. 5. 31 경성복심법원 및 7. 5 고등법원)」. 그러나 지방법원 판결문이 남아 있지 않아 형량을 알 수는 없다.

76) 괴목 시위 군중 숫자에 대해서는 일제의 기록에 따라 편차가 매우 크다. 일제의 전보

보고에는 2,000명으로(앞의 朝鮮憲兵隊司令官 → 陸軍大臣 보고 전보, 1919. 4. 6), 朴
中玉 등의 판결문(1919. 7. 10 경성복심법원)에는 200명으로 되어 있다. 그러나 이곳
은 군중이 2천명이나 모일 조건이 되지 못하고, 또한 현장에 주민들이 세운 「괴목골유
래비」(1996)에도 2백 명으로 기록하고 있어 전보 보고가 오류로 여겨진다.

77) 「朴中玉 등의 판결문(1919. 7. 10 경성복심법원 및 1919. 9. 4 고등법원)」.

78) 독립운동사편찬위원회, 『독립운동사』 제3권, 91~92쪽. 그러데 일제는 사망 1명, 부상
1명으로 보고하였다(金正明編, 『朝鮮獨立運動』 第 I 卷, 514쪽).

79) 이들 3인은 「신문장지문원지」(경찰청)가 확인되어 포상될 수 있었다. 현재 영동읍 중
심지에 건립된 「3 · 1운동기념비」(동아일보사, 1972)와 국가보훈처가 세운 현충시설
설명문에도 오류가 많다.

80) 『東亞日報』 1922. 2. 7.

81) 장승순, 「1920년대 전반기 충북 영동 지역의 청년운동」, 106~109쪽.

82) 『東亞日報』 1922. 4. 4.

83) 『東亞日報』 1923. 5. 9.

84) 『東亞日報』 1923. 7. 26.

85) 영동청년회 간부의 주요 경력에 대해서는 장승순, 「1920년대 전반기 충북 영동 지역
의 청년운동」, 110쪽 참조.

86) 『東亞日報』 1923. 2. 3.

87) 전명혁, 『1920년대 한국사회주의운동연구』, 선인, 2007, 149쪽.

88) 「張俊 등 재판판결문」(경성복심법원, 1934. 7. 20).

89) 『時代日報』 1926. 5. 20.

90) 『時代日報』 1926. 6. 13.

91) 『中外日報』 1927. 8. 31 및 『東亞日報』 1923. 2. 3.

92) 「張俊 등 재판판결문」(경성복심법원, 1928. 6. 20).

93) 『中外日報』 1927. 8. 31.

94) 『東亞日報』 1928. 2. 22. 이들의 공판에는 유정현 · 김병로 · 임창수 변호사가 무료 변
론에 나섰다(『中外日報』 1928. 2. 3).

95) 『中外日報』 1928. 2. 24.

96) 「張俊 등 재판판결문」(경성복심법원, 1928. 6. 20).

97) 姜德相編, 『現代史資料』 29, みすず書房, 1972, 101쪽.

98) 『中外日報』 1929. 2. 19.

99) 장준은 1930년 4월 1일 영동농민조합 집행위원장에 선임되었다(『東亞日報』 1930. 4.
6).

100) 김태수는 영동보통학교와 경성보성고등학교를 졸업하고 귀향하여 영신학술강습회
와 계원학원 교사, 신문사 기자 등을 지냈다. 1926년 영동청년회에 가입하였고, 이후

영동청년연맹과 동맹을 주도하였고, 영동농민조합사건으로 옥고를 치렀다. 그와 함께 활동한 金斗洙는 친형이다「張俊 등 재판판결문」(경성복심법원, 1934. 7. 20)].

101) 京鍾警高秘 第5388號, 1929. 4. 30,「朝鮮靑年總同盟執行委員懇談會に關する件」(鍾路警察署長 → 京城地方法院檢事正),『思想에 關한 情報綴』제7책.

102)『東亞日報』1930. 4. 14. 황간지부는 손순홍을 위원장으로 하고, 신봉수 · 김완수 · 김○태 · 방영준 · 김길환 · 이영화 · 추교경이 집행위원으로 활동하였다.

103)『東亞日報』1930. 9. 13. 용화지부는 이상용을 위원장으로, 이인승 · 이재영 · 정원근 · 김종원 · 송석하 · 김복연 · 김충근을 집행위원으로, 서광명과 강성희를 후보로 선임하였다.

104)『中外日報』1930. 5. 30.

105)『東亞日報』1930. 12. 15.

106)『東亞日報』1930. 10. 16.

107)『中外日報』1930. 5. 25.

108)『中外日報』1930. 9. 12.

109)『東亞日報』1930. 2. 17.

110)『朝鮮日報』1927. 6. 21. 설립준비위원은 최지한 · 김행하 · 김극수 · 이상하 · 장준 · 정환수였다.

111)『朝鮮日報』1930. 1. 7일 및 1. 10일. 촉성위원은 김태수 · 김용각 · 윤도용 · 한복열 · 김완수 · 김극수 · 정국래 · 최지한 · 이창재 · 장준 · 정완근 · 배복성 등이었다.

112)『朝鮮日報』1930. 2. 20.

113) 이균영,『신간회연구』, 역사와 비평사, 1993, 625~626쪽.

114)『東亞日報』1932. 1. 19.

115)『中央日報』1931. 11. 16.

116) 장준은 조선소작인상조회는 귀족계급이고 대지주인 송병준이 회장으로 있기 때문에 신임할 수 없다며, 독자적인 상조회를 만들 것을 제안하여 동의를 얻었다(『東亞日報』1923. 2. 3).

117)『東亞日報』1923. 2. 3.

118)『東亞日報』1923. 2. 26.

119)『東亞日報』1923. 8. 25.

120)『東亞日報』1923. 3. 19.

121)『東亞日報』1923. 4. 18.

122)『東亞日報』1923. 9. 6 및『朝鮮日報』1923. 9. 3.

123)『東亞日報』1923. 9. 9.

124) 姜浩出,「植民地時代 忠北永同地域 農民運動研究」, 85쪽.

125)『東亞日報』1924. 3. 18.

126) 京鍾警高秘 第4409호의 5號, 1924. 4. 19, 「朝鮮勞農總同盟發起會件」(鍾路警察署長 → 京城地方法院檢事正), 『檢察行政事務에 關한 記錄』I .

127) 金極洙, 「과거 일년 제현상」, 『時代日報』1926. 1. 8. 김극수는 시대일보 영동지국에 근무하고 있었다.

128) 「張俊 등 재판판결문」(경성복심법원, 1934. 7. 20).

129) 『中外日報』1930. 2. 18, 社說 「集會禁止問題」 및 『東亞日報』1930. 2. 17.

130) 『中外日報』1930. 4. 4, 『東亞日報』1930. 4. 6.

131) 『中外日報』1930. 5. 22.

132) 『朝鮮日報』1931. 4. 21.

133) 『朝鮮日報』1931. 4. 10. 영동은 목화의 특산지로서 농민의 주된 소득원이었다. 그러나 이해 목화 값 폭락으로 영동 농민들이 곤경에 처하기도 하였다(『中央日報』1931. 12. 16).

134) 「張俊 등 재판판결문」(경성복심법원, 1934. 7. 20).

135) 『中央日報』1932. 1. 19.

136) 「張俊 등 재판판결문」(경성복심법원, 1934. 7. 20).

137) 『中央日報』1932. 2. 25, 2. 29 및 『東亞日報』1932. 2. 25.

138) 『東亞日報』1932. 8. 5.

139) 『東亞日報』1933. 1. 3.

140) 『中央日報』1933. 3. 2, 『朝鮮中央日報』1933. 3. 14, 『東亞日報』1933. 3. 18.

141) 『東亞日報』1933. 4. 1.

142) 『朝鮮中央日報』1933. 6. 16.

143) 장준이 공소하지 않은 것은 구형(4년)에 비해 징역형이 절반인 2년형으로 감경되었을 뿐만 아니라, 집행유예에 처분되었기 때문으로 보인다. 이에 검사가 승복하지 않고 장준을 공소한 것이다.

144) 『東亞日報』1934. 7. 7.

145) 『朝鮮中央日報』1934. 7. 21.

146) 「張俊 등 재판판결문」(경성복심법원, 1934. 7. 20). 이들은 모두 서대문형무소에서 옥고를 치렀다.

147) 朝鮮總督府 高等法院 檢事局 思想部, 『思想月報』제3권 1호, 1933. 4. 1.

영동 동학농민혁명에 대한 인문지리학적 고찰 / 조극훈

1 특히 동학학회는 충청도 보은과 예산, 그리고 청주 지역의 동학농민혁명 관련 학술대회를 개최하고 그 연구 성과를 단행본으로 출간하였다. 이는 충청도 지역의 동학혁명에 관한 체계적인 연구 성과로서 그 의의가 크다. 단행본은 다음과 같다. 동학학회,

『충청도 청주 동학농민혁명』(서울: 모시는사람들, 2017). 동학학회, 『충청도 예산 동학농민혁명』(서울: 모시는사람들, 2014), 동학학회, 『동학의 글로컬리제이션: 보은 장내리 동학집회의 종합연구와 전망』(2013년 보은 장내리 동학집회 120주년 기념 국제학술대회, 2013).

2 한국지역지리학회 엮음, 『인문지리학개론』(파주: 한울, 2008), 16-17쪽.

3 위의 책, 51-52쪽.

4 이용균, 「인문지리학 패러다임의 변화에 대한 맥락적 접근의 필요성」, 『문화역사지리』 제18권 제3호, 한국문화역사지리학회, 2006, 100쪽. 토마스 쿤의 패러다임 이론을 인문지리학의 방법론에 적용한 것으로 본 연구에는 주로 의미진술의 해석과 변증법과 담론의 방법을 사용하고자 한다.

5 이상석, 「인문지리학의 인식론에 관한 연구」, 『용봉인문논총』 제19권, 전남대학교 인문학연구소, 1990, 15쪽.

6 영동군(http://www.yd21.go.kr/html/kr/intro/intro_050101.html).

7 신영우, 「북접농민군이 충청도 귀환과 영동 용산전투」, 『동학학보』 제24호, 동학학회, 2012, 262-263쪽 참조.

8 한국학중앙연구원, 한국민족문화대백과사전(http://encykorea.aks.ac.kr/).

9 같은 곳.

10 안외순, 「인문지리학적 관점에서 본 내포정신의 형성 과정」, 『동학학보』 제29호, 동학학회, 2013, 267쪽.

11 영동군(http://www.yd21.go.kr/html/kr/intro/intro_050101.html).

12 한국학중앙연구원, 한국민족문화대백과사전(http://encykorea.aks.ac.kr/).

13 박정련, 「현대적 관점에서 본 난계 박연의 음악관」, 『민족문화논총』 43, 영남대학교 인문학연구소, 2009, 701쪽.

14 위의 논문, 697쪽.

15 이석주, 「난계 박연의 악론」, 『한국사상과 문화』 제71집, 한국사상문화학회, 2014, 201쪽.

16 박정련, 앞의 논문, 698쪽.

17 위의 논문, 711쪽.

18 이석주, 앞의 논문, 209쪽.

19 채길순, 「동학농민혁명 현장을 찾아(12)-영동편」, 충청일보, 2007.05.27, news@ccdailynews.com

20 죄인을 곤장 100대에 삼천 리 밖으로 유배 보내던 형벌을 이르던 말로 조선시대에는 유형가운데 가장 무서운 형벌로 알려져 있다. 조선 시대 형사 법규에 관한 내용은 『대명률(大明律)』과 『경국대전(經國大典)』에 기록되어 있다. 조선시대 형벌은 태형(笞刑), 장형(杖刑), 도형(徒刑: 강제노동형), 유형(流刑), 사형(死刑) 등 5형을 부과했다.

장형은 큰 형장으로 치는 것을 말하고, 유형은 죽을 때까지 돌아오지 못한 형벌로, 거리에 따라 3등급으로 나누고 1000리부터 3000리까지 두었다.(김택,「조선시대 형사정책(刑事政策)에 관한 연구」,『한국행정학회 2013년 춘계학술발표논문집』, 한국행정학회, 2013. 1745-1746쪽.)

21 동학농민혁명기념재단(http://www.1894.or.kr/main_kor/)에 게시된 동학농민혁명 참여자 3644명(2018. 5 현재) 중 충청도 영동 지역 참여자 명단을 정리한 것이다.

22 채길순,「동학농민혁명 현장을 찾아(12)-영동편」, 충청일보, 2007.05.27, news@ccdailynews.com

23 신영우, 앞의 논문, 259쪽.

24 신복룡,『동학사상과 갑오농민혁명』, 서울: 평민사, 1985, 358쪽.

25 이이화,「동학농민혁명과 충북, 그리고 그 정신」,『충북학』 5권, 충북연구원, 2003, 14쪽.

26 신영우, 앞의 논문, 268쪽.

27 『해월신사법설』,「삼경」.

28 『해월신사법설』,「삼경」.

29 『해월신사법설』,「삼경」.

30 조극훈,「동학문화 콘텐츠 개발을 위한 인문학적 기반 연구」,『동학학보』 제30호, 동학학회, 2014, 293쪽.

31 『해월신사법설』,「대인접물(待人接物)」.

32 박맹수,「동학혁명의 문화사적 의미」,『문학과 사회』 25, 파주: 문학과 지성사, 1994. 291쪽.

33 이이화, 앞의 논문, 7-8쪽.

34 위의 논문, 10쪽.

35 『해월신사법설』,「대인접물(待人接物)」.

36 박정련,「현대적 관점에서 본 난계 박연의 음악관」,『민족문화논총』 43, 영남대학교 인문학연구소, 2009, 704쪽.

37 『해월신사법설』,「대인접물(待人接物)」.

38 glocalization은 'global'과 'local'의 합성어로 1900년대 초 스코틀랜드의 도시계획자인 게드스(P. Geddes)의 "세계적으로 생각하고 지역적으로 행동하라(think globally, and act locally)"라는 표어에서 시작되었다고 한다. 원래는 도시 개발이나 조경 사업에서 사용되었으나, 그 의미가 점점 확대되어 세계와 지역을 동시에 감안하면서 사업을 진행해야 한다는 것으로 사용되고 있다.(김성수,『글로컬문화콘텐츠 전략』(서울; 한국외국어대학교 출판부, 2012), 21-22쪽 참조) glocalization의 번역어로는 '세역화', '세방화', '지구지역화' 등이 사용되고 있지만, 우리말 번역어의 어감이 어색하여 영어 발음 그대로 사용한다.

39 김정현,「글로컬리즘에 대한 철학적 성찰」,『영남대학교 인문과학연구소 학술대회 자료집』, 영남대학교 인문학과학연구소, 2011, 2쪽.

40 최민자,『빅히스토리』(서울: 모시는사람들, 2017), 654쪽.

41 김정현,「글로컬리즘에 대한 철학적 성찰」,『영남대학교 인문과학연구소 학술대회 자료집』, 영남대학교 인문학과학연구소, 2011, 8-12쪽.

42 이병민, 이원호,「글로컬리제이션 시대의 문화변동과 지역발전: 문화콘텐츠를 중심으로」,『한국경제지리학회지』제17권 2호, 한국경제지리학회, 2014, 221쪽 참조.

43 송준,「세계화 대응전략과 지역문화의 중요성」,『한국민속학』58, 한국민속학회, 2013. 219쪽.

44 유동환,「문화콘텐츠 기획과정에서 인문학 가공의 문제」,『인문콘텐츠』제28호, 인문콘텐츠학회, 2013, 62쪽 참조.

45 김동윤,「창조적 문화와 문화콘텐츠의 창발을 위한 인문학적 기반 연구」,『인문콘텐츠』제19호, 인문콘텐츠학회, 2010, 435쪽.

46 이병민, 이원호,「글로컬리제이션 시대의 문화변동과 지역발전: 문화콘텐츠를 중심으로」,『한국경제지리학회지』제17권 2호, 한국경제지리학회, 2014, 222쪽 참조.

영동 지역 동학농민혁명 전개 과정과 역사적 의미 / 채길순

1) 황현(黃玹, 1855~1910, 조선 왕조 말기와 대한제국의 선비로 시인, 문장가, 역사가, 우국지사)이 저술한 책. 19세기 당쟁 세도정치의 폐해, 동학농민전쟁, 일제 침략 항일의 병활동 등 한 시대를 묘파한 사료.

2) 駐韓日本公使館記錄 2권, 二. 京城 · 釜山 · 仁川 · 元山機密來信, (16) [東學黨 鎭撫 件에 관한 具申 l/ 문서번호 機密第25號 / 발신일 1894년 10월 1일 / 발신자 在釜山 總領事 室田義文 / 수신자 特命全權公使 大鳥圭介 / 문서제목 特別報告 (1894년 9월 24일 오후 忠州 兵站司令部에서)

3)『금산피화록(錦山被禍錄)』에는 "3월 초에 기포했다"고 했으며『금산군지(錦山郡誌)』에는 3월8일,『오하기문(梧下記聞)』에는 금(3월) 12일이라 했다.『금산군지』의 3월 8일 기포설의 근거가 분명치 않으나『금산피화록』과『오하기문』의 3월 초라는 점에서 벗어나지 않는다. 지금까지 3월 18일을 전봉준과 손화중이 당산(현 고창군 공음면 구암리 당산)에서 기포한 날짜를 치고 있지만 금산에서 기포한 날짜는 이보다 10일 내지 6일이나 빨랐다. 따라서 최초의 기포지는 고창이 아니라 금산 제원역(濟原驛)과 진산 방축리라 할 수 있다.(표영삼의 〈금산지역 동학혁명운동〉, 교사교리연구 제1호, 포덕 140년 10월)

4) 동학농민혁명기념재단 편역,『동학농민혁명 신국역총서 7』〈갑오군정실기9〉, 167쪽.

5) 답사 과정에서 이 마을 유래비 기초자 손행규(마포리, 69세) 씨로부터 아래와 같은 중

언을 들었다. ① 마을 맨 위 옥녀봉 아래에 대청마루까지 갖춘 '영모당(永慕堂)'이라
는 낡은 초가가 있었는데, 지금 회상해보니 동학도들의 넋을 기리던 집이 아니었나 싶
다. ② 조부모가 해마다 벌초를 하고 밥을 떠놓는 무연고 무덤이 있었다. 당시 조부모
로부터 "남원할아버지 묘"라고 들었다. 이는 "동학농민군이 남원에서 올라왔다가 남
원으로 돌아가지 않고 이 마을에서 홀로 살다가 여생을 마쳤기 때문에 그렇게 부른 듯
하다. ③ 마을 유래비에 대해서는 "외국산 면직물을 유통시키지 말라는 동학농민군의
영향을 받아서인지 주변 마을보다 삼베를 유달리 많이 생산하게 되었고"라 했어야 했
는데, 잘못된 기록이라 정정해줬다. 하지만 필자는 각종 문헌과 마을 유래비 및 증언
을 종합하여 추정컨대, 손 씨들의 집성촌인 이 마을에 외지의 동학농민군이 들어와 은
거했었거나, 마을 사람들이 동학농민군 활동을 했지만 이 사실을 드러내지 않으려는
의도적인 기록으로 보인다. 왜냐하면 상주 소모영장 김석중의 〈토비대략〉에 마포실
에서 동학농민군을 색출하여 포살했다는 문헌 기록이 있고, 마을의 "영모당" 존재가
그렇다. 하지만 여전히 문제가 남는다.

6) 1894년 동학농민전쟁기(1894년 10월 17일·1895년 1월 27일) 경상도 상주(尙州)에서
소모사(召募使)로 활동했던 정의묵(鄭宜默)이 1894년 10월 17일부터 1895년 1월 27일
까지 매일매일 일어난 사건을 기록한 일기.

7) 1894년 10월 16일부터 1895년 1월 25일까지 경상북도(慶尙北道) 상주(尙州) 소모영(召
募營)에서 수발(收發)한 모든 공문서를 날짜별로 전재하고 있는 공문서집(公文書集)
으로 건(乾)·곤(坤) 2책으로 되어 있다. 당시 정부에 의해 소모사로 임명되어 활약한
정의묵(鄭宜默)이 소모영에서 직접 작성하거나 수집해서 정서시켜 둔 필사본들이다.

8) 김석중(金奭中)이 1894년 경상도 상주와 충청도 보은 등지를 중심으로 전개된 보수양
반 측의 동학농민군 토벌 관련 기록.

9) 동학농민혁명기념재단 편역, 『동학농민혁명 신국역총서 7』〈갑오군정실기 8〉, 166쪽.

10) 동학농민혁명기념재단 편역, 『동학농민혁명 신국역총서 8』〈갑오군정실기 8〉, 168
쪽.

11) 〈駐韓日本公使館記錄 2권〉二. 京城·釜山·仁川·元山機密來信 (16) [東學黨 鎭撫 件에
관한 具申], 자료 출처: http://db.history.go.kr/item/level.do?levelId=jh_002r_0020_0160

12) 1. 司法稟報(乙)에서: 17279 司法稟報(乙) 奎17279 제9책 MGO08 동학과 관련된 피
고 崔時亨, 黃萬己, 朴允大, 宋一會의 죄상 및 체포 정황을 알리고 이들에게 적용할⋯.
2. 司法稟報(乙)에서: 17279 司法稟報(乙) 奎17279 제9책 MGO08 피고 崔時亨, 黃萬
己, 宋一會, 朴允大의 선고 내용을 알리는 報告書 제33호. 高等裁判所判事 朱⋯.
3. 法部來文에서: 17762 法部來文 奎17762 제5책 MGO08 피고 崔時亨, 黃萬己, 朴允
大, 宋一會에 대한 판결선고서. 피고 최시형(강원도 원주군 거주, 평민).

13) 충청도 영동(永同) 거주. 농업에 (종사하는) 평민 / 피고 손해창(孫海昌) / 나이 28세 /
우에 기재된 손해창은 영동 지방에서 비괴(匪魁) 강팔석(姜八石)의 지휘에 따라 군기

(軍器)를 탈취하고 전곡(錢穀)을 빼앗았으며, 관정(官庭), 관아이나 마을에서 소요를 일으켜 더욱 혼란스럽게 하여 지방의 안녕을 해친다고 하였다. 그래서 본 아문의 재판소에 잡아와서 특별히 심문을 하였더니, 피고가 해당 지방에서 위의 사건을 제멋대로 저지른 증거가 분명하였다. 그 행위는 대전회통(大典會通)의 추단조(推斷條)에, "군복(軍服)을 입고 말을 타고서 관문(官門)에서 변란을 일으킨 자의 종범(從犯)"의 형률(刑律) 명문(明文)에 비추어 처벌할 것이다. / 위의 이유로 피고 손해창을 장형(杖刑) 100대에 3,000리 밖으로 유배하는 형벌에 처한다.

14) 〈駐韓日本公使館記錄 2권〉二. 京城・釜山・仁川・元山機密來信 (16) [東學黨 鎭撫 件에 관한 具申] 자료출처: http://db.history.go.kr/item/level.do?levelId=jh_002r_0020_0160

문학작품에 나타난 영동 동학농민군 활동 양상 연구 / 김춘옥

1   채길순, 『웃방데기』,(서울: 모시는사람들, 2014).
2   채길순, 『동트는 산맥』,(서울: (주)신인간사, 2001) 저자는 서문에서 "1989년 충청일보에 '동트는 산맥'이라는 제목으로 3년 동안 연재되었고 이를 수정하여 『동학 소설』이라는 제목으로 5권까지 출판하였다. 다시 10년이 지나 처음 제목인 『동트는 산맥』을 찾아 내놓게 됨을 밝혀 둔다"라며 경로를 밝혔다. 전 7권으로 출간했다.
3   동학농민혁명을 주제로 한 소설 중에 충청도 영동이 배경이 된 소설은 채길순의 일부 소설 외에는 찾아보기 힘들다. 대부분 전봉준을 주인공으로, 전라도가 중심이 된 전국적인 동학의 연결망을 그리려 했다. 해월 선생을 다룬 소설에서는 동학군을 조명하기보다 종교인으로서 해월 선생에 초점을 맞추는 경향을 보였다. 이유는 동학농민혁명을 소재로 한 소설이 많은 경우 동학혁명 100주기나 120주기 등에 맞추어 발행된 때문이라 여겨진다.
4   박태원, 『갑오농민전쟁』1~9권,(서울: 깊은샘, 1993) 송기숙, 『녹두장군』1~12권,(서울: 창작과 비평사, 1989, 11) 한승원, 『동학제』1~7권,(서울: (주)고려원, 1994) 이병천, 『마지막 조선검 은명기』1~3권,(서울: 문학동네, 1994) 김덕길, 『전봉준』,(서울: 에세이퍼블리싱, 2010) 윤백남, 『화천기』,(서울: 정산미디어,2013) 이돈화, 『동학당』,(서울: 모시는사람들, 2014) 이성수, 『구수내와 개갑장터와 들꽃』,(서울: 문학공원, 2014) 전진우, 『동백』,(서울: 나남, 2014) 조중의, 『망국』,(서울: 영림카니널, 2014) 이이화, 『전봉준』,(서울: 중심, 2006) 강인수, 『낙동강』,(서울: 남도, 1992) 이용선, 『東學』上~下권,(서울: 성문각, 1970) 그리고 충청도와 해월을 다룬 동학소설에서도 영동이 무대가 되는 소설은 별로 없다. 허수정, 『해월』1~2권,(서울: 도솔오두막, 2007) 강인수, 『최보따리』1~2권,(서울: 풀빛, 1994) 이윤희, 『네가 하늘이다』,(서울: 푸른책들, 2008), 『여성동학다큐소설 깃발 휘날리다』, 동학언니들 지음,(서울: 모시는사람들, 2015) 등은 해월의 일생을 따르거나 보은에 집중되어 있다.

5   동학농민혁명을 힘없는 백성의 관치에 대한 단순한 저항으로 보려는 시각에서는 1894년 이전부터 있었던 전국적인 민란을 그 뿌리로 보고 있다. 그 예로 매천 황현의 "동학이 난민과 합쳐졌다"라는 말의 의미와 연결된다. 그리고 근래에 민란을 주제로 한 영화가 등장하는 것에도 주의할 필요가 있다.

6   동학은 1860년 4월 5일 경주 용담에서 수운 최제우(1824~1864)에 의해 창도되었고, 최제우 선생은 이듬해부터 포덕(동학, 천도교에서는 사용하는 용어로 포교, 전교라는 뜻)을 시작하였다. 본문에 표기되는 일자는 별도의 표시가 없으면 음력이다.

7   황현 지음, 김종익 옮김, 『오하기문』,(서울: 역사비평사, 1994), 60쪽. (충북학 연구소 옥천향토전시관m.DAEJONILBO.COM/AmEWA.A) 기록은 "최제우 선생은 옥천 이웃 고을인 금산 진산 지례 김산 등지에 직접 포교활동을 펼쳤고 창도기에 상주 왕실촌에 피신했던 동학교도가 상주 팔음산을 넘어 보은 청산으로 넘나들었다"고 한다. 옥천과 청산은 일찍부터 동학교도의 왕래가 빈번했다는 것을 알 수 있다.

8   표영삼은 천도교 홈페이지 「금산지역 동학혁명」에서 추정하고 있다. 그 뒤 이들이 용담에 드나들며 도맥을 이어온 것으로도 보고 있다.

9   윤석산 역주, 『도원기서』, (서울: 모시는사람들 2012), 43쪽 참고. 이 지역에 관한 천도교단 기록(조기주 편저, 『동학의 원류』, 천도교중앙총부출판부, 1982, 48~50쪽)에는 최제우 선생이 경주에서 남원으로 가는 도중에 무주에 도착했을 때 마을의 노소 여러 사람이 서재에 모여 여러 가지 이야기를 하다가 "이 세상에서 무엇이 가장 무서운가?"하는 이야기가 나왔다. 이에 최제우 선생은 "죄 없는 땅이 제일 무서우니라" 말하고 "마음이 곧 죄 없는 땅이니라" 말하면서 "거듭나서 산 혼을 일으켜야 한다"는 뜻으로 설법한 후 도를 전하였다고 한다.

10   표영삼, 『동학의 발자취』,(천도교종학대학원, 2003), 203쪽.

11   최시형(1827~1898) 선생은 1861년 동학에 입도하여 1863년 추석 전날 최제우 선생으로부터 동학의 도통을 전수받고 1898년 6월 2일 서울 종로에서 교수형에 처해졌다.

12   영동 지역의 조재벽 접주는 황간 출신으로 2009년 동학농민혁명참여자로 등록되었다. (『새로 쓰는 동학기행 1』, (서울: 모시는사람들, 2012), 128~136쪽에서는 1887년에 동학에 입도한 황간의 조재벽은 1890년대 들면서 옥천 영동 청산지역 포덕에 힘썼고 광화문복합상소에도 대표자로 참석했다. 서장옥의 후계 역할을 했으며 청산의 김성원(해월 도소가 설치된 집)도 조재벽 관내 교인이다. 라고 했다. (표영삼, 천도교홈페이지 「금산지역 동학농민혁명」편)에는 1893년 7월 최시형을 상주 왕실에서 청산현 문바위골(閑谷里) 김성원 집으로 이사하게 주선하였고, 그의 포덕활동은 옥천 영동 청산지역을 넘어 1890년경에는 금산 진산 고산 용담 지역으로 발을 넓혔으며 동학농민혁명 초기 과정인 1892년 11월에는 전라도 삼례에서 일어난 교조신원운동에서부터 동학 지도자로 두각을 드러냈다. 그는 서장옥 전봉준 김개남 김덕명 등과도 연대를 가졌고 충청도 도인 손병희 박광호 서병학 서장옥 손천민 서우순 황화일 정필수 등

이 함께했다. 총기포를 했던 1894년 9월 18일 이후 여러 전투에서도 최시형과 같이했다. 수레미전투에서는 최시형으로부터 경암(敬菴)이라는 도호를 받았다. 손병희 손천민 김연국 김현경(金顯卿)도 이때 같이 도호를 받았다. (『해월신사법설』「향아설위」)에 보면 이들과 같이 1897년 4월 앵산동에서 최시형과 교리문답을 나누기도 했다. "조재벽이 묻기를 상기는 어떻게 하는 것이 옳습니까. 신사 대답하시기를 마음으로 백년상이 옳으니라. 천지부모를 위하는 식고가 마음의 백년상이니, 사람이 살아있을 때에 부모의 생각을 잊지 않는 것이 영세불망이요, 천지부모 네 글자를 지키는 것이 만고사적 분명하다 라고 말하는 것이니라. 趙在壁問曰「喪期如何而可也」神師曰「心喪百年可也 天地父母爲之食告曰 心喪百年 人之居生時 不忘父母之念 此是 永世不忘也 天地父母四字守之 謂其萬古事蹟分明也」".

13 『금산군지』에는 3월 8일(기록에 따라 차이가 있지만 초에서 중순 안쪽으로 보인다) 무장한 동학군이 제원역에 회합하여 이야면을 선봉장으로 5천여 명이 죽창과 농기를 들고 대거 금산읍에 들어와 관아를 습격하여 문서와 각종 기물을 불 지르고 서리들의 가옥을 파괴했다고 하였다. 이때 제원역에 모여 있던 동학군은 이야면이 통솔하고 방축리에 모여 있던 동학군은 조재벽과 최고우 접주 금산동학도들은 박능선 접주가 지휘한 것으로 보고 있다. 『순무선봉진등록』에 의하면 영동 옥천 접주와 접사 13명을 잡아 조사한 결과 "금산도류자들이라 하여 혁명 기간 동안 영동과 옥천 도인들이 많아 참여하였음을 알 수 있다. (표영삼, 천도교홈페이지,「금산지역 동학혁명운동」)

14 「2-2 충경포와 영동포」는 (신영우,「경북지역 동학농민혁명의 전개와 의의」,『동학학보』10호, 2006)을 주로 참고하였다.

15 동학의 접(接)과 포(包)의 조직은 지역을 떠나서 인맥을 중심으로 한 연원(淵源) 조직이다. 동학을 전해주는 인맥관계의 흐름을 하나의 조직으로 만든 것으로 이것을 연원조직이라 한다. 접의 대표자(연원 대표자)를 접주라 한다. 접 조직의 규모는 40~60호(戶) 정도였다. 한 연원에 도인 수가 늘어나 10개 접 20개 접이 생겨나면서 등장한 것이 포(包)라는 호칭이다. 포는 곧 접들을 싸안는 조직이란 뜻이다. 그리고 남·북접이란 1894년에 일어난 동학혁명 당시 편의상 호서지역을 북접 관내라 하였고 호남지역을 남접 관내라 한 데서 유래한 것이다. 당시 동학은 최시형 선생에 의해 하나의 조직체로 움직였고 모든 인사권은 최시형 선생이 가지고 접주와 대접주, 접사를 비롯하여 육임직의 임첩(任帖)까지 발행하였다. 남·북접의 실체가 있었던 것은 사실이 아니며, 접을 포의 상위조직으로 보는 것도 잘못된 것이다.(표영삼,「최초의 접주임명」,『신인간』8월호, 2003) 이를 뒷받침하는 기록은 (동학농민혁명국역총서11『시천교종역사』,「교조를 위해 신원의 송사를 하다(爲師訟寃)」제10장)이며 여기에는 "1893년 3월 보은취회 때 최시형은 각 포의 이름을 정하고 대접주를 임명하였다. 충경대접주 임규호, 청의대접주 손천민, 충의대접주 손병희, 문청대접주 임정재, 옥의대접주 박석규, 관동대접주 이원팔, 호남대접주 남계천, 상공대접주 이관영 등"을 기록하고 있다.

16 영동포와 선산포에 대한 기록은 『世藏年錄』에 나온다. "各有包率 入忠慶包則 稱曰忠
慶包 入尙公包者 稱曰尙公包 入善山包者 稱曰善山包 入永同包者 稱曰永同包" 『世藏
年錄』은 김산군 조마남면 안서동(金山郡 助馬南面 安棲洞 : 지금의 금릉군 조마면 신
안동)의 화순 최씨(和順 崔氏)가에서 5대에 걸쳐 써 내려온 가승일기(家承日記),(신영
우,「경북지역 동학농민혁명의 전개와 의의」, 『동학학보』10호, 2006)에서 재인용]

17 신영우,「1894년 경상감사 조병호의 동학농민군 진압 기록과 김천」, 『1894년 경상도
김천의 동학농민혁명』(2016년 동학농민혁명 제122주년 기념 학술대회 자료집)

18 「2-3 호서동학군의 북상과 영동 용산전투」는 신영우(「호서동학군의 충청도 귀환과
영동 용산전투」, 『동학학보』24호, 2012)를 주로 참고하였다.

19 신영우, 앞의 논문 참조.

20 최시형 선생은 영동과 황간에 주둔했던 호서동학군이 공주로 출전할 때 동행하지 않
고 옥천과 영동 등지의 근거지에 남아 있었다. 이 일대는 1893년 보은집회 시기부터
최시형 선생이 머물러있으면서 대접주들이 출입하며 교단의 거점으로 역할을 해 온
지역이었다. 그러나 최시형 선생을 목표로 진입군이 밀려들자 더 안전한 곳이 될 수
없었다. 최시형 선생이 보은집회 이후 교단의 근거지로 삼았던 곳은 대도소가 있는 보
은 장내리보다 청산의 문암리로 옥천과 생활권이 연결된 곳이었다. 옥천 민보군이 최
시형 선생에게 가장 위협적이었고 결국 옥천 민보군은 임규호의 처와 최시형선생의
딸 최윤 그리고 신성렬 등 동학 지도자를 체포한다. 11월 중순 최시형 선생은 옥천 영
동 등지의 근거지를 떠나 11월 13일 전라도 임실로 갔다.(『천도교서』, 천도교중앙총
부, 1920)

21 동학농민군 진압을 위해 동원된 부대는 남영병, 경군 경리청, 민보군, 일본군 등이다.
조선후기 1683년(숙종 9)에 국왕 호위와 수도 방어를 위해 금위영을 창설한 이후 규모
가 확대됨에 따라 본영(本營) 이외에 남별영(南別營)·서영(西營)·남영(南營) 등의
영사(營司)가 설치되었고, 남영병은 동학농민군 진압에 동원되었다. 1891년(고종 28)
서울의 방비에 중요한 북한산성 수비를 위해 경군 경리청이 설치되었다. 동학군에 대
항하여 양반·부호·관료·이서 층 등은 민보군을 조직했다. 동학군을 진압하는데
동원된 일본군은 2천300여 명 정도로 후비보병 제19대대의 3개 중대, 제18대대의 1
개 중대, 후비보병 제6연대 제 6중대의 1개 중대, 4중대와 7중대의 일부 병력, 부산수
비대의 1개 중대 그리고 해군 병력 등으로, 실질적인 동학군 진압에 동원된 주부대원
은 후비보병 제 19대대의 800여 명(1개 중대 221명, 본부요원과 지원부대 포함)이었
다.(『위키실록사전』, 『민족문화백과사전』) 등.

22 「손병희 통령과 동학혁명」, 천도교홈페이지, 교리교사연구 제9호.

23 신영우,「북접농민군의 충청도 귀환과 영동 용산전투 참조」, 『동학학보』24호, 2012.

24 갑이는 종의 자식이다. 이들 가족은 남원에서 종살이를 하고 있었는데 대접주 김개
남이 자신이 타고 왔던 말 한 마리와 맞바꾸어 면천을 시켜준다. 가족은 자유인이 되

지만 서울에서 활빈 활동을 하던 아버지가 잡히며 위험에 처하자 어머니와 함께 충청도 영동으로 숨어든다. 이들은 황간과 경계인 수석리 고개에서 대장간을 열어 생활한다. 갑이는 종 신분으로 팔려 다니던 나비를 만나 장가를 들고 딸을 낳고 살게 된다. 그러나 이 지역으로 유배 온 세도가 이용직 대감에게 나비를 빼앗기고 청주로 이사한다. 어머니는 동학도인 것이 들통 나며 청주병영에 잡혀 옥사한다. 갑이는 청주성을 비롯하여 효포 널치 예산 내포와 우금치 싸움에 참전하고 해월선생 손병희 선생 등과 함께 용산장전투를 치루고 북실전투에서 전사한다. 소설은 백성들이 동학에 드는 과정, 동학농민전투 참여, 전투과정과 생사의 갈림에서 동학농민혁명의 의의를 찾는 과정을 그리고 있다.

25 채길순, 『웃방데기』, 81쪽.

26 위의 책, 234쪽 정리.

27 위의 책, 241쪽.

28 위의 책, 261쪽.

29 위의 책, 211쪽.

30 홍종식, 「70년 사상의 최대활극 동학란실화」, 『신인간』 34호, 1929년 4월호.

31 1892년 공주와 삼례에서의 교조신원운동 이후 해월선생은 11월 12일자로 '완영도회소' 명의의 경통을 내어 "먼저 대의를 위해 나섰다가 수 순(旬)만에 가산을 탕진한 도인이 많다. 귀가하는 날이 되면 부모를 섬기고 자녀를 양육할 대책이 없을 것이니 여러 도인들은 의연금을 마련하여 급히 도와주도록 하라"고 하였다.(표영삼, 『동학의 발자취』, 천도교종학대학원 발행, 2003, 385쪽)

32 위의 책, 133쪽.

33 위의 책, 130쪽.

34 5월에 해월이 호남을 순회하는데 호남우도두령 윤상오가 호남좌도수령 남계천이 비천한 출신이라 서로 어울리지 못하겠다고 해 사이가 좋지 않았는데 해월은 윤상오를 파하고 남계천에게 호남좌우도두령을 주었다. 이에 호남 인심이 더욱 악화되자 김낙삼 등 도인 몇 명이 해월을 찾아가 남계천에게 복종할 수 없다고 하자 해월은 '우리나라 안에 두 가지 큰 폐풍이 있으니 하나는 적서의 구별이요, 하나는 반상의 구별이다. 적서의 구별은 집안을 망치는 근본이요 반상의 구별은 나라를 망치는 근본이니, 이것이 우리나라의 고질이다. 우리 도중에는 두목 아래 백배 나은 큰 두목이 있게 마련이니, 그대들은 삼가하여 서로 공경하기를 주로 하되 충절하지 말라' 하였다. 도인들은 다시 갈등을 일으키지 않았다.(표영삼, 『동학2』, 통나무, 2005.) 160쪽.

35 위의 책, 124쪽.

36 채길순, 앞의 책, 『동트는 산맥』 1권, 66쪽.

37 위의 책, 2권, 22쪽.

38 위의 책, 160쪽.

39 채길순, 앞의 책,『웃방데기』, 80쪽.

40 채길순, 앞의 책,『동트는 산맥』2권, 53~56쪽.

41 위의 책 4권, 229쪽.

42 채길순, 앞의 책,『웃방데기』, 195~196쪽.

43 위의 책, 199쪽.

44 위의 책, 197쪽.

45 포덕35년 갑오년 9월 해월신사의 총기포령에 따라 일어났다. 10월 23일 일본군이 면천(沔川)에 당도했다는 급보를 받은 동학군은 당진읍 구룡리 승전곡으로 2만 병력을 이동시켜 계곡 양편 산 위에 배치하였다. 10월 24일, 정오가 지나자 일본군과 관군이 나타나 공격해 왔다. 이에 맞서 동학군은 맹렬히 싸웠다. 일본군은 면천 읍내로 퇴각했고, 동학군은 '천불변 도역불변(天不變 道亦不變, 하늘은 변치 않으며 도 역시 변치 않는다)'이라고 쓴 깃발을 내세우고 당진으로 진격하였다. 일본군을 상대로 한 승전곡의 승리는 동학혁명 당시 일본군과 싸워 이긴 거의 유일한 것이었다. (표영삼, 천도교 홈페이시 참고.)

46 위의 책, 268~274쪽.

47 위의 책, 276~278쪽.

48 그러나 금산지역은 1895년으로 해를 넘겨 1월 하순, 2월(음력)까지 일본군과 끈질기게 싸웠다. 금산지역의 대결구도는 보수 세력이 강한 금산 쪽과 동학세력이 강한 진산 쪽의 대결로 나타났다. 금산 쪽은 보부상 쪽이 강했으며 보수세력은 이들을 앞세워 동학군을 공격했다. 반대로 진산 쪽은 동학조직이 강하여 보수세력을 공격 제압하였다. 이 지역의 동학세력은 조재벽 포가 주축을 이루고 있었다. 조재벽 포는 청산 옥천 황간 영동과 연산 일부지역, 고산 일부지역, 금산 일부지역, 그리고 진산 전체에 널리 분포되어 있었다.

참고문헌

충청북도 동학농민혁명사의 전개과정 / 채길순

수운행록   최선생문집도원기서
천도교회사초고   동학사
천도교창건사   동학사(간행본)
聚語   兩湖右先鋒日記(東學亂記錄)
巡撫先鋒陳牘錄(東學亂記錄)   東學判決文集
司法稟報

김의환, 동학사상의 사회적 기반과 사상적 배경, 한국사상 총서Ⅲ, 1980.

노태구, 동학혁명의 연구, 백산서당, 1982.

박맹수, 동학혁명의 문화사적 의미, 『문학과 사회』 25, 문학과 지성사, 1994. 2.

_____, 최시형 연구, 한국정신문화연구원, 박사학위논문, 1996.

배항섭, 동학농민전쟁의 배경, 『근현대사강좌』 5, 한울, 1994. 10.

신복용, 동학사상과 갑오농민혁명, 평민사, 1985.

_____, 동학사상과 한국민족주의, 평민사, 1982.

신영우, 충청도 지역 동학농민전쟁의 전개과정, 「동학농민혁명의 지역적 전개와
       사회변동」, 새길, 1995. 4.

_____, 충청도의 동학교단과 농민전쟁, 『백제문화』 23, 공주대 백제문화연구소, 1994. 11.

신용하, 동학과 갑오농민전쟁의 민족주의, 한국학보 제47집, 1987.

신일철, 동학사상의 전개, 동학사상논총 제1집, 1982.

이이화, 동학혁명의 선구 이필제, 『학원』 1, 학원사, 1995.

이현희, 3·1민주혁명에 관한 연구, 동학사상논총 제1집, 1982.

_____, 동학사상과 동학혁명, 청아출판사, 1984.

조기간(一然), 東學史話-승주목사에게 욕 퍼 부은 원인으로 죽다가 살아난 애기접주,
       『신인간』 70, 1933. 8

채길순, 동학기행(기행), 충청일보, 1994. 3~12

_____, 동학농민혁명의 현장을 찾아서(1)—(26), 충청일보, 2007. 3~10월

최동희, 수운의 기본사상과 그 상황, 한국사상총서Ⅳ, 1980.

최현식, 갑오동학혁명사, 신아출판사, 1994.

표영삼, 해월신사연표, 『신인간』 427, 1985. 3·4.

_____, 성지순례, 『신인간』 352, 1977. 12-357, 1978. 5.

_____, 해월신사발자취, 『신인간』 358, 1978. 6-393, 1981. 11 · 12.

해월 최시형의 동학재건과 영동지역의 포덕 / 임형진

『도원기서』 　　　　　　　　　　『東經大全』

『동학도종역사』 　　　　　　　　『동학천도교약사』

『본교역사』 　　　　　　　　　　『속음청사』

『시천교역사』 　　　　　　　　　『시천교종역사』

『龍潭遺詞』 　　　　　　　　　　『天道敎書』

『천도교창건사』 　　　　　　　　『천도교회사초고』

『해월선생문집』 　　　　　　　　『해월신사법설』

『김낙봉이력(金洛鳳履歷)』, 『동학농민전쟁사료총서』 7, 사운연구소, 1996.

『동학농민운동사료총서』 제2권, 「취어」.

『천도교백년약사』(상), 천도교중앙총부출판부, 1981.

『천도교회월보』 통권제203호, 1927년 11월호.

『천도교회월보』, 1932년 11월호.

『한국사상』 15집, 「淸菴 權秉悳의 一生」, 한국사상연구회, 1977.

박맹수, 「해월 최시형 연구」, 정신문화연구원, 1985. 12.

박맹수, 『사료로 보는 동학과 동학농민혁명』, 모시는사람들, 2009.

성주현, 『동학과 동학혁명의 재인식』, 국학자료원, 2010.

오지영, 『동학사』, 영창서관, 1938.

표영삼, 「동학조직의 변천」, 『동학의 현대적 이해』, 한국동학학회, 2001. 3.

표영삼, 「최시형과 금등골」, 『신인간』 통권 485호, 1990. 8월호.

표영삼, 「충청 서부지역 동학농민혁명」, 『교리교사연구』 5, 천도교중앙총부, 2000.

표영삼, 『동학』 1, 통나무, 2004.

표영삼, 『동학』 2, 통나무, 2005.

황현, 김익종 옮김, 『번역 오하기문』, 역사비평사, 1994.

황현, 이민수 역, 『동학란-동비기략초고-』, 을유문화사, 1985.

《독립신문》 1898년 12월 8일자.

동학농민혁명기념재단(http://www.1894.or.kr/main_kor/)

천도교중앙총부,『천도교경전』, 서울: 천도교중앙총부출판부, 2000.

김택,「조선시대 형사정책(刑事政策)에 관한 연구」,『한국행정학회 2013년 춘계학술
　　발표논문집』, 한국행정학회, 2013.
김동윤,「창조적 문화와 문화콘텐츠의 창발을 위한 인문학적 기반 연구」,『인문콘텐츠』
　　제19호, 인문콘텐츠학회, 2010.
김성수,『글로컬문화콘텐츠 전략』, 서울; 한국외국어대학교 출판부, 2012.
김정현,「글로컬리즘에 대한 철학적 성찰」,『영남대학교 인문과학연구소 학술대회
　　자료집』, 영남대학교 인문학과학연구소, 2011.
동학학회,『충청도 청주 동학농민혁명』, 서울: 모시는사람들, 2017.
동학학회,『충청도 예산 동학농민혁명』, 서울: 모시는사람들, 2014.
박맹수,「동학혁명의 문화사적 의미」,『문학과 사회』 25, 파주: 문학과 지성사, 1994.
박정련,「현대적 관점에서 본 난계 박연의 음악관」,『민족문화논총』 43, 영남대학교
　　인문학연구소, 2009.
송준,「세계화 대응전략과 지역문화의 중요성」,『한국민속학』 58, 한국민속학회, 2013.
신복룡,『동학사상과 갑오농민혁명』, 서울: 평민사, 1985.
신영우,「북접농민군의 충청도 귀환과 영동 용산전투」,『동학학보』 제24호, 동학학회,
　　2012.
신진희,「동학농민혁명 지역별 사례 연구의 성과와 전망」,『역사연구』 제27호, 역사학연구
　　소, 2014.
안외순,「인문지리학적 관점에서 본 내포정신의 형성 과정」,『동학학보』 제29호, 동학학회,
　　2013.
유동환,「문화콘텐츠 기획과정에서 인문학 가공의 문제」,『인문콘텐츠』 제28호, 인문콘
　　텐츠학회, 2013.
이병민, 이원호,「글로컬리제이션 시대의 문화변동과 지역발전: 문화콘텐츠를 중심으로」,
　　『한국경제지리학회지』, 제27권 2호, 한국경제지리학회, 2014.
이상석,「인문지리학의 인식론에 관한 연구」,『용봉인문논총』 제19권, 전남대학교
　　인문학연구소, 1990.
이석주,「난계 박연의 악론」,『한국사상과 문화』 제71집, 한국사상문화학회, 2014.
이용균,「인문지리학 패러다임의 변화에 대한 맥락적 접근의 필요성」,『문화역사지리』
　　제18권 제3호, 한국문화역사지리학회, 2006.
이이화,「동학농민혁명과 충북, 그리고 그 정신」,『충북학』 제5권, 충북연구원, 2003.
조극훈,「소춘 김기전의 동학이해와 생명사상」,『철학논총』 제85호, 새한철학회, 2016.

조극훈, 「동학문화 콘텐츠와 글로컬리제이션」, 『동학학보』 제35호, 동학학회, 2015.

조극훈, 「동학문화 콘텐츠 개발을 위한 인문학적 기반 연구」, 『동학학보』 제30호, 동학학회, 2014.

조극훈, 「동학 개벽사상의 역사철학적 의미」, 『동학학보』 제27호, 동학학회, 2013.

채길순, 「충청북도 북부 지역의 동학농민혁명 전개과정 연구」, 『동학학보』 제26호, 동학학회, 2012.

채길순, 「동학농민혁명 현장을 찾아(12)-영동편」, 충청일보, 2007.05.27

최민자, 『빅 히스토리: 생명의 거대사, 빅뱅에서 현재까지』, 서울: 모시는사람들, 2018.

최민자. 『새로운 문명은 어떻게 만들어지는가: 한반도발 21세기 과학혁명과 존재혁명』, 서울: 모시는사람들, 2013.

충청북도, 『충청북도 동학혁명사 연구』, 충청북도 충북학연구소, 2006.

한국지리학회, 『인문지리학 개론』, 서울: 한울, 2008.

동학농민혁명기념재단(www.1894.or.kr/)

영동군청(www.yd21.go.kr/)

한국학중앙연구원(www.aks.ac.kr/)

영동 지역 동학농민혁명 전개 과정과 역사적 의미 / 채길순

聚語	巡撫先鋒陳謄錄(東學亂記錄)
兩湖右先鋒日記(東學亂記錄)	東學判決文集
司法稟報	천도교창건사
동학사(간행본)	최류현, 『시천교역사』, 1920.
『천도교회사초고(天道教會史草稿)』	오지영, 『동학사』, 1939.
영군군지편찬위원회, 〈영동군지〉, 1996.	소모일기(召募日記)
소모사실(召募事實)	토비대략(討匪大略)

김양식, 충북하늘 위에 피어난 녹두꽃 : 충북동학농민혁명사, 청주 : 직지, 2011.

박맹수, 최시형 연구, 한국정신문화연구원, 박사학위논문, 1996.

배항섭, 동학농민전쟁의 배경, 『근현대사강좌5』, 한울, 1994.10.

신영우, 북접농민군의 충청도 귀환과 영동 용산전투, 동학학회, 2012.

신영우, 충청도 지역 동학농민전쟁의 전개과정, 동학농민혁명의 지역적 전개와 사회변동, 새길, 1995.4.

이현희, 동학사상과 동학혁명, 청아출판사, 1984.

차용걸, 신영우, 조상기, 김영근 공저, 보은 종곡 동학유적-북실전투 및 관련유적과 집단

매장지 조사-영동 용산지역 동학관련 유적, 충북대학교 중원문화연구소, 연구총서 제6책, 1993.

채길순, 동학기행(기행), 충청일보, 1994.3-12. 〈동학의 현장〉-⑦ 영동 황간, 1994.5.24. / 〈동학의 현장〉-⑧ 영동 황간, 1994.6.1.

채길순, 동학농민혁명의 현장을 찾아서(1)—(26), 충청일보, 2007.3-10월, 2007.5.27.

채길순, 충청북도 중남부 지역 동학혁명사 연구, 충북학연구소.

최현식, 갑오동학혁명사, 신아출판사, 1994.

표영삼, 성지순례, 『신인간』 352, 1977.12-357, 1978.5.

문학작품에 나타난 영동 동학농민군 활동 양상 연구 / 김춘옥

『천도교경전』   『천도교회월보』 제167호
「동학농민혁명국역총서11」   『시천교종역사』
충북학연구소 옥천향토전시관(m.DAEJONILBO.COM/AmEWA.A)
천도교 홈페이지

신영우, 「경북지역 동학농민혁명의 전개와 의의」, 『동학학보』 10호, 2006.
_____, 「1894년 경상감사 조병호의 동학농민군 진압 기록과 김천」, 『1894년 경상도 김천의 동학농민혁명』, 2016.
_____, 「북접농민군의 충청도 귀환과 영동 용산전투 참조」, 『동학학보』 24호, 2012.
조기주 편저, 『동학의 원류』, (천도교중앙총부출판부, 1982)
채길순, 『웃방데기』, (서울: 도서출판 모시는사람들, 2014)
_____, 『동트는 산맥1~7』, (서울: 신인간사, 2001)
_____, 『새로 쓰는 동학기행 1』, (서울: 모시는사람들, 2012)
표영삼, 『동학 1』, (서울: 통나무, 2004)
_____, 『동학 2』, (서울: 통나무, 2005)
_____, 『표영삼의 동학이야기』, 신영우 감수, (서울: 모시는사람들, 2014)
_____, 『동학의 발자취』, (천도교종학대학원 발행, 2003)
황현, 『번역 오하기문』, 김종익 옮김, (서울: 역사비평사, 1994)
홍종식, 「70년 사상의 최대활극 동학란 실화」, 『신인간』 34호, 1929년 4월호.

찾아보기

동학총서 010

충청도 영동 동학농민혁명

등록 1994.7.1 제1-1071
1쇄 발행 2018년 10월 25일

엮은이 동학학회
지은이 이이화 채길순 임형진 신영우 박걸순 조극훈 김춘옥
펴낸이 박길수
편집인 소경희
편 집 조영준
관 리 위현정
디자인 이주향
펴낸곳 도서출판 모시는사람들
      03147 서울시 종로구 삼일대로 457(경운동 88번지) 수운회관 1207호
전 화 02-735-7173, 02-737-7173 / 팩스 02-730-7173
홈페이지 http://www.mosinsaram.com/

인 쇄 천일문화사(031-955-8100)
배 본 문화유통북스(031-937-6100)

값은 뒤표지에 있습니다.
ISBN 979-11-88765-26-3   94900
SET 979-89-97472-72-7   94900

* 잘못된 책은 바꿔드립니다.
* 이 책의 전부 또는 일부 내용을 재사용하려면 사전에 저작권자와 도서출판 모시는사람들의
동의를 받아야 합니다.

이 도서의 국립중앙도서관 출판예정도서목록(CIP)은 서지정보유통지원시스템 홈페이지(http://
seoji.nl.go.kr)와 국가자료공동목록시스템(http://www.nl.go.kr/kolisnet)에서 이용하실 수 있습
니다. (CIP제어번호: CIP2018029978)

* 이 책은 영동군의 지원으로 출간되었습니다.